Financial Consumer Protection Act

# 금융소비자보호법

이상복

박영사

# 머리말

금융소비자보호법은 금융상품판매업자등(금융상품판매업자 또는 금융상품자문업자)의 영업행위 준수사항, 금융교육 지원 및 금융분쟁조정 등 금융소비자 관련 제도를 규정함으로써 금융소비자 보호에 관한 정책을 일관되게 추진할 수 있는 제도적 기반을 마련하는 것을 제안이유로 2020년 3월 24일 제정됨으로써 2021년 3월 25일부터 시행된다.

금융소비자보호법은 금융상품 유형 분류 및 금융회사등의 업종구분, 금융상품판매업자 및 금융상품자문업자 등록 근거 마련, 금융상품판매업자등의 영업행위 준수사항 마련, 금융교육 지원 및 금융교육협의회 설치 등, 금융분쟁 조정제도 개선, 금융상품판매업자등의 손해배상책임 강화, 금융소비자의 청약 철회권 및 위법계약의 해지권 도입, 금융상품판매업자등의 설명의무 등 영업행위 준수사항 위반 시 과징금 제도의 도입 등을 주요 내용으로 한다.

금융소비자보호법은 금융상품 및 판매행위의 속성을 재분류·체계화하고, 동일기능·동일규제를 원칙으로 하는 체계를 도입했다는 점에서 성과가 인정된다. 금융소비자보호정책의 패러다임이 변하고 있는 글로벌 금융환경에서 금융소비자보호법은 금융소비자에 대한 사전 정보제공을 강화하는 한편 개별 금융법상 판매행위 규제를 포괄하여 모든 금융상품의 판매에 관한 6대 판매행위 원칙(적합성원칙, 적정성원칙, 설명의무, 불공정영업행위 금지, 부당권유금지, 광고규제)을 규정하였으며, 징벌적 과징금 제도의 도입을 통해 금융회사의 자율적 규제 준수 노력을 확보할 수 있는 발판을 마련하였다. 따라서 금융소비자보호법을 통해 사전 정보제공부터 판매행위 규제, 사후구제에 걸쳐 실효성 있는 금융소비자보호의 기반을 다질 수 있을 것으로 기대된다.

이 책을 출간하면서 감사드릴 분들이 많다. 바쁜 일정 중에도 초고를 읽고 조언과 논평을 해준 금융위원회의 손영채 국장님과 김영근 사무관님께 감사드린다. 박영사의 심성보 위원이 정성을 들여 편집해주고 김선민 이사가 제작 일정을 잡아 적시에 출간이 되도록 해주어 감사드린다. 출판계의 어려움에도 출판을 맡아 준 박영사 안종만 회장님과 안상준 대표님께 감시의 말씀을 드린다. 그리고 법률가와 학자로서의 길을 가는 동안 격려해준 아내 이은아와 딸 이가형, 아들 이지형과 함께 출간의 기쁨을 나누고 싶다.

2021년 5월

이 상 복

# 차 례

### 제 1 편 총 설

## 제1장 서 론

## 제2장 금융상품과 금융소비자 등

## 제 2 편  진입규제와 영업행위규제

### 제1장 금융상품판매업자등의 등록 등

## 제2장 금융상품판매업자등의 영업행위 준수사항

## 제 3 편  금융소비자 보호

# 제1장 금융소비자정책 수립 및 금융교육 등

## 제2장 금융분쟁의 조정

## 제 4 편 감독 및 처분

### 제1장 금융상품판매업자등에 대한 감독

# 제4장 청문과 이의신청 등

## 제 5 편  금융소비자보호법 위반에 대한 제재

### 제1장 손해배상책임 등

## 제2장  행정제재

# 제3장 형사제재

# 제1편

# 총 설

# 제1장

# 서 론

## 제1절 금융소비자보호법의 제정과정

「금융소비자 보호에 관한 법률」("금융소비자보호법")은 금융상품판매업자등(금융상품판매업자 또는 금융상품자문업자)의 영업행위 준수사항, 금융교육 지원 및 금융분쟁조정 등 금융소비자 관련 제도를 규정함으로써 금융소비자 보호에 관한 정책을 일관되게 추진할 수 있는 제도적 기반을 마련[1]하는 것을 제안이유로 2020년 3월 24일 법률 제17112호로 제정됨으로써 2021년 3월 25일부터 시행된다.[2]

2008년 금융위기 당시 신한·산업·우리·하나·씨티·대구은행 등이 기업들이 수출로 번 돈의 가치가 환율변동으로 떨어지는 것을 막기 위해 고안된 파생

---

1) 「금융소비자 보호에 관한 법률안(대안)」(의안번호 24775), 3-4쪽.
2) 부칙 제1조(시행일) 이 법은 공포 후 1년이 경과한 날(2021년 3월 25일)부터 시행한다. 다만, 제1호의 규정 중 금융상품자문업자 관련 부분과 제2호의 규정은 공포 후 1년 6개월이 경과한 날(2021년 9월 25일)부터 시행한다.
   1. 제10조, 제11조, 제12조 제1항·제2항·제4항부터 제6항까지, 제13조부터 제15조까지, 제16조 제1항, 제17조, 제19조부터 제21조까지, 제22조, 제23조, 제27조, 제32조 제2항부터 제4항까지, 제44조, 제46조부터 제56조까지, 제57조 제1항·제3항·제4항, 제58조부터 제64조까지, 제67조 제1호·제 2호, 제68조, 제69조 제1항 제1호부터 제5호까지, 제7호, 제9호부터 제13호까지, 같은 조 제2항 제1호·제2호 및 같은 조 제3항
   2. 제16조 제2항 및 제28조

금융상품인 키코(KIKO)를 판매하여 150여 개 중소기업들이 30억에서 800억원, 최대 4,000억원 정도의 피해를 본 키코(KIKO) 사건과 2013년 자금난에 몰린 동양그룹이 동양증권을 통해 상환능력이 없음에도 1조 3,000억원 정도의 기업어음(CP)과 회사채 등을 발행한 후 약 1조원을 지급불능으로 처리함으로써 피해자 4만여 명이 1조 7,000억원 정도의 피해를 본 동양증권후순위채 사건 등으로 인한 금융소비자 피해가 발생하자 이에 대한 반성으로 금융소비자보호법 제정이 논의되기 시작하였다. 2012년 국회에 금융소비자보호법이 처음 제출된 이후 활발한 논의가 진행되지 못한 채 19대 국회에서 자동 폐기되는 등 난항을 겪었으나, 최초 정부안 제출 이후 입법 환경의 변화 등을 반영하여 20대 국회에서 금융소비자보호법의 제정을 재추진한 결과 지난 2016년 6월 27일 「금융소비자보호기본법」 제정안 입법예고 등을 거쳐 마침내 2020년 3월 「금융소비자 보호에 관한 법률」이라는 이름으로 국회 본회의를 통과하여 제정되었다.[3)]

2019년 KEB하나은행과 우리은행이 판매한 해외금리 연계 파생결합펀드(DLF, DLS)와 2021년 우리은행과 신한은행, 하나은행, 기업은행, 신한금융투자, 대신증권, KB증권이 판매한 라임펀드, 2021년 중소기업은행이 판매한 디스커버리 펀드, 2021년 옵티머스 펀드 관련 판매사인 NH투자증권과 수탁사인 KEB하나은행의 설명의무 위반 등에 따른 불완전판매로 인해 금융소비자들의 피해가 급증함에 따라 금융소비자보호법의 시행에 대한 관심이 모아지고 있다.

## 제2절 금융소비자보호법의 주요 내용

금융소비자보호법("법")은 ⅰ) 금융상품 유형 분류 및 금융회사등 업종 구분, ⅱ) 금융상품판매업자 및 금융상품자문업자 등록 근거 마련, ⅲ) 금융상품판매업자등의 영업행위 준수사항 마련, ⅳ) 금융교육 지원 및 금융교육협의회 설치 등, ⅴ) 금융분쟁 조정제도 개선, ⅵ) 금융상품판매업자등의 손해배상책임 강화, ⅶ) 금융소비자의 청약 철회권 및 위법계약의 해지권 도입, ⅷ) 금융상품판매업

---

3) 맹수석·이형욱(2020), "사후적 피해구제제도 개선을 통한 금융소비자보호법 실효성 제고 방안", 금융소비자연구 제10권 제1호(2020. 4), 64-65쪽.

자등의 설명의무 등 영업행위 준수사항 위반시 과징금 제도의 도입 등을 주요 내용4)으로 하여, 금융소비자의 권익 증진과 금융상품판매업 및 금융상품자문업의 건전한 시장질서 구축을 위하여 금융상품판매업자 및 금융상품자문업자의 영업에 관한 준수사항과 금융소비자 권익 보호를 위한 금융소비자정책 및 금융분쟁조정절차 등에 관한 사항을 규정함으로써 금융소비자 보호의 실효성을 높이고 국민경제 발전에 이바지함(법1)을 목적으로 하고 있다.

금융소비자보호법은 금융상품 및 판매행위의 속성을 재분류·체계화하고, 동일기능·동일규제를 원칙으로 하는 체계를 도입했다는 점에서 성과가 인정된다. 금융소비자보호정책의 패러다임이 변하고 있는 글로벌 금융환경에서 금융소비자보호법은 금융상품을 예금성·대출성·투자성·보장성 상품으로 재분류하고, 판매업자등을 직접판매업자, 판매대리·중개업자, 자문업자로 구분하여 규제하는 것을 전제로 금융소비자에 대한 사전 정보제공을 강화하는 한편 개별 금융법상 판매행위 규제를 포괄하여 모든 금융상품의 판매에 관한 6대 판매행위 원칙(적합성원칙, 적정성원칙, 설명의무, 불공정영업행위 금지, 부당권유금지, 광고규제)을 규정하였으며, 징벌적 과징금 제도의 도입을 통해 금융회사의 자율적 규제 준수 노력을 확보할 수 있는 발판을 마련하였다. 따라서 금융소비자보호법을 통해 사전 정보제공부터 판매행위 규제, 사후구제에 걸쳐 실효성 있는 금융소비자보호의 기반을 다질 수 있을 것으로 기대된다.

# 제3절 금융소비자보호법의 적용범위 등

## Ⅰ. 적용범위

금융소비자보호법은 자본시장법 제6조 제5항 제1호에 해당하는 경우에는 적용하지 아니한다(법5). 집합투자기구에 대해서는 자본시장법에서 규정하고 있지만, 자본시장법뿐 아니라 다른 법에서도 집합투자기구에 대해 다루고 있다. 자본시장법 외의 개별법에 근거해 만들어지는 집합투자기구를 개별법에 의한 사모

---

4) 「금융소비자 보호에 관한 법률안(대안)」(의안번호 24775), 4-6쪽.

펀드라 한다. 개별법에 의한 사모펀드는 자본시장법상의 집합투자에서 제외되므로 자본시장법에 따른 집합투자기구가 아니며 그 집합투자증권도 자본시장법에 따른 집합투자증권이 아니다.

　　개별법에 의한 사모펀드는 부동산투자회사법상의 부동산투자회사(자기관리 부동산투자회사·위탁관리 부동산투자회사·기업구조조정 부동산투자회사), 선박투자회사법상의 선박투자회사, 문화산업진흥 기본법상의 문화산업전문투자조합·문화산업전문회사, 산업발전법상의 기업구조개선 경영참여형 사모집합투자기구, 중소기업창업 지원법상의 중소기업창업투자조합, 여신전문금융업상의 신기술사업투자조합, 벤처기업육성에 관한 특별조치법상의 중소기업투자모태조합, 한국벤처투자조합 및 개인투자조합, 소재·부품전문기업 등의 육성에 관한 특별조치법상의 소재·부품전문투자조합, 농림수산식품투자조합 결성 및 운용에 관한 법률상의 농식품투자조합을 들 수 있다(자본시장법6⑤(1)).

## Ⅱ. 다른 법률과의 관계

　　금융소비자 보호에 관하여 다른 법률에서 특별히 정한 경우를 제외하고는 금융소비자보호법에서 정하는 바에 따른다(법6).

## Ⅲ. 업무의 위탁

### 1. 금융위원회의 금융감독원장 또는 협회등 위탁

　　금융위원회는 금융소비자보호법에 따른 업무의 일부를 금융감독원장 또는 협회등에 위탁할 수 있다(법65①).

#### (1) 금융감독원장 위탁 사항

　　금융위원회는 다음의 업무를 금융감독원장에게 위탁한다(영49① 본문). 다만, 제7호의 업무 중 한국산업은행 및 중소기업은행에 관한 사항은 제외한다(영49① 단서).

　　1. 금융상품판매대리·중개업자(대출성 상품을 취급하는 개인 금융상품판매대리·중개업자가 100명 이상 소속된 법인인 금융상품판매대리·중개업자 및

전자금융거래법에 따른 전자적 장치5)를 이용한 자동화 방식을 통해서만 금
융상품판매대리·중개업을 영위하는 법인인 금융상품판매대리·중개업자만
해당)의 등록

2. 금융상품자문업자의 등록요건 검토(실태조사 및 자료요청을 포함)

3. 금융상품의 비교공시

4. 업무보고서(법48②)의 접수

5. 다음의 자에 대한 변동사항 보고(법48③)의 접수 및 검토

　　가. 등록을 한(법12①) 금융상품자문업자

　　나. 대출성 상품을 취급하는 개인 금융상품판매대리·중개업자가 100명 이상
　　　　소속된 법인인 금융상품판매대리·중개업자

　　다. 전자금융거래법에 따른 전자적 장치를 이용한 자동화 방식을 통해서만
　　　　금융상품판매대리·중개업을 영위하는 법인인 금융상품판매대리·중개
　　　　업자

6. 다음의 금융상품판매업자등에 대한 기관경고(법51②(5)) 및 기관주의(법51
　　②(6)) 조치

　　가. 투자매매업자, 투자중개업자, 투자자문업자, 투자일임업자, 신탁업자 또
　　　　는 종합금융회사(법2(6) 나목)

　　나. 등록한 금융상품판매업자등

　　다. 집합투자업자, 증권금융회사, 단기금융회사 및 자금중개회사(영2⑥(5))

　　라. 상호저축은행

　　마. 신용협동조합 및 신용협동조합중앙회

　　바. 대부업자 및 대부중개업자

　　사. 온라인투자연계금융업자

7. 경영이나 업무에 대한 개선요구 조치(법51②(7), 영41④(4))

8. 상호저축은행, 신용협동조합 및 신용협동조합중앙회, 대부업자 및 대부중개
　　업자, 온라인투자연계금융업자에 대한 문책경고(법52①(3)) 조치

9. 투자매매업자, 투자중개업자, 투자자문업자, 투자일임업자, 신탁업자 또는 종
　　합금융회사, 등록한 금융상품판매업자등, 집합투자업자, 증권금융회사, 단기
　　금융회사 및 자금중개회사, 상호저축은행, 신용협동조합 및 신용협동조합중
　　앙회, 대부업자 및 대부중개업자, 온라인투자연계금융업자에 대한 주의적 경

---

5) "전자적 장치"라 함은 전자금융거래정보를 전자적 방법으로 전송하거나 처리하는데 이용
　　되는 장치로서 현금자동지급기, 자동입출금기, 지급용단말기, 컴퓨터, 전화기 그 밖에 전
　　자적 방법으로 정보를 전송하거나 처리하는 장치를 말한다(전자금융거래법2(8)).

고 및 주의(법52①(4)(5)) 조치

10. 신용협동조합 및 신용협동조합중앙회, 대부업자 및 대부중개업자에 대한 면
    직(법52②(1)) 요구

11. 투자매매업자, 투자중개업자, 투자자문업자, 투자일임업자, 신탁업자 또는
    종합금융회사, 등록한 금융상품판매업자등, 집합투자업자, 증권금융회사, 단
    기금융회사 및 자금중개회사, 상호저축은행, 신용협동조합 및 신용협동조합
    중앙회, 대부업자 및 대부중개업자, 온라인투자연계금융업자에 대한 6개월
    이내의 정직, 감봉, 견책, 주의(법52②(2)(3)(4)(5)) 조치 요구

12. 금융위원회의 금융상품판매업자등의 장에 대한 퇴임한 임원 등에 대한 조
    치내용 통보(법53 전단)(제8호부터 제11호까지의 규정에 따라 위탁받은 업
    무에 관한 통보만 해당)

13. 등록취소 처분(법51) 및 조치(법52)에 따른 이의신청(법55)의 접수

## (2) 협회등 위탁 사항

금융위원회는 협회등에 다음의 업무를 위탁한다(영49②).

1. 대출성 상품 및 공제에 관한 금융상품판매대리·중개업자의 등록(법12①)(금
   융관계법률에서 금융상품판매업등(금융상품판매업과 금융상품자문업)에 해
   당하는 업무에 대하여 인허가를 받거나 등록을 하도록 규정한 경우에 따른
   금융상품판매대리·중개업자의 등록은 제외)
2. 제1호에 따른 금융상품판매대리·중개업자의 변동사항 보고(법48③)의 접수

## 2. 금융감독원장의 협회등 위탁

### (1) 검사업무의 일부 위탁

금융감독원장은 금융소비자보호법에 따른 업무의 일부를 협회등에 위탁할
수 있다(법65②). 이에 따라 금융감독원장은 검사업무의 일부를 해당 업무를 수행
할 수 있는 인적·물적 기준을 갖춘 협회등에 위탁할 수 있다(영49③ 전단). 여기
서의 검사는 ⅰ) 대출성 상품 및 공제에 관한 금융상품판매대리·중개업자(제1
호), ⅱ) 대부중개업자(제2호), 그리고 ⅲ) 온라인투자연계금융업자(제3호)를 제외
한 대출성 상품에 관한 금융상품판매대리·중개업자 및 공제에 관한 금융상품판
매대리·중개업자에 대한 검사만 해당된다(영49③ 전단).

(2) 수탁자 및 수탁내용 등에 관한 사항의 게시

해당 업무를 위탁한 때에는 그 수탁자 및 수탁내용 등에 관한 사항을 금융감독원 인터넷 홈페이지에 게시해야 한다(영49③ 후단).

(3) 준용규정

업무의 위탁에 관하여는 「행정권한의 위임 및 위탁에 관한 규정」 제11조(민간위탁의 기준) 제2항·제3항, 제12조(민간위탁 대상기관의 선정기준 등) 제1항·제3항 및 제13조(계약의 체결 등), 제14조(지휘·감독), 제15조(사무편람), 제16조(처리상황의 감사)의 규정을 준용한다(영49⑤).

### 3. 금융감독원장 및 협회등의 금융위원회 보고

금융감독원장 및 협회등은 위탁받은 업무의 처리 내용을 금융위원회에 보고해야 한다(영49④).

### 4. 협회등 임직원의 공무원 의제

금융위원회 또는 금융감독원장의 업무의 일부를 위탁받아 수행하는 협회등의 임직원은 형법 제129조(수뢰, 사전수뢰), 제130조(제삼자뇌물제공), 제131조(수뢰후부정처사, 사후수뢰), 제132조(알선수뢰)의 규정을 적용할 때에는 공무원으로 본다(법65①).

## IV. 금융감독원장에 대한 지도·감독 등

### 1. 금융위원회의 금융감독원장에 대한 지도·감독, 명령

금융위원회는 금융소비자보호법에 따른 권한을 행사하는 데에 필요한 경우에는 금융감독원장에 대하여 지도·감독, 그 밖에 감독상 필요한 조치를 명할 수 있다(법66①).

### 2. 금융감독원의 위탁업무 수행

금융감독원은 금융소비자보호법에 따라 금융위원회의 지도·감독을 받아 금융소비자보호법에 따라 부여된 업무, 금융위원회로부터 위탁받은 업무를 수행한다(법66②).

## V. 민감정보 및 고유식별정보의 처리

### 1. 금융위원회, 금융감독원장 및 협회등의 민감정보 및 고유식별정보의 처리

금융위원회(금융감독원장 및 협회등 포함) 또는 금융감독원장(협회등 포함)은 다음의 사무, 즉 ⅰ) 금융상품판매업자등의 등록(제1호), ⅱ) 금융분쟁조정위원회의 구성(제2호), ⅲ) 분쟁의 조정(제3호), ⅳ) 금융상품판매업자등에 대한 감독, 업무보고서의 제출 및 등록요건 변동사항 보고 사항의 확인(제4호), ⅴ) 금융위원회의 명령권에 따른 조치명령 또는 판매제한·금지명령(제5호), ⅵ) 금융상품판매업자등에 대한 검사(제6호), ⅶ) 금융상품판매업자등에 대한 처분 및 조치(제7호), ⅷ) 금융상품판매업자등의 임직원에 대한 조치(제8호), ⅸ) 퇴임한 임원 또는 퇴직한 직원에 대한 조치내용 통보(제9호), ⅹ) 과징금의 부과 및 징수에 관한 과징금 부과, 이의신청 처리, 그리고 과징금의 징수(제10호) 사무를 수행하기 위해 불가피한 경우 개인정보 보호법 제23조[6])에 따른 건강에 관한 정보(제3호의 사무만 해당), 개인정보 보호법 시행령 제18조[7])에 따른 유전정보(제3호의 사무만 해당) 또

---

6) 개인정보 보호법 제23조(민감정보의 처리 제한) ① 개인정보처리자는 사상·신념, 노동조합·정당의 가입·탈퇴, 정치적 견해, 건강, 성생활 등에 관한 정보, 그 밖에 정보주체의 사생활을 현저히 침해할 우려가 있는 개인정보로서 대통령령으로 정하는 정보("민감정보")를 처리하여서는 아니 된다. 다만, 다음의 어느 하나에 해당하는 경우에는 그러하지 아니하다.
  1. 정보주체에게 제15조 제2항 각 호 또는 제17조 제2항 각 호의 사항을 알리고 다른 개인정보의 처리에 대한 동의와 별도로 동의를 받은 경우
  2. 법령에서 민감정보의 처리를 요구하거나 허용하는 경우
  ② 개인정보처리자가 제1항 각 호에 따라 민감정보를 처리하는 경우에는 그 민감정보가 분실·도난·유출·위조·변조 또는 훼손되지 아니하도록 제29조에 따른 안전성 확보에 필요한 조치를 하여야 한다.
7) 개인정보 보호법 시행령 제18조(민감정보의 범위) 법 제23조 제1항 각 호 외의 부분 본문에서 "대통령령으로 정하는 정보"란 다음의 어느 하나에 해당하는 정보를 말한다. 다만, 공공기관이 법 제18조 제2항 제5호부터 제9호까지의 규정에 따라 다음의 어느 하나에 해당하는 정보를 처리하는 경우의 해당 정보는 제외한다.
  1. 유전자검사 등의 결과로 얻어진 유전정보
  2. 「형의 실효 등에 관한 법률」 제2조 제5호에 따른 범죄경력자료에 해당하는 정보
  3. 개인의 신체적, 생리적, 행동적 특징에 관한 정보로서 특정 개인을 알아볼 목적으로 일정한 기술적 수단을 통해 생성한 정보

는 범죄경력자료에 해당하는 정보(제1호부터 제3호까지의 사무만 해당), 개인정보
보호법 시행령 제19조8)에 따른 주민등록번호, 여권번호, 운전면허의 면허번호
또는 외국인등록번호가 포함된 자료를 처리할 수 있다(영50①).

## 2. 금융상품판매업자등의 민감정보 및 고유식별정보의 처리

금융상품판매업자등은 ⅰ) 손해배상책임에 관한 사무, ⅱ) 청약의 철회에
관한 사무, ⅲ) 위법계약의 해지에 관한 사무를 수행하기 위해 불가피한 경우 주
민등록번호, 여권번호, 운전면허의 면허번호 또는 외국인등록번호가 포함된 자료
를 처리할 수 있다(영50②).

---

4. 인종이나 민족에 관한 정보
8) 개인정보 보호법 제19조(고유식별정보의 범위) 법 제24조 제1항 각 호 외의 부분에서 "대
통령령으로 정하는 정보"란 다음의 어느 하나에 해당하는 정보를 말한다. 다만, 공공기관
이 법 제18조 제2항 제5호부터 제9호까지의 규정에 따라 다음의 어느 하나에 해당하는 정
보를 처리하는 경우의 해당 정보는 제외한다.
1. 주민등록법 제7조의2 제1항에 따른 주민등록번호
2. 여권법 제7조 제1항 제1호에 따른 여권번호
3. 도로교통법 제80조에 따른 운전면허의 면허번호
4. 출입국관리법 제31조 제5항에 따른 외국인등록번호

# 제2장

# 금융상품과 금융소비자 등

## 제1절 금융상품과 금융소비자

### Ⅰ. 금융상품

#### 1. 금융상품의 정의

금융상품이란 다음에서 설명하는 것을 말한다(법2(1), 영2①, 금융소비자 보호에 관한 감독규정2①, 이하 "감독규정").

##### (1) 은행법에 따른 예금 및 대출

금융상품이란 은행법에 따른 예금 및 대출을 말한다(법2(1) 가목).

##### (가) 예금

###### 1) 예금의 의의

예금은 "예금자가 은행 기타 수신을 업으로 하는 금융기관에게 금전의 보관을 위탁하되 금융기관에게 그 금전의 소유권을 이전하기로 하고, 금융기관은 예금자에게 같은 통화와 금액의 금전을 반환할 것을 약정하는 계약"이다. 예금을 받는 것은 은행업의 본질적 요소이고 은행을 다른 종류의 금융기관과 구별하는 기준이 된다. 은행법상의 은행 이외에 상호저축은행, 신용협동조합, 새마을금고, 체신관서 등이 예금, 예탁금, 예수금 등의 명칭으로 수신업무를 하고 있어 비은행예금취급기관으로 불린다.

2) 예금의 종류

예금의 종류는 만기별 분류와 통화별 분류로 구분할 수 있다. ⅰ) 만기별 분류는 입출금이 자유로운 예금과 거치식·적립식 예금으로 분류할 수 있다. 입출금이 자유로운 예금에는 보통예금, 당좌예금, 별단예금, 저축예금, MMDA(시장금리부 수시입출금예금)가 있으며, 거치식·적립식 예금에서 거치식예금은 "예치기간을 정하고 거래를 시작할 때 맡긴 돈을 만기에 찾는 예금"(거치식예금 약관 1조①)으로 정기예금이 이해 해당한다. 적립식예금은 "기간을 정하고 그 기간 중에 미리 정한 금액이나 불특정 금액을 정기 또는 부정기적으로 입금하는 예금"(적립식예금 약관 1조①)으로 정기적금이 이에 해당한다. 또한 양도성예금증서는 거치식예금약관이 적용되는 예금 가운데 예금반환청구권을 증서에 의해 양도할 수 있도록 한 예금상품이다. ⅱ) 통화별 분류는 예금이 어떤 통화로 이루어졌는가에 따라 원화예금과 외화예금으로 나누어지고 외화예금도 외화당좌예금, 외화보통예금, 외화정기예금, 외화별단예금 등으로 나누어진다.

(나) 대출

1) 대출의 의의

대출(loan)은 은행이 이자수취를 목적으로 원리금의 반환을 약정하고 고객(=차주, 채무자)에게 자금을 대여하는 행위를 말한다. 대출은 은행의 여신(=신용공여)의 한 종류이다. 은행 이외에도 보험회사(보험업법106), 여신전문금융회사(여신전문금융업법46), 상호저축은행(상호저축은행법11), 새마을금고(새마을금고법28), 신용협동조합(신용협동조합법39), 대부업자(대부업법2(1)) 등도 각 관련 법률이 정한 범위 내에서 여신·대출 업무를 수행한다.

2) 대출의 종류

가) 담보유무에 따른 분류

대출은 담보의 유무에 따라 신용대출과 담보대출로 구분할 수 있다. 담보대출은 담보의 종류에 따라 인적담보대출, 물적담보대출로 구분할 수 있으며, 물적담보대출은 담보의 종류에 따라 부동산담보대출, 예금담보대출, 증권대출 등으로 구분할 수 있다.

나) 거래유형에 따른 분류

대출은 구체적인 거래유형에 따라 통상 증서대출·당좌대출·어음대출·어음할인으로 분류한다. 여신거래기본약관(기업용)도 약관의 적용대상인 여신에 위 4가지 대출을 포함하고 있다. ⅰ) 증서대출은 은행이 고객으로부터 어음거래약정서·대출거래약정서와 같이 금전소비대차계약의 내용을 기재한 문서를 받고 행하는 대출이다. ⅱ) 당좌대출은 은행에 당좌예금계좌를 개설한 고객이 당좌예금 잔액을 초과해서 발행한 어음·수표에 대해 미리 약정한 기간과 금액을 한도로 하여 은행이 지급함으로써 자금을 제공하는 방식의 대출이다. ⅲ) 어음대출은 은행이 고객으로부터 고객이 발행한 약속어음을 받고 자금을 제공하는 방식의 대출이다. ⅳ) 어음할인은 재화 및 용역 거래에 수반하여 발행된 상업어음, 수출신용장에 근거하여 발행된 무역어음, 자금융통을 목적으로 발행된 융통어음을 어음소지인의 신청에 의하여 할인 방식으로 매입함으로써 발생되는 대출이다.

다) 기타 기준에 따른 분류

대출은 차입자의 성격에 따라 기업자금대출, 가계자금대출, 공공자금대출, 기타자금대출로 나누고, 기업자금대출은 자금의 용도에 따라 운전자금대출, 시설자금대출, 특별자금대출로 나누며, 고객이 개인인 경우 주택관련 대출을 특별히 취급하기도 하고, 대출자금의 원천에 따라 금융자금대출, 재정자금대출, 주택도시기금대출 등으로 분류하기도 한다. 그러나 이러한 분류는 회계처리상의 분류로서 특별법에 따른 대출이 아닌 한 법적으로 큰 차이를 가져오지 않는다.

또한 통화를 기준으로 원화대출, 외화대출, 외화표시원화대출로 분류할 수도 있다. 외화표시원화대출은 원화로 대출하되 대출일의 환율로 환산한 외화로 기표하고, 원리금 지급도 원화로 이루어지지만 그 금액은 기표 외화에 지급일의 환율로 적용하여 산정한 원화환산액으로 하는 대출이다. 차입고객은 원화로 차입하였으나 해당 외화의 환율변동 위험에 노출되고, 대출은행은 외화 대출채권을 보유한 것과 다름없게 된다.

### (2) 자본시장법에 따른 금융투자상품

금융상품이란 자본시장법에 따른 금융투자상품을 말한다(법2(1) 나목).

### (가) 금융투자상품의 의의

자본시장법은 금융투자상품을 ⅰ) (목적) 이익을 얻거나 손실을 회피할 목적으로, ⅱ) (금전등의 지급) 현재 또는 장래의 특정 시점에 금전, 그 밖의 재산적 가치가 있는 것("금전등")을 지급하기로, ⅲ) (권리) 약정함으로써 취득하는 권리로서, ⅳ) (투자성) 그 권리를 취득하기 위하여 지급하였거나 지급하여야 할 금전등

의 총액(판매수수료 등 대통령령으로 정하는 금액을 제외)이 그 권리로부터 회수하였
거나 회수할 수 있는 금전등의 총액(해지수수료 등 대통령령으로 정하는 금액을 포
함)을 초과하게 될 위험(투자성 = 원본손실위험)이 있는 것(자본시장법3① 본문)으
로 정의한다.

　　자본시장법은 금융투자상품을 증권과 파생상품으로 구분하면서(자본시장법3
②) ⅰ) 증권을 일반적으로 정의(자본시장법4①)한 후 다시 6가지 유형으로 나누
고(자본시장법4②), 개별 증권의 추상적 개념을 정의하는 동시에 이에 해당하는
상품을 열거하는 한편(자본시장법4②), ⅱ) 파생상품을 거래내용에 따라 선도, 옵
션, 스왑으로 나누고(자본시장법5① 각 호) 거래되는 시장에 따라 장내파생상품과
장외파생상품으로 구분한다(자본시장법3②(2)).

### (나) 증권

#### 1) 증권의 개념

　　증권이란 ⅰ) (발행인) 내국인 또는 외국인이 발행한, ⅱ) (투자성) 금융투자
상품으로서, ⅲ) (추가지급의무 부존재) 투자자가 취득과 동시에 지급한 금전등 외
에 어떠한 명목으로든지 추가로 지급의무를 부담하지 아니하는 것을 말한다(자본
시장법4① 본문).

#### 2) 증권의 종류

　　자본시장법은 증권에 표시되는 권리의 종류에 따라 채무증권, 지분증권, 수
익증권, 투자계약증권, 파생결합증권, 증권예탁증권으로 구분된다(자본시장법4②).
여기에 열거된 증권 외의 다른 유형의 증권은 인정되지 않는다.

#### 가) 채무증권

　　채무증권이란 국채증권, 지방채증권, 특수채증권(법률에 의하여 직접 설립된
법인이 발행한 채권), 사채권(상법상 파생결합사채의 경우 이자연계 파생결합사채만 포
함), 기업어음증권, 그 밖에 이와 유사한 것으로서 지급청구권이 표시된 것을 말
한다(자본시장법4③).

#### 나) 지분증권

　　지분증권이란 일반인들이 흔히 말하는 "주식"을 의미한다. 자본시장법은 지
분증권을 "주권, 신주인수권이 표시된 것, 법률에 의하여 직접 설립된 법인이 발
행한 출자증권, 상법에 따른 합자회사, 유한회사, 익명조합의 출자지분, 그 밖에
이와 유사한 것으로 출자지분이 표시된 것으로서 출자지분 또는 출자지분을 취

득할 권리가 표시된 것"으로 정의하고 있다(자본시장법4④).

### 다) 수익증권

수익증권이란 신탁재산의 운용에서 발생하는 수익을 분배받고 그 신탁재산을 상환받을 수 있는 수익자의 권리(수익권)가 표시된 증권이다. 자본시장법상 수익증권은 신탁업자의 금전신탁계약에 의한 수익증권(자본시장법110),[1] 투자신탁의 수익증권(자본시장법189),[2] 그 밖에 이와 유사한 것으로서 신탁의 수익권이 표시된 것을 말한다(자본시장법4⑤). 자본시장법은 관리형신탁의 수익권을 제외(자본시장법3①(2))하고는 신탁의 수익권이 표시된 것을 모두 수익증권으로 정의하고 있다.

### 라) 투자계약증권

투자계약증권이란 특정 투자자가 그 투자자와 타인(다른 투자자를 포함) 간의 공동사업에 금전등을 투자하고 주로 타인이 수행한 공동사업의 결과에 따른 손익을 귀속받는 계약상의 권리가 표시된 것을 말한다(자본시장법4⑥).

### 마) 파생결합증권

파생결합증권이란 기초자산[3]의 가격·이자율·지표·단위 또는 이를 기초로 하는 지수 등의 변동과 연계하여 미리 정하여진 방법에 따라 지급하거나 회수하는 금전등이 결정되는 권리가 표시된 것을 말한다(자본시장법4⑦). 현재 우리나라에서 거래되는 대표적인 파생결합증권은 주가연계증권(ELS: Equity Linked Securities), 기타파생결합증권(DLS),[4] 주식워런트증권(ELW: Equity Linked Warrant), 상

---

1) 제110조의 수익증권: 신탁업자가 발행하는 것으로 금전신탁계약에 의한 수익권이 표시된 수익증권
2) 제189조의 수익증권: 투자신탁을 설정한 집합투자업자가 발행하는 것으로 투자신탁의 수익권을 균등하게 분할하여 표시한 수익증권
3) 기초자산이란 ⅰ) 금융투자상품(제1호), ⅱ) 통화(외국의 통화를 포함)(제2호), ⅲ) 일반상품(농산물·축산물·수산물·임산물·광산물·에너지에 속하는 물품 및 이 물품을 원료로 하여 제조하거나 가공한 물품, 그 밖에 이와 유사한 것을 말한다)(제3호), ⅳ) 신용위험(당사자 또는 제삼자의 신용등급의 변동, 파산 또는 채무재조정 등으로 인한 신용의 변동을 말한다)(제4호), ⅴ) 그 밖에 자연적·환경적·경제적 현상 등에 속하는 위험으로서 합리적이고 적정한 방법에 의하여 가격·이자율·지표·단위의 산출이나 평가가 가능한 것(제5호)을 말한다(자본시장법4⑩). 파생결합증권의 기초자산은 파생상품의 기초자산과 동일하다.
4) 자본시장법 제정 이전 종전 증권거래법 시행령에서 주식워런트증권과 주가연계증권이 파생결합증권과 별도로 구분되어 정의되었기 때문에 파생결합증권이 "기타파생결합증권"을 의미하는 것으로 통용되고 있다.

장지수증권(ETN: Exchange Traded Note)) 등이 있다. ELS는 주가지수 또는 특정주식가격의 변동과 연계되어 수익률이 결정되는 증권이고, DLS는 주가 외 기초자산(금리, 통화, 상품, 신용위험 등) 가격의 변동과 연계되어 수익률이 결정되는 증권이다. ELW는 주가지수 또는 특정주식 등의 기초자산을 사전에 정한 가격으로 미래시점에 사거나 팔 수 있는 권리를 나타내는 증권으로서 거래소에 상장되어 거래된다. ELW는 옵션(장내파생상품)과 경제적 효과는 동일하나 증권의 속성을 가지고 있어 투자손실은 원금에 한정된다. ETN은 기초자산 가격의 변동과 연계되어 수익률이 결정되는 증권으로 거래소에 상장되어 거래된다.

### 바) 증권예탁증권

증권예탁증권이란 채무증권, 지분증권, 수익증권, 투자계약증권, 파생결합증권을 예탁받은 자가 그 증권이 발행된 국가 외의 국가에서 발행한 것으로서 그 예탁받은 증권에 관련된 권리가 표시된 것을 말한다(자본시장법4⑧).

### (다) 파생상품

파생상품(derivatives)은 그 가치가 기초를 이루는 자산에서 파생되는 상품을 말한다. 자본시장법은 파생상품을 기초자산의 가격을 기초로 손익(수익구조)이 결정되는 금융투자상품으로, ⅰ) 선도, 옵션, 스왑의 어느 하나에 해당하는 계약상의 권리(자본시장법5①)로 정의하고, ⅱ) 파생상품시장 등에서 거래되는 파생상품을 장내파생상품으로 규정하면서(자본시장법5②), ⅲ) 장내파생상품 외의 파생상품을 장외파생상품으로 정의하고 있다(자본시장법5③).

### (3) 보험업법에 따른 보험상품

금융상품이란 보험업법에 따른 보험상품을 말한다(법2(1) 다목).

### (가) 보험상품의 의의

보험상품이란 위험보장을 목적으로 우연한 사건 발생에 관하여 금전 및 그 밖의 급여를 지급할 것을 약정하고 대가를 수수하는 계약으로서 생명보험상품, 손해보험상품, 제3보험상품을 말한다(보험업법2(1)). 다만, 건강보험(국민건강보험법), 고용보험(고용보험법), 국민연금(국민연금법), 장기요양보험(노인장기요양보험법), 산업재해보상보험(산업재해보상보험법), 선불식 할부계약(할부거래법)은 제외한다(보험업법2(1)).

### (나) 보험상품의 종류

보험업법은 보험상품을 생명보험상품, 손해보험상품, 제3보험상품으로 분류

하고 있다. 이것은 보험목적과 보상방식에 따른 구분이다.

### 1) 생명보험상품

생명보험상품은 위험보장을 목적으로 사람의 생존 또는 사망에 관하여 약정한 금전 및 그 밖의 급여를 지급할 것을 약속하고 대가를 수수하는 계약으로서 생명보험계약과 연금보험계약(퇴직보험계약을 포함)을 말한나(보험입법2(1) 가목 및 보험업법 시행령1의2②(1)(2)).

생명보험의 종류는 생명보험, 연금보험(퇴직보험을 포함)으로 구분된다(보험업법 시행령1의2②). 전자의 생명보험은 넓은 의미의 생명보험이고, 후자의 생명보험은 좁은 의미, 즉 넓은 의미의 생명보험 중에서 연금보험과 퇴직보험을 제외한 것이다. 보험업감독규정 [별표 1]은 생명보험, 연금보험, 퇴직보험의 정의를 규정하고 있다.

### 2) 손해보험상품

손해보험상품은 위험보장을 목적으로 우연한 사건(질병·상해 및 간병은 제외)으로 발생하는 손해(계약상 채무불이행 또는 법령상 의무불이행으로 발생하는 손해를 포함)에 관하여 금전 및 그 밖의 급여를 지급할 것을 약속하고 대가를 수수하는 계약으로서 화재보험계약, 해상보험계약(항공·운송보험계약을 포함), 자동차보험계약, 보증보험계약, 재보험계약, 책임보험계약, 기술보험계약, 권리보험계약, 도난보험계약, 유리보험계약, 동물보험계약, 원자력보험계약, 비용보험계약, 날씨보험계약을 말한다(보험업법2(1) 나목 및 보험업법 시행령1의2③).

### 3) 제3보험상품

제3보험상품은 위험보장을 목적으로 사람의 질병·상해 또는 이에 따른 간병에 관하여 금전 및 그 밖의 급여를 지급할 것을 약속하고 대가를 수수하는 계약으로서 상해보험계약, 질병보험계약, 그리고 간병보험계약이다(보험업법2(1) 다목).

### (4) 상호저축은행법에 따른 예금 및 대출

금융상품이란 상호저축은행법에 따른 예금 및 대출을 말한다(법2(1) 라목). 여기서 예금과 대출은 앞에서 살펴본 은행법에 따른 예금 및 대출과 동일하다.

### (5) 여신전문금융업법에 따른 신용카드, 시설대여, 연불판매, 할부금융

금융상품이란 여신전문금융업법에 따른 신용카드, 시설대여, 연불판매, 할부금융을 말한다(법2(1) 마목).

#### (가) 신용카드상품

##### 1) 카드상품

여신전문금융업법상 신용카드란 "이를 제시함으로써 반복하여 신용카드가 맹점에서 결제할 수 있는 증표로서 신용카드업자(외국에서 신용카드업에 상당하는 영업을 영위하는 자를 포함)가 발행한 것"을 말한다(여신전문금융업법2(3)).

신용카드와 구별해야 할 것으로 선불카드와 직불카드가 있다. 신용카드는 금융상품에 해당하나 선불카드와 직불카드는 지급수단에 불과하여 금융상품이 아니기 때문이다.[5]

선불카드란 신용카드업자가 대금을 미리 받고 이에 해당하는 금액을 기록(전자적 또는 자기적 방법에 따른 기록)하여 발행한 증표로서 선불카드소지자가 신용카드가맹점에 제시하여 그 카드에 기록된 금액의 범위에서 결제할 수 있게 한 증표를 말하고(여신전문금융업법2(8)), 직불카드란 "직불카드회원과 신용카드가맹점 간에 전자적 또는 자기적 방법으로 금융거래계좌에 이체하는 등의 방법으로 결제가 이루어질 수 있도록 신용카드업자가 발행한 증표(자금을 융통받을 수 있는 증표는 제외)"를 말한다(여신전문금융업법2(6)).

##### 2) 신용카드대출상품

##### 가) 장기카드대출(카드론)

장기카드대출(카드론)은 신용카드회원 본인의 신용도와 카드이용 실적에 따라 카드회사에서 대출해주는 장기(2개월 이상) 금융상품을 말한다(여신전문금융업감독규정2(3) 나목). 신용카드 개인회원 표준약관("표준약관")에 따르면 장기카드대출(카드론)이란 단기카드대출(현금서비스) 외에 카드회사가 본인회원에게 제공하는 자금융통으로서 일정기간 동안 일정 이자율에 따라 원리금을 상환하는 서비스를 말한다(표준약관16).

"카드론"은 신용카드 가입과는 별개의 계약으로 금융소비자보호법상 금융상품에 해당된다.[6]

##### 나) 단기카드대출(현금서비스)

단기카드대출(현금서비스)은 현금지급기에서 현금서비스를 받기 위한 신용카

---

5) 선불·직불카드에 의한 결제는 금융소비자보호법 제2조 제1호 각 목의 금융상품과 유사하다고 보기 어려우므로 금융상품에 해당하지 않는다(금융위원회·금융감독원(2021a), "금융소비자보호법 FAQ 답변(1차)"(2021. 2. 18), 2쪽).

6) 금융위원회·금융감독원(2021a), 2쪽.

드의 사용이다(여신전문금융업감독규정2(3) 나목).

단기카드대출(현금서비스)은 여신전문금융업법상 금융상품에 해당하나, 신용카드 가입에 따라 부가되는 약정에 따른 현금서비스 그 자체로서 금융소비자보호법상 별도의 금융상품으로 보기 어렵다. 신용카드는 금융상품에 해당하는바, 신용카드 계약체결과 관련하여 현금서비스에 대해 설명의무 등 금융소비자보호법상 규제가 적용될 수 있다.[7]

다) 일부결제금액이월약정(리볼빙)

일부결제금액이월약정(리볼빙)은 신용카드회원이 신용카드업자와 별도 약정에 따라 신용카드 이용대금의 일부만 결제하고 잔여금액에 대한 결제를 이월하는 상품이다(여신전문금융업감독규정2(3) 다목).

리볼빙은 여신전문금융업법상 금융상품에 해당하나, 신용카드 가입에 따라 부가되는 약정에 따른 리볼빙 그 자체로서 금융소비자보호법상 별도의 금융상품으로 보기 어렵다.[8] 신용카드는 금융상품에 해당하는바, 신용카드 계약체결과 관련하여 리볼빙에 대해 설명의무 등 금융소비자보호법상 규제가 적용될 수 있다.[9]

(나) 시설대여(리스)상품

시설대여(리스)란 "특정물건"을 새로 취득하거나 대여받아 거래상대방에게 내용연수의 20%에 해당하는 기간(다만, 부동산을 시설대여하는 경우에는 3년) 이상 사용하게 하고, 그 사용기간 동안 일정한 대가를 정기적으로 나누어 지급받으며, 그 사용 기간이 끝난 후의 물건의 처분에 관하여는 당사자 간의 약정으로 정하는 방식의 금융을 말한다(여신전문금융업법2(10), 여신전문금융업법 시행령2④). 여기서 "특정물건"이란 ⅰ) 시설, 설비, 기계 및 기구, ⅱ) 건설기계, 차량, 선박 및 항공기, ⅲ) 앞의 ⅰ) 및 ⅱ)의 물건에 직접 관련되는 부동산 및 재산권 등을 말한다(여신전문금융업법 시행령2①).

(다) 연불판매상품

연불판매란 특정물건을 새로 취득하여 거래상대방에게 넘겨주고, 그 물건의 대금·이자 등을 1년 이상 동안 정기적으로 나누어 지급받으며, 그 물건의 소유

---

7) 금융위원회·금융감독원(2021a), 2쪽.
8) 금융위원회·금융감독원(2021a), 2쪽.
9) 금융위원회·금융감독원(2021a), 2쪽.

권 이전 시기와 그 밖의 조건에 관하여는 당사자 간의 약정으로 정하는 방식의 금융을 말한다(여신전문금융업법2(11)). 즉 연불판매는 금융소비자가 구매하고자 하는 물건의 소유권을 연불판매업자가 취득하고, 해당 물건의 점유를 금융소비자에게 이전하고, 소유권의 이전 시기 등에 관한 조건 등은 당사자 간 약정으로 정하는 것을 말한다. 연불판매는 금융리스와 할부금융의 중간적 형태이다.

### (라) 할부금융상품

할부금융은 소비자가 일시불로 구입하기 어려운 고가의 내구재나 주택 등을 구입하고자 할 때 할부금융회사가 소비자에게 구입자금의 전부 또는 일부를 대여해주고, 소비자는 할부금융회사에 일정한 수수료를 내고 원금과 이자의 분할상환이 가능하도록 하는 금융상품을 말한다. 여신전문금융업법은 할부금융을 "재화와 용역의 매매계약에 대하여 매도인 및 매수인과 각각 약정을 체결하여 매수인에게 융자한 재화와 용역의 구매자금을 매도인에게 지급하고 매수인으로부터 그 원리금을 나누어 상환받는 방식의 금융"으로 정의하고 있다(여신전문금융업법2(13)).

할부금융상품은 크게 내구소비재, 주택, 기계로 나눌 수 있고 내구소비재에는 신차·중고차·건설기계·특수자동차 등을 포함하는 자동차 품목, 컴퓨터·통신기기, 냉난방기, 음향기기, 사무기기, 생활·주방 기기 등을 포함하는 전자제품 품목과 가구·침구 같은 기타 내구소비재로 나눌 수 있다.

### (6) 대부업법상의 대부

금융상품이란 "대부"를 말한다(영2①(1)). "대부"란 금전의 대부, 어음할인·양도담보, 그 밖에 이와 비슷한 방법을 통한 금전의 교부를 말한다(대부업법2(1)).

### (7) 신용협동조합법에 따른 예탁금, 대출 및 공제

금융상품이란 신용협동조합법에 따른 예탁금, 대출 및 공제를 말한다(영2①(2)). 공제는 조합 등 특정단체에 가입한 가입자가 일정한 금액을 단체에 납입하고, 가입자에게 소정의 사고가 발생한 경우 해당 단체가 미리 정해진 금액을 지급하는 제도이다.

### (8) 온라인투자연계금융업법에 따른 연계투자 및 연계대출

금융상품이란 연계투자 및 연계대출을 말한다(영2①(3)). 연계투자란 온라인 플랫폼을 통하여 특정 차입자에게 자금을 제공할 목적으로 하는 투자를 말하고, 연계대출이란 투자자의 자금을 투자자가 지정한 해당 차입자에게 대출, 어음할인·양도담보, 그 밖에 이와 비슷한 방법을 통한 자금의 제공을 말한다(온라인투자연계금융업법2(1)).

### (9) 신탁계약 및 투자일임계약

금융상품이란 신탁계약 및 투자일임계약을 말한다(영2①(4)). 여기서 신탁계약이란 신탁법 제2조의 신탁을 말한다(자본시장법9㉔). 신탁법 제2조에 의하면, "신탁"이란 "ⅰ) 신탁을 설정하는 자(＝위탁자)와 신탁을 인수하는 자(＝수탁자) 간의 신임관계에 기하여, ⅱ) 위탁자가 수탁자에게 특정의 재산(영업이나 저작재산권의 일부를 포함)을 이전하거나 담보권의 설정 또는 그 밖의 처분을 하고, ⅲ) 수탁자로 하여금 일정한 자(＝수익자)의 이익 또는 특정의 목적을 위하여 그 재산의 관리, 처분, 운용, 개발, 그 밖의 신탁 목적의 달성을 위하여 필요한 행위를 하는 법률관계를 말한다(신탁법2). 즉 신탁은 위탁자가 타인(수탁자)에게 사무 처리를 부탁하는 형태로, 형식적인 재산권 귀속자인 관리자(관리권자)와 실질적인 이익향유자(수익자)를 분리하면서 이익향유자를 위한 재산의 안전지대를 구축하는 제도이다.

투자일임계약이란 투자일임업자와 투자자 사이에 체결하는 계약이다.[10] 투자일임업자란 금융투자업자 중 투자자로부터 금융투자상품등에 대한 투자판단의 전부 또는 일부를 일임받아 투자자별로 구분하여 그 투자자의 재산상태나 투자목적 등을 고려하여 금융투자상품등을 취득·처분, 그 밖의 방법으로 운용하는 것을 영업으로 하는 금융투자업자를 말한다(자본시장법8⑥ 및 6⑧).

### (10) 중소기업은행법에 따른 예금 및 대출

금융상품이란 중소기업은행법에 따른 예금 및 대출을 말한다(영2①(5)). 여기서 예금과 대출은 앞에서 살펴본 은행법에 따른 예금 및 대출과 동일하다.

### (11) 한국산업은행법에 따른 예금 및 대출

금융상품이란 한국산업은행법에 따른 예금 및 대출을 말한다(영2①(6)). 여기서 예금과 대출은 앞에서 살펴본 은행법에 따른 예금 및 대출과 동일하다.

### (12) 금전을 받고 장래에 그 금전과 그에 따른 이자 등의 대가를 지급하기로 하는 계약

금융상품이란 "금융산업구조개선법에 따라 종합금융회사와 합병한 기관",[11]

---

10) 투자일임계약상품 중 투자자의 단기자금운용 수요에 대응하여 금융회사 예치, CP, 콜론, RP, 채권 등 유동자산 등으로 일임재산을 운용하는 상품인 MMW(Money Market Wrap)가 있다.

11) "금융산업구조개선법에 따라 종합금융회사와 합병한 기관"이란 예금자보호법 제2조 제1

농협은행, 상호저축은행, 수협은행, 신용협동조합, 은행, 금융투자업자 및 증권금융회사, 종합금융회사, 중소기업은행, 한국산업은행이 계약에 따라 금융소비자로부터 금전을 받고 장래에 그 금전과 그에 따른 이자 등의 대가를 지급하기로 하는 계약을 말한다(감독규정2②(1) 본문). 다만, 주택법에 따른 입주자저축은 제외한다(감독규정2②(1) 단서). 입주자저축이란 국민주택과 민영주택을 공급받기 위하여 가입하는 주택청약종합저축을 말한다(주택법56②).

### (13) 어음 할인 · 매출채권 매입 · 대출 · 지급보증 등 계약

"금융산업구조개선법에 따라 종합금융회사와 합병한 기관", 농협은행, 상호저축은행, 수협은행, 신용협동조합, 은행, 금융투자업자 및 증권금융회사, 종합금융회사, 중소기업은행, 한국산업은행, 보험회사, 신용협동조합중앙회, 여신전문금융회사(신기술사업금융업자는 제외) 및 겸영여신업자, 온라인투자연계금융업자, 단기금융회사 및 자금중개회사가 금융소비자에 어음 할인 · 매출채권 매입(각각 금융소비자에 금전의 상환을 청구할 수 있는 계약으로 한정) · 대출 · 지급보증 또는 이와 유사한 것으로서 금전 또는 그 밖의 재산적 가치가 있는 것("금전등")을 제공하고 장래에 금전등 및 그에 따른 이자 등의 대가를 받기로 하는 계약을 말한다(감독규정2②(2) 본문). 다만, 수출환어음 매입 등 수출 · 수입 대금 결제와 관련된 계약은 제외한다(감독규정2②(2) 단서).

## 2. 금융상품의 유형

금융소비자보호법은 금융상품을 속성에 따라 예금성 상품, 대출성 상품, 투자성 상품 및 보장성 상품으로 유형을 재분류(법3)하였다. 금융상품의 유형은 다음과 같이 구분한다(법3 본문). 다만, 개별 금융상품이 상품유형 중 둘 이상에 해당하는 속성이 있는 경우에는 해당 상품유형에 각각 속하는 것으로 본다(법3 단서).

---

호 가목부터 사목까지의 부보금융회사를 말한다. 즉 은행, 한국산업은행, 중소기업은행, 농협은행, 수협은행, 외국은행의 국내 지점 및 대리점(대통령령으로 정하는 외국은행의 국내 지점 및 대리점은 제외), 투자매매업자 · 투자중개업자(다자간매매체결회사, 예금등이 없는 투자매매업자 · 투자중개업자로서 대통령령으로 정하는 자 및 「농업협동조합의 구조개선에 관한 법률」 제2조 제1호에 따른 조합은 제외)(예금자보호법 시행령2(1) 가목-사목)를 말한다.

### (1) 예금성 상품

예금성 상품은 은행 예금과 같이 이자수익이 발생하는 금융상품으로서 원금 보장이 되는 상품(예: 예·적금 등)을 말한다. 금융소비자보호법에 따른 예금성 상품은 ⅰ) 은행법·상호저축은행법에 따른 예금, ⅱ) 신용협동조합법에 따른 예탁금, ⅲ) 중소기업은행법에 따른 예금 또는 한국산업은행법에 따른 예금, ⅳ) 금융산업구조개선법에 따라 종합금융회사와 합병한 기관, 농협은행, 상호저축은행, 수협은행, 신용협동조합, 은행, 금융투자업자 및 증권금융회사, 종합금융회사, 중소기업은행, 한국산업은행이 계약에 따라 금융소비자로부터 금전을 받고 장래에 그 금전과 그에 따른 이자 등의 대가를 지급하기로 하는 계약을 말한다. 다만, 주택법에 따른 입주자저축은 제외한다(법3(1), 영3①, 감독규정3(1)).

### (2) 대출성 상품

대출성 상품은 은행 대출과 같이 금전을 빌려 사용한 후 원금과 이자를 상환하는 금융상품(예: 대출상품, 신용카드 등)을 말한다. 금융소비자보호법에 따른 대출성 상품은 ⅰ) 은행법·상호저축은행법에 따른 대출, ⅱ) 여신전문금융업법에 따른 신용카드·시설대여·연불판매·할부금융, ⅲ) 대부업법상 대부, ⅳ) 온라인투자연계금융업법상 연계대출, ⅴ) 중소기업은행법에 따른 대출 또는 한국산업은행법에 따른 대출, ⅵ) 신용협동조합법에 따른 대출, ⅶ) 금융산업구조개선법에 따라 종합금융회사와 합병한 기관, 농협은행. 상호저축은행, 수협은행, 신용협동조합, 은행, 금융투자업자 및 증권금융회사, 종합금융회사, 중소기업은행, 한국산업은행, 보험회사, 신용협동조합중앙회, 여신전문금융회사(신기술사업금융업자는 제외) 및 겸영여신업자, 온라인투자연계금융업자, 금융투자업자, 단기금융회사 및 자금중개회사가 금융소비자에 어음 할인·매출채권 매입(각각 금융소비자에 금전의 상환을 청구할 수 있는 계약으로 한정)·대출·지급보증 또는 이와 유사한 것으로서 금전 또는 그 밖의 재산적 가치가 있는 것("금전등")을 제공하고 장래에 금전등 및 그에 따른 이자 등의 대가를 받기로 하는 계약을 말한다. 다만, 수출환어음 매입 등 수출·수입 대금결제와 관련된 계약은 제외한다(법3(2), 영3②, 감독규정3(2)).

### (3) 투자성 상품

투자성 상품은 펀드와 같이 투자수익이 발생하는 금융상품으로서 원금이 보장되지 않는 상품(예: 펀드 등 금융투자상품, 신탁상품)을 말한다. 금융소비자보호법에 따른 투자성 상품은 ⅰ) 자본시장법에 따른 금융투자상품, ⅱ) 연계투자, ⅲ) 신탁계약, ⅳ) 투자일임계약, ⅴ) 투자성이 있는 금융상품을 말한다(법3(3), 영3③, 감독규정3(3)).

### (4) 보장성 상품

보장성 상품은 보험상품과 같이 장기간 보험료를 납입한 후 장래 보험사고 발생 시 보험금을 지급받는 금융상품(예: 보험상품 등)을 말한다. 금융소비자보호법에 따른 보장성 상품은 ⅰ) 보험업법에 따른 보험상품, ⅱ) 신용협동조합법에 따른 공제를 말한다(법3(4), 영3④).

## Ⅱ. 금융소비자

### 1. 금융소비자의 정의

금융소비자란 금융상품에 관한 계약의 체결 또는 계약체결의 권유를 하거나 청약을 받는 것("금융상품계약체결등")에 관한 금융상품판매업자의 거래상대방 또는 금융상품자문업자의 자문업무의 상대방인 전문금융소비자 또는 일반금융소비자를 말한다(법2(8)).

### 2. 전문금융소비자의 정의

#### (1) 의의

#### (가) 전문금융소비자의 개념

전문금융소비자란 금융상품에 관한 전문성 또는 소유자산규모 등에 비추어 금융상품 계약에 따른 위험감수능력이 있는 금융소비자로서 ⅰ) 국가(가목), ⅱ) 한국은행(나목), ⅲ) 대통령령으로 정하는 금융회사(다목), ⅳ) 주권상장법인(투자성 상품 중 대통령령으로 정하는 금융상품계약체결등을 할 때에는 전문금융소비자와 같은 대우를 받겠다는 의사를 금융상품판매업자등에게 서면으로 통지하는 경우만 해당)(라목), ⅴ) 그 밖에 금융상품의 유형별로 대통령령으로 정하는 자(마목)를 말한다(법2(9) 본문). ⅲ), ⅳ), ⅴ)는 아래서 구체적으로 살펴본다.

#### (나) 대통령령으로 정하는 금융회사(다목)

"대통령령으로 정하는 금융회사"는 모든 금융회사를 말한다(영2⑧). 여기서 금융회사란  ⅰ) 은행(은행법의 적용을 받는 중소기업은행, 한국산업은행, 신용협동조합 중앙회의 신용사업 부문, 농협은행, 수협은행 및 상호저축은행중앙회를 포함), ⅱ) 투자 매매업자, 투자중개업자, 투자자문업자, 투자일임업자, 신탁업자 또는 종합금융 회사, ⅲ) 보험회사(농협생명보험 및 농협손해보험을 포함), ⅳ) 상호저축은행, ⅴ) 여신전문금융회사, ⅵ) 등록한 금융상품직접판매업사 및 금융상품지문업자, ⅶ) 겸영금융투자업자를 말한다(법2⑥, 영2⑤).

위 ⅶ)에서 "겸영금융투자업자"란 은행, 보험회사, 한국산업은행, 중소기업 은행, 한국수출입은행, 증권금융회사, 종합금융회사, 자금중개회사, 외국환중개회 사, 또는 한국주택금융공사 중 어느 하나에 해당하는 자로서 금융투자업을 겸영 (兼營)하는 자를 말한다(자본시장법8⑨).

### (다) 대통령령으로 정하는 금융상품계약체결등(라목)

주권상장법인은 전문금융소비자에 해당한다. 다만 투자성 상품 중 장외파생 상품(자본시장법5③)에 관한 계약의 체결 또는 계약체결의 권유를 하거나 청약을 받는 것("계약체결등")을 할 때에는 전문금융소비자와 같은 대우를 받겠다는 의사 를 금융상품판매업자등에게 서면으로 통지하는 경우만 전문금융소비자에 해당한 다(영2⑨).

### (라) 대통령령으로 정하는 자(마목)

"대통령령으로 정하는 자"는 다음의 구분에 따른 자를 말한다(영2⑩).

#### 1) 예금성 상품

예금성 상품의 경우 ⅰ) 공공기관운영법에 따른 공공기관 중 금융위원회가 주무기관인 공공기관(가목), ⅱ) 금융지주회사(나목), ⅲ) 한국수출입은행(다목), ⅳ) 한국투자공사(라목), ⅴ) 신용협동조합중앙회의 공제사업 부문, 온라인투자연 계금융업자, 집합투자업자, 증권금융회사, 단기금융회사 및 자금중개회사, 신용 협동조합(감독규정2⑤)(마목), ⅵ) 국가재정법 [별표 2]에 따른 법률[12])에 따라 설

---

12) [별표 2]에 따른 기금설치 근거법률은 고용보험법, 공공자금관리기금법, 공무원연금법, 공 적자금상환기금법, 과학기술기본법, 관광진흥개발기금법, 국민건강증진법, 국민연금법, 국 민체육진흥법, 군인복지기금법, 군인연금법, 근로복지기본법, 금강수계 물관리 및 주민지 원 등에 관한 법률, 자산관리공법, 기술보증기금법, 낙동강수계 물관리 및 주민지원 등에 관한 법률, 남북협력기금법, 농림수산업자 신용보증법, 농수산물유통 및 가격안정에 관한 법률, 농어가 목돈마련저축에 관한 법률, 농어업재해보험법, 대외경제협력기금법, 문화예 술진흥법, 방송통신발전 기본법, 보훈기금법, 복권 및 복권기금법, 사립학교교직원 연금 법, 사회기반시설에 대한 민간투자법, 산업재해보상보험법, 무역보험법, 신문 등의 진흥에

치된 기금(기술보증기금 및 신용보증기금 제외)을 관리·운용하는 공공기관 또는 개별 법률에 따라 공제사업을 영위하는 법인·조합·단체(바목), vii) 성년이 아닌 사람(민법4 = 사람은 19세로 성년에 이르게 된다), 피성년후견인 및 피한정후견인, 만 65세 이상인 사람(사목), viii) 그 밖에 가목부터 바목까지의 자에 준하는 자로서 "금융위원회가 정하여 고시하는 자"(사목)이다(영2⑩(1)).

위 viii)에서 "금융위원회가 정하여 고시하는 자"란 ⅰ) 법인·조합·단체, ⅱ) 금융감독원, ⅲ) 기술보증기금, ⅳ) 농업협동조합중앙회, 산림조합중앙회, 새마을금고중앙회, 수산업협동조합중앙회, ⅴ) 대부업자, ⅵ) 신용보증기금, ⅶ) 한국거래소, ⅷ) 자본시장법에 따른 집합투자기구, ⅸ) 지방자치단체, ⅹ) 주권상장법인, ⅺ) 한국금융투자협회, 생명보험협회, 손해보험협회, 상호저축은행중앙회, 여신전문금융업협회, 대부업 및 대부중개업 협회, 전국은행연합회, 신용협동조합중앙회, ⅻ) 주권을 외국 증권시장에 상장한 법인, ⅹⅲ) 외국 정부, 국제기구, 외국 중앙은행을 말한다(감독규정2⑥).

### 2) 대출성 상품

대출성 상품의 경우 ⅰ) 겸영여신업자(여신전문금융업법3③(2))(가목), ⅱ) 상시근로자가 5인 이상인 법인·조합·단체(나목), ⅲ) 대출성 상품을 취급하는 금융상품판매대리·중개업자(다목), ⅳ) 자산의 취득 또는 자금의 조달 등 특정 목적을 위해 설립된 법인(감독규정2⑥)(라목), ⅴ) 공공기관운영법에 따른 공공기관 중 금융위원회가 주무기관인 공공기관, 금융지주회사, 한국수출입은행, 한국투자공사, 신용협동조합중앙회의 공제사업 부문, 온라인투자연계금융업자, 집합투자업자, 증권금융회사, 단기금융회사 및 자금중개회사, 신용협동조합, 국가재정법

관한 법률, 신용보증기금법, 농업·농촌 공익기능 증진 직접지불제도 운영에 관한 법률, 양곡관리법, 수산업·어촌 발전 기본법, 양성평등기본법, 영산강·섬진강수계 물관리 및 주민지원 등에 관한 법률, 예금자보호법(예금보험기금채권상환기금에 한한다), 산업기술혁신 촉진법, 외국환거래법, 원자력 진흥법, 응급의료에 관한 법률, 임금채권보장법, 자유무역협정 체결에 따른 농어업인 등의 지원에 관한 특별법, 장애인고용촉진 및 직업재활법, 전기사업법, 정보통신산업 진흥법, 주택도시기금법, 중소기업진흥에 관한 법률, 지역신문발전지원 특별법, 청소년기본법, 축산법, 한강수계 상수원수질개선 및 주민지원 등에 관한 법률, 한국국제교류재단법, 한국농촌공사 및 농지관리기금법, 한국사학진흥재단법, 한국주택금융공사법, 영화 및 비디오물의 진흥에 관한 법률, 독립유공자예우에 관한 법률, 방사성폐기물 관리법, 문화재보호기금법, 석면피해구제법, 범죄피해자보호기금법, 국유재산법, 소기업 및 소상공인 지원을 위한 특별조치법, 공탁법, 자동차손해배상 보장법, 국제질병퇴치기금법이다.

[별표 2]에 따른 법률에 따라 설치된 기금(기술보증기금 및 신용보증기금 제외)을 관리·운용하는 공공기관 또는 개별 법률에 따라 공제사업을 영위하는 법인·조합·단체(마목), vi) 그 밖에 가목부터 마목까지의 자에 준하는 자로서 "금융위원회가 정하여 고시하는 자"(바목)이다(영2⑩(2)).

위 vi)에서 "금융위원회가 정하여 고시하는 자"란 i) 금융감독원, ii) 기술보증기금, iii) 농업협동조합중앙회, 산림조합중앙회, 새마을금고중앙회, 수산업협동조합중앙회, iv) 대부업자, v) 신용보증기금, vi) 한국거래소, vii) 자본시장법에 따른 집합투자기구, viii) 지방자치단체, ix) 주권상장법인, x) 한국금융투자협회, 생명보험협회, 손해보험협회, 상호저축은행중앙회, 여신전문금융업협회, 대부업 및 대부중개업 협회, 전국은행연합회, 신용협동조합중앙회, xi) 주권을 외국 증권시장에 상장한 법인, xii) 외국 정부, 국제기구, 외국 중앙은행을 말한다(감독규정2⑧⑥).

### 3) 투자성 상품

투자성 상품의 경우 i) 전자증권법에 따른 전자등록기관(가목, 현재: 증권예탁원), ii) 자본시장법 시행령 제10조(전문투자자의 범위 등) 제3항 제16호[13])에 따른 법인·단체(나목), iii) 자본시장법 시행령 제10조 제3항 제17호[14])에 따른 개인(다목), iv) 투자성 상품을 취급하는 금융상품판매대리·중개업자(라목), v) 공공

---

13) 16. 다음 각 목의 요건을 모두 충족하는 법인 또는 단체(외국 법인 또는 외국 단체는 제외)
   가. 금융위원회에 나목의 요건을 충족하고 있음을 증명할 수 있는 관련 자료를 제출할 것
   나. 관련 자료를 제출한 날 전날의 금융투자상품 잔고가 100억원(외부감사법에 따라 외부 감사를 받는 주식회사는 50억원) 이상일 것
   다. 관련 자료를 제출한 날부터 2년이 지나지 아니할 것

14) 17. 다음 각 목의 요건을 모두 충족하는 개인. 다만, 외국인인 개인, 조세특례제한법 제91조의18 제1항에 따른 개인종합자산관리계좌에 가입한 거주자인 개인(같은 조 제3항 제2호에 따라 신탁업자와 특정금전신탁계약을 체결하는 경우 및 이 영 제98조 제1항 제4호의2 및 같은 조 제2항에 따라 투자일임업자와 투자일임계약을 체결하는 경우로 한정) 및 전문투자자와 같은 대우를 받지 않겠다는 의사를 금융투자업자에게 표시한 개인은 제외한다.
   가. 금융위원회가 정하여 고시하는 금융투자업자에게 나목부터 다목까지의 요건을 모두 충족하고 있음을 증명할 수 있는 관련 자료를 제출할 것
   나. 관련 자료를 제출한 날의 전날을 기준으로 최근 5년 중 1년 이상의 기간 동안 금융위원회가 정하여 고시하는 금융투자상품을 월말 평균잔고 기준으로 5천만원 이상 보유한 경험이 있을 것
   다. 금융위원회가 정하여 고시하는 소득액·자산 기준이나 금융 관련 전문성 요건을 충족할 것

기관운영법에 따른 공공기관 중 금융위원회가 주무기관인 공공기관, 금융지주회사, 한국수출입은행, 한국투자공사, 신용협동조합중앙회의 공제사업 부문, 온라인투자연계금융업자, 집합투자업자, 증권금융회사, 단기금융회사 및 자금중개회사, 신용협동조합, 국가재정법 [별표 2]에 따른 법률에 따라 설치된 기금(기술보증기금 및 신용보증기금 제외)을 관리·운용하는 공공기관 또는 개별 법률에 따라 공제사업을 영위하는 법인·조합·단체(마목), vi) 그 밖에 가목부터 마목까지의 자에 준하는 자로서 "금융위원회가 정하여 고시하는 자"(바목)이다(2⑩(3)). 장외파생상품에 관한 계약의 체결 또는 계약체결의 권유를 하거나 청약을 받는 경우에는 전문투자자와 같은 대우를 받겠다는 의사를 서면으로 알린 경우로 한정한다(2⑩(3)).

위 vi)에서 "금융위원회가 정하여 고시하는 자"란 i) 금융감독원, ii) 기술보증기금, iii) 농업협동조합중앙회, 산림조합중앙회, 새마을금고중앙회, 수산업협동조합중앙회, iv) 대부업자, v) 신용보증기금, vi) 한국거래소, vii) 자본시장법에 따른 집합투자기구, viii) 지방자치단체, ix) 주권상장법인, x) 한국금융투자협회, 생명보험협회, 손해보험협회, 상호저축은행중앙회, 여신전문금융업협회, 대부업 및 대부중개업 협회, 전국은행연합회, 신용협동조합중앙회, xi) 주권을 외국 증권시장에 상장한 법인, xii) 외국 정부, 국제기구, 외국 중앙은행을 말한다(감독규정2⑧⑥).

4) 보장성 상품

보장성 상품의 경우 i) 보험업법에 따른 보험요율 산출기관(가목), ii) 보험업법에 따른 보험 관계 단체(나목), iii) 보험업법 시행령 제6조의2 제3항 제18호[15]에 해당하는 자(다목), iv) 보장성 상품을 취급하는 금융상품판매대리·중개업자(라목), v) 공공기관운영법에 따른 공공기관 중 금융위원회가 주무기관인 공공기관, 금융지주회사, 한국수출입은행, 한국투자공사, 신용협동조합중앙회의 공제사업 부문, 온라인투자연계금융업자, 집합투자업자, 증권금융회사, 단기금융회사 및 자금중개회사, 신용협동조합, 국가재정법 [별표 2]에 따른 법률에 따라 설치된 기금(기술보증기금 및 신용보증기금 제외)을 관리·운용하는 공공기관 또는 개별 법률에 따라 공제사업을 영위하는 법인·조합·단체(마목), vi) 그 밖에 가

---

15) 18. 그 밖에 보험계약에 관한 전문성, 자산규모 등에 비추어 보험계약의 내용을 이해하고 이행할 능력이 있는 자로서 금융위원회가 정하여 고시하는 자

목부터 마목까지의 자에 준하는 자로서 "금융위원회가 정하여 고시하는 자"(바목)이다(2⑩(4)).

위 ⅵ)에서 "금융위원회가 정하여 고시하는 자"란 ⅰ) 금융감독원, ⅱ) 기술보증기금, ⅲ) 농업협동조합중앙회, 산림조합중앙회, 새마을금고중앙회, 수산업협동조합중앙회, ⅳ) 대부업자, ⅴ) 신용보증기금, ⅵ) 한국거래소, ⅶ) 자본시장법에 따른 집합투자기구, ⅷ) 지방자치단체, ⅸ) 주권상장법인, ⅹ) 한국금융투자협회, 생명보험협회, 손해보험협회, 상호저축은행중앙회, 여신전문금융업협회, 대부업 및 대부중개업 협회, 전국은행연합회, 신용협동조합중앙회, ⅺ) 주권을 외국 증권시장에 상장한 법인, ⅻ) 외국 정부, 국제기구, 외국 중앙은행을 말한다(감독규정2⑧⑥).

### (2) 일반금융소비자 의제

전문금융소비자 중 "대통령령으로 정하는 자"가 일반금융소비자와 같은 대우를 받겠다는 의사를 금융상품판매업자 또는 금융상품자문업자("금융상품판매업자등")에게 서면으로 통지하는 경우 금융상품판매업자등은 정당한 사유가 있는 경우를 제외하고는 이에 동의하여야 하며, 금융상품판매업자등이 동의한 경우에는 해당 금융소비자는 일반금융소비자로 본다(법2(9) 단서). 여기서 "대통령령으로 정하는 자"란 다음의 구분에 따른 자를 말한다(영2⑦).

### (가) 대출성 상품

대출성 상품의 경우 상시근로자가 5명 이상인 법인·조합·단체를 말한다(영2⑦(1)).

### (나) 투자성 상품

투자성 상품의 경우 ⅰ) 주권상장법인(투자성 상품 중 대통령령으로 정하는 금융상품계약체결등을 할 때에는 전문금융소비자와 같은 대우를 받겠다는 의사를 금융상품판매업자등에게 서면으로 통지하는 경우만 해당)(가목), ⅱ) 국가재정법 [별표 2]에 따른 법률에 따라 설치된 기금(기술보증기금 및 신용보증기금은 제외)을 관리·운용하는 공공기관(나목), ⅲ) 개별 법률에 따라 공제사업을 영위하는 법인·조합·단체(다목), ⅳ) 자본시장법 시행령 제10조 제3항 제16호에 따른 법인·단체(라목), ⅴ) 자본시장법 시행령 제10조 제3항 제17호에 따른 개인(마목), ⅵ) 주권을 외국 증권시장에 상장한 법인(바목), ⅶ) 지방자치단체(사목)를 말한다(영2⑦(2)).

### (다) 보장성 상품

보장성 상품의 경우 ⅰ) 주권상장법인(투자성 상품 중 대통령령으로 정하는 금융상품계약체결등을 할 때에는 전문금융소비자와 같은 대우를 받겠다는 의사를 금융상품판매업자등에게 서면으로 통지하는 경우만 해당)·국가재정법 [별표 2]에 따른 법률에 따라 설치된 기금(기술보증기금 및 신용보증기금은 제외)을 관리·운용하는 공공기관·주권을 외국 증권시장에 상장한 법인 또는 지방자치단체(가목), ⅱ) 금융회사, 신용협동조합중앙회의 공제사업 부문, 온라인투자연계금융업자, 집합투자업자, 증권금융회사, 단기금융회사 및 자금중개회사, 신용협동조합, 금융지주회사(나목), ⅲ) 보험업법 시행령 제6조의2(전문보험계약자의 범위 등) 제3항 제18호에 해당하는 자를 말한다(영2⑦(3)).

### 3. 일반금융소비자의 정의

"일반금융소비자"란 전문금융소비자가 아닌 금융소비자를 말한다(법2(10)).

# 제2절 금융상품의 판매방식 등

## Ⅰ. 금융상품의 판매방식

### 1. 의의

금융상품의 판매방식은 직접판매, 판매대리·중개, 자문으로 나눌 수 있다. "직접판매"는 금융상품의 제조업자가 판매대리·중개업자를 거치지 않고 금융소비자에게 직접 금융상품을 판매하는 것을 말하고, "판매대리·중개"는 금융기관과 금융소비자의 중간에서 계약을 중개하는 행위 또는 금융기관의 위탁을 받아 대리 판매를 하는 행위를 말하며,16) "자문"은 소비자의 의사결정에 도움이 될 수 있도록 금융상품의 구매 또는 평가에 관한 정보를 제공하는 행위이다.

---

16) 대리와 중개는 금융상품 제조업자가 직접 판매하지 않는다는 점에서 공통점이 있으나 판매계약을 체결할 수 있느냐에 따라 차이가 있다. 대리의 경우 판매의 권한을 위임받아 계약체결이 가능하며, 중개는 계약체결을 중개할 뿐 체결할 권한은 없다.

자문을 금융상품의 판매방식 중 하나로 보는 이유는 자문의 대상이 펀드 등 이미 제조된 금융상품일 때 투자자문업자의 조언을 근거로 고객이 투자 또는 구입한다면 이는 실질적으로 판매 권유와 유사하기 때문이다.[17] 그러나 자문료, 일임료를 수취할 뿐, 금융투자상품 제조업자로부터 직접 판매수수료를 수취하지 않기 때문에 통상의 판매 창구의 판매와는 구별된다.[18]

## 2. 금융상품판매업과 금융상품판매업자

### (1) 금융상품판매업
### (가) 금융상품판매업 포함대상

금융상품판매업이란 이익을 얻을 목적으로 계속적 또는 반복적인 방법으로 하는 행위로서 ⅰ) 금융상품직접판매업은 자신이 직접 계약의 상대방으로서 금융상품에 관한 계약의 체결을 영업으로 하는 것 또는 투자중개업(가목)을 말하고,[19] ⅱ) 금융상품판매대리·중개업은 금융상품에 관한 계약의 체결을 대리하거나 중개하는 것을 영업으로 하는 것(나목)을 말한다(법2(2) 본문).

### (나) 금융상품판매업 제외대상

해당 행위의 성격 및 금융소비자 보호의 필요성을 고려하여 금융상품판매업에서 제외할 필요가 있는 것으로서 ⅰ) 담보부사채신탁법에 따른 신탁업(제1호), ⅱ) 거래소가 증권시장 또는 파생상품시장을 개설·운영하는 경우(자본시장법7⑥(1)), 투자매매업자를 상대방으로 하거나 투자중개업자를 통하여 금융투자상품을 매매하는 경우(자본시장법7⑥(2)), 그 밖에 해당 행위의 성격 및 투자자 보호의 필요성 등을 고려하여 금융투자업의 적용에서 제외할 필요가 있는 것으로서 대통령령으로 정하는 경우[20](자본시장법7⑥(4))에 해당하는 영업(제2호), ⅲ) 저작권법

---

17) 자문은 판매방식에 국한되는 개념은 아니다. 특히 자산운용과 관련한 자문의 경우 자산운용의 기술을 의미한다.

18) 이상복(2020), 「금융법강의 2: 금융상품」, 박영사(2020. 10), 15−16쪽.

19) 주택도시기금법에 따른 국민주택채권이 금융소비자보호법 적용대상인지 문제된다. 국민주택채권은 정부가 국민주택사업에 필요한 자금을 조달하기 위해 발행하며 법률상 매입의무가 부과되는 채권이기 때문에 해당 채권을 취급하는 행위를 금융소비자보호법상 금융상품직접판매업으로 보기는 어렵다. 금융상품직접판매업은 이익을 얻을 목적으로 계속적 또는 반복적인 방법으로 하는 행위로서 자신이 직접 계약의 상대방으로서 금융상품에 관한 계약의 체결을 영업으로 하는 것이기 때문이다(금융위원회·금융감독원(2021b), 9쪽).

20) 자본시장법 시행령 제7조(금융투자업의 적용배제) ④ 법 제7조 제6항 제4호에서 "대통령령으로 정하는 경우"란 다음의 경우를 말한다.

1. 국가 또는 지방자치단체가 공익을 위하여 관련 법령에 따라 금융투자상품을 매매하는 경우
2. 한국은행이 한국은행법 제68조에 따라 공개시장 조작을 하는 경우
3. 다음의 어느 하나에 해당하는 자 간 제81조 제1항 제1호에 따른 환매조건부매도 또는 제85조 제3호 나목에 따른 환매조건부매수("환매조건부매매")를 하는 경우
   가. 제10조 제2항 각 호의 자
   나. 제10조 제3항 제1호부터 제4호까지, 제4호의2 및 제9호부터 제13호까지의 자(이에 준하는 외국인을 포함)
   다. 그 밖에 금융위원회가 정하여 고시하는 자
4. 한국금융투자협회("협회")가 법 제286조 제1항 제5호(＝증권시장에 상장되지 아니한 주권의 장외매매거래에 관한 업무) 및 이 영 제307조 제2항 제5호의2(＝증권시장에 상장되지 않은 지분증권(주권을 제외한 지분증권)의 장외매매거래에 관한 업무)에 따른 업무를 하는 경우
5. 내국인이 국외에서 증권을 모집·사모·매출하는 경우로서 외국 투자매매업자(외국 법령에 따라 외국에서 투자매매업에 상당하는 영업을 하는 자)나 외국 투자중개업자(외국 법령에 따라 외국에서 투자중개업에 상당하는 영업을 하는 자)가 다음의 어느 하나에 해당하는 행위를 하는 경우
   가. 금융위원회가 정하여 고시하는 기준에 따라 그 내국인과 국내에서 인수계약(그 내국인을 위하여 해당 증권의 모집·사모·매출을 하거나 그 밖에 직접 또는 간접으로 증권의 모집·사모·매출을 분담하기로 하는 내용의 계약을 포함)을 체결하는 행위로서 금융위원회의 인정을 받은 경우
   나. 금융위원회가 정하여 고시하는 기준에 따라 그 내국인과 인수계약의 내용을 확정하기 위한 협의만을 국내에서 하는 행위로서 금융위원회에 관련 자료를 미리 제출한 경우
5의2. 외국 투자매매업자가 국외에서 제1항에 따른 파생결합증권을 다음 각 목의 기준을 모두 갖추어 발행하는 경우
   가. 외국 투자매매업자가 법 제437조 제1항에 따른 외국금융투자감독기관("외국금융투자감독기관")으로부터 해당 파생결합증권의 발행과 관련하여 경영건전성, 불공정거래 방지, 그 밖에 투자자 보호 등에 관한 감독을 받을 것
   나. 경영능력, 재무상태 및 사회적 신용에 관하여 금융위원회가 정하여 고시하는 기준에 적합할 것
   다. 금융위원회가 법 또는 법에 상응하는 외국의 법령을 위반한 외국 투자매매업자의 행위에 대하여 법 또는 법에 상응하는 외국의 법령에서 정하는 방법에 따라 행하여진 조사 또는 검사자료를 상호주의의 원칙에 따라 가목의 외국금융투자감독기관으로부터 제공받을 수 있는 국가의 외국 투자매매업자일 것
   라. 해당 파생결합증권을 국내에서 매매하는 경우 투자매매업자가 그 파생결합증권을 인수하여 전문투자자(제103조 제1호에 따른 특정금전신탁을 운용하는 신탁업자는 제외)에게 이를 취득하도록 하거나 투자중개업자를 통하여 전문투자자에게 그 파생결합증권을 매도할 것. 이 경우 투자매매업자나 투자중개업자는 증권에 관한 투자매매업이나 투자중개업 인가를 받은 자로서 장외파생상품(해당 파생결합증권의 기초자산이나 그 가격·이자율·지표 등과 동일한 것을 기초자산이나 그 가격·이자율·지표 등으로 하는 장외파생상품)에 관한 금융투자업인가를 받은 자로 한정한다.
6. 외국 투자매매업자나 외국 투자중개업자가 국외에서 다음의 어느 하나에 해당하는 행위를 하는 경우

에 따른 저작권신탁관리업(제3호),[21] iv) 그 밖에 제1호부터 제3호까지의 영업에 준하는 영업으로서 "금융위원회가 정하여 고시하는 것"(제4호)은 제외한다(법2(2) 단서, 영2②).

위 iv) "금융위원회가 정하여 고시하는 것"이란 다음의 어느 하나에 해당하는 영업을 말한다(감독규정2②).

---

    가. 투자매매업자를 상대방으로 하여 금융투자상품을 매매하거나 투자중개업자를 통하여 금융투자상품의 매매를 중개·주선 또는 대리하는 행위

    나. 국내 거주자(투자매매업자 및 투자중개업자는 제외)를 상대로 투자권유 또는 금융소비자법 제22조에 따른 광고(투자성 상품을 취급하는 금융상품판매업자나 금융상품자문업자의 업무에 관한 광고 또는 투자성 상품에 관한 광고로 한정)("투자광고")를 하지 아니하고 국내 거주자의 매매에 관한 청약을 받아 그 자를 상대방으로 하여 금융투자상품을 매매하거나 그 자의 매매 주문을 받아 금융투자상품의 매매를 중개·주선 또는 대리하는 행위

6의2. 외국 투자신탁이나 외국 투자익명조합의 외국 집합투자업자 또는 외국 투자회사등이 다음의 기준을 모두 갖추어 외국 집합투자증권을 국내에서 판매하는 경우

    가. 해당 외국 집합투자증권에 그 집합투자기구 자산총액의 100%까지 투자하는 집합투자기구(투자신탁 또는 투자익명조합의 경우 그 집합투자재산을 보관·관리하는 신탁업자를 포함)에 대하여 판매할 것

    나. 해당 외국 집합투자증권을 발행한 외국 집합투자기구는 제80조 제1항 제6호 가목에 따라 그 집합투자재산을 외화자산에 70% 이상 운용하는 것으로서 등록한 외국 집합투자기구일 것

7. 법 제18조 제2항 제1호 각 목 외의 부분 단서에 따른 외국 투자자문업자 또는 같은 호 각 목 외의 부분 단서에 따른 외국 투자일임업자가 국외에서 다음의 어느 하나에 해당하는 자를 상대로 투자권유 또는 투자광고를 하지 아니하고 그 자를 상대방으로 투자자문업이나 투자일임업을 하는 경우

    가. 국가

    나. 한국은행

    다. 제10조 제3항 제4호·제12호의 자

    라. 그 밖에 금융위원회가 정하여 고시하는 자

8. 따로 대가 없이 다른 영업에 부수하여 법 제6조 제7항에 따른 금융투자상품등의 가치나 그 금융투자상품등에 대한 투자판단에 관한 자문에 응하는 경우

9. 집합투자기구평가회사, 채권평가회사, 공인회계사, 감정인, 신용평가를 전문으로 하는 자, 변호사, 변리사 또는 세무사, 그 밖에 이에 준하는 자로서 해당 법령에 따라 자문용역을 제공하고 있는 자(그 소속단체를 포함)가 해당 업무와 관련된 분석정보 등을 제공하는 경우

10. 다른 법령에 따라 건축물 및 주택의 임대관리 등 부동산의 관리대행, 부동산의 이용·개발 및 거래에 대한 상담, 그 밖에 부동산의 투자·운용에 관한 자문 등의 업무를 영위하는 경우

21) "저작권신탁관리업"은 저작재산권자, 배타적발행권자, 출판권자, 저작인접권자 또는 데이터베이스제작자의 권리를 가진 자를 위하여 그 권리를 신탁받아 이를 지속적으로 관리하는 업을 말하며, 저작물등의 이용과 관련하여 포괄적으로 대리하는 경우를 포함한다(저작권법2(26)).

1. 경영참여형 사모집합투자기구의 업무집행사원이 지분증권을 사원에게 취득하게 하는 업(업무집행사원이 출자의 이행을 요구하는 때에 출자하기로 약정하게 하는 행위를 포함)

2. 자본시장법에 따른 관리형신탁 또는 투자성 없는 신탁계약을 업으로 영위하는 것

3. 법령에 따라 행정목적 달성을 위해 국가·지방자치단체의 예산 또는 국가재정법 [별표 2]에 따른 법률에 따라 설치된 기금을 통해 지원하는 대출로서 다음의 사항 중 어느 하나에 해당하는 대출을 취급하는 업

   가. 농업·농촌 및 식품산업 기본법 제63조 제2항[22])에 따른 사업에 해당하는 대출

   나. 서민 금융생활 지원사업[23])에 해당하는 대출

   다. 서민의 주거안정을 위해 다음의 자가 국가재정법 [별표 2]에 따른 법률에 따라 설치된 기금을 통해 지원하는 대출

      1) 주택도시기금법에 따른 주택도시보증공사

      2) 한국주택금융공사법에 따른 한국주택금융공사

4. 금융소비자의 기존 대출(은행법에 따른 대출, 상호저축은행법에 따른 대출, 신용협동조합법에 따른 대출, 한국산업은행법에 따른 대출)로 인한 원리금 상환 부담을 상환기간 연장, 분할상환, 이자율 조정, 상환 유예, 또는 채무감면(서민금융법73) 중 어느 하나에 해당하는 방법으로 낮춰주기 위해 체결하는 대출에 관한 계약을 업으로 영위하는 것

5. 교통요금을 전자적으로 지급·결제하는 목적으로 발급된 「대중교통의 육성 및 이용촉진에 관한 법률」 제2조 제6호[24])에 따른 교통카드에 관한 계약을 업으로 영위하는 것

---

22) ② 농림축산식품부장관은 농업인 등에게 지원하는 융자금·보조금 등 농업 정책자금의 운용·관리 및 감독업무 등을 효율적으로 추진하기 위한 시책을 세우고 필요한 사업을 시행하여야 한다.

23) "서민 금융생활 지원사업"이란 i ) 저소득층의 창업, 취업, 주거, 의료 및 교육을 지원하기 위한 신용대출사업, ii ) 금융채무 불이행자의 경제적 회생을 지원하기 위한 신용대출사업, iii ) 저소득층의 보험계약 체결 및 유지를 지원하기 위한 사업, iv ) 저소득층의 원활한 금융생활 지원을 위한 종합상담 및 금융상품 등의 소개 사업, v ) 영세한 개인사업자의 영업을 지원하기 위한 신용대출사업, vi )「사회적기업 육성법」에 따른 사회적기업을 지원하기 위한 신용대출사업, vii ) 그 밖에 저소득층 지원 및 서민생활 안정 등을 위하여 서민금융진흥원의 정관으로 정하는 사업을 말한다(서민금융법2(5) 및 동법 시행령3).

24) 6. "교통카드"란 교통요금을 전자적으로 지급·결제하는 카드나 그 밖의 매체를 말한다.

6. 신용협동조합법 제95조 제1항 각 호[25])의 법인의 같은 법 제39조 제1항 제1
   호[26])에 따른 신용사업

## (2) 금융상품판매업자

### (가) 금융상품직접판매업자와 금융상품판매대리 · 중개업자

금융상품판매업자란 금융상품판매업을 영위하는 자로서 금융관계법률에서
금융상품판매업에 해당하는 업무에 대하여 인허가 또는 등록을 하도록 규정한
경우에 해당 법률에 따른 인허가를 받거나 등록을 한 자(금융관계법률에서 금융상
품판매업에 해당하는 업무에 대하여 해당 법률에 따른 인허가를 받거나 등록을 하지 아니
하여도 그 업무를 영위할 수 있도록 규정한 경우에는 그 업무를 영위하는 자를 포함) 및
금융상품판매업의 등록을 한 자를 말하며, 다음과 같이 구분한다(법2(3)).

1) 금융상품직접판매업자

금융상품직접판매업자는 금융상품판매업자 중 금융상품직접판매업을 영위
하는 자를 말한다(법2(3) 가목). 직접판매업자는 판매대리 · 중개업자를 거치지 않
고 금융소비자에게 직접 금융상품을 판매하는 자(예: 은행, 보험사, 저축은행 등 개
별 금융법상 금융회사 등)를 말한다.

2) 금융상품판매대리 · 중개업자

금융상품판매대리 · 중개업자는 금융상품판매업자 중 금융상품판매대리 · 중
개업을 영위하는 자를 말한다(법2(3) 나목). 판매대리 · 중개업자는 금융회사의 위

---

25) 1. 농업협동조합법에 따라 설립된 지역농업협동조합과 지역축산업협동조합(신용사업을 하
      는 품목조합을 포함)
   2. 수산업협동조합법에 따라 설립된 지구별 수산업협동조합(법률 제4820호 수산업협동조
      합법중 개정 법률 부칙 제5조에 따라 신용사업을 하는 조합을 포함)
   3. 산림조합법에 따라 설립된 산림조합
26) 1. 신용사업
      가. 조합원으로부터의 예탁금 · 적금의 수납
      나. 조합원에 대한 대출
      다. 내국환
      라. 국가 · 공공단체 · 중앙회 및 금융기관의 업무 대리
      마. 조합원을 위한 유가증권 · 귀금속 및 중요 물품의 보관 등 보호예수(保護預受) 업무
      바. 어음할인
      사. 전자금융거래법에서 정하는 직불전자지급수단의 발행 · 관리 및 대금의 결제(제78
         조 제1항 제5호 사목에 따른 중앙회의 업무를 공동으로 수행하는 경우로 한정)
      아. 전자금융거래법에서 정하는 선불전자지급수단의 발행 · 관리 · 판매 및 대금의 결제
         (제78조 제1항 제5호 아목에 따른 중앙회의 업무를 공동으로 수행하는 경우로 한정)

탁을 받아 판매를 대리하거나 금융회사와 금융소비자의 중간에서 금융상품 판매를 중개하는 자(예: 투자권유대행인, 보험설계사, 보험대리점, 보험중개사, 대출모집인, 카드모집인 등)를 말한다.

　판매대리·중개의 경우 금융상품별로 별도의 자격증이 존재하며 대출, 금융투자상품, 보험상품별로 다양하다. 은행, 상호저축은행, 여신전문금융기관 등이 취급하는 대출상품의 경우 대출모집인[27]이 금융상품 제조사로부터 분리된 대리·중개인에 해당하며, 대출모집인에 대한 규율은 은행, 상호저축은행, 신용협동조합, 할부금융사의 각 업권의 자율규제 협약에 따르고 있다.[28] 금융투자회사가 제조사인 경우 투자권유대행인이 대리·중개인에 해당한다. 투자권유대행인은 금융위원회에 등록하도록 하고 있으며(자본시장법51③), 투자권유대행인의 자격요건은 자격시험에 합격하거나 보험설계사, 보험대리점, 보험중개사로 등록된 자가 일정한 교육을 받은 경우이다(자본시장법 시행령56). 보험상품의 경우 보험설계사, 보험대리점, 보험중개사가 대리·중개인에 해당한다. 보험중개사는 자격시험에 합격한 자이며(보험업법 시행령27② 별표3), 보험대리점과 보험설계사는 일정한 연수를 받거나, 금융위원회가 인정한 이에 준하는 자 등의 요건을 갖추어야 한다(보험업법 시행령27② 별표3).[29]

### (나) 금융관계법률

　위 (가)에서 "금융관계법률"이란 퇴직급여법, 농업협동조합법, 대부업법, 보험업법, 상호저축은행법, 수산업협동조합법, 신용협동조합법, 여신전문금융업법, 온라인투자연계금융업법, 은행법, 인터넷전문은행법, 자본시장법, 중소기업은행법, 한국산업은행법을 말한다(영2③, 감독규정2③).

---

27) 현행법상 대출모집인은 은행 등 금융업권별 모범규준에 따라 운영되고 있다. 참여 금융업협회는 전국은행연합회, 상호저축은행중앙회, 여신금융협회, 생명보험협회, 손해보험협회, 농수협상호금융, 신협중앙회이다. 이 제도는 금융감독원의 대출모집인제도 모범규준(2010년 4월 26일 시행)에 근거한 것이다.

28) 예금상품에 대한 예금모집인도 있을 수 있는데 우리나라에서는 이용되고 있지 않다. 왜냐하면, 예금모집인의 경우 "금융실명거래 및 비밀보장에 관한 법률"상 예금자의 실명확인과 관련하여 업무수탁자인 예금모집인이 1차적으로 실명확인을 했더라도 예금기관이 다시 실명확인을 할 것을 요구하고 있어 실제로는 예금모집인 제도의 실효성이 낮기 때문이다.

29) 이상복(2020), 16쪽.

## 3. 금융상품자문업과 금융상품자문업자

### (1) 금융상품자문업

### (가) 금융상품자문업의 개념

금융소비자보호법은 금융소비자가 금융상품을 선택할 때 전문적인 자문서비스를 이용할 수 있도록 금융상품자문업을 도입하였다. 금융상품자문업이란 이익을 얻을 목적으로 계속적 또는 반복적인 방법으로 금융상품의 가치 또는 취득과 처분 결정에 관한 자문("금융상품자문")에 응하는 것을 말한다(법2(4) 본문).

### (나) 금융상품자문업 제외대상

ⅰ) 불특정 다수인을 대상으로 발행되거나 송신되고, 불특정 다수인이 수시로 구입하거나 수신할 수 있는 간행물·출판물·통신물 또는 방송 등을 통하여 조언을 하는 것, ⅱ) 변호사, 변리사 또는 세무사가 변호사법, 변리사법 및 세무사법 등에 따라 수행하는 금융상품자문, ⅲ) 집합투자기구평가회사, 채권평가회사, 신용평가회사, 그 밖에 이에 준하는 자가 해당 법률에 따라 수행하는 금융상품자문, ⅳ) 금융상품판매업자가 따로 대가를 받지 않고 금융상품판매업에 부수하여 수행하는 금융상품자문, ⅴ) 감정인, 공인회계사가 해당 법률에 따라 금융상품자문에 응하는 것은 제외한다(법2(4) 단서, 영2④, 감독규정2④).

### (2) 금융상품자문업자

금융상품자문업자란 금융상품자문업을 영위하는 자로서 금융관계법률에서 금융상품자문업에 해당하는 업무에 대하여 인허가 또는 등록을 하도록 규정한 경우에 해당 법률에 따른 인허가를 받거나 등록을 한 자 및 금융상품자문업의 등록을 한 자를 말한다(법2(5)).

자문에 해당하는 행위에서 특정 상품의 광고 또는 설명 수준에 해당하는 것을 제외하고, 전문적 자문서비스에 해당하는 것으로 현재 국내에는 투자자문업이 있다. 자본시장법에서 투자자문업이란 "금융투자상품의 가치 또는 금융투자상품에 대한 투자판단에 관한 자문에 응하는 것을 영업으로 하는 것"(자본시장법6⑥)이라고 규정하고 있다. 자본시장법상 투자자문업은 투자결정에 관한 최종 권한을 투자자 자신이 갖는다. 현재 증권사, 자산운용사 또는 전업 투자자문사 등이 투자자문업을 영위한다. 투자자문업은 투자매매·중개업 및 집합투자업과 직접적 연관이 있기 때문에 증권사 및 자산운용사는 투자자문업을 겸영하는 것이 일반적이다. 반면 전업 투자자문사는 투자자문업만을 영위하는 회사이다.

## Ⅱ. 금융회사와 금융회사등

### 1. 금융회사

금융회사란 ⅰ) 은행(은행법의 적용을 받는 중소기업은행, 한국산업은행, 신용협동조합중앙회의 신용사업 부문, 농협은행, 수협은행 및 상호저축은행중앙회를 포함), ⅱ) 투자매매업자, 투자중개업자, 투자자문업자, 투자일임업자, 신탁업자 또는 종합금융회사, ⅲ) 보험회사(농협생명보험 및 농협손해보험을 포함), ⅳ) 상호저축은행, ⅴ) 여신전문금융회사, ⅵ) 등록을 한 금융상품직접판매업자 및 금융상품자문업자, ⅶ) 겸영금융투자업자를 말한다(법2(6), 영2⑤).

### 2. 금융회사등

금융회사등이란 금융회사, 투자권유대행인,[30] 보험설계사,[31] 보험대리점,[32] 보험중개사,[33] 겸영여신업자,[34] 여신전문금융업법에 따른 모집인,[35] 등록을 한

---

30) 투자권유대행인(개인에 한한다)이란 금융투자업자의 위탁을 받아 금융투자상품에 대한 투자권유(파생상품등에 대한 투자권유를 제외)를 대행하는 자이다(자본시장법51①). 금융투자업자는 투자권유대행인 외의 자에게 투자권유를 대행하게 하여서는 아니 된다(자본시장법52①).

31) 보험설계사란 보험회사·보험대리점 또는 보험중개사에 소속되어 보험계약의 체결을 중개하는 자로서 금융위원회에 등록된 자를 말한다(보험업법2(9)). 보험설계사는 법인이 아닌 사단과 재단도 가능하다. 실무상으로는 개인이 아닌 보험설계사를 발견하기 어렵다. 보험설계사는 보험계약의 체결을 중개하는 자이다. 이는 보험설계사가 보험계약 체결을 중개하는 권한을 갖는다는 의미다. 따라서 보험설계사는 원칙적으로 보험계약체결을 대리하는 권한은 없다.

32) 보험대리점이란 보험회사를 위하여 보험계약의 체결을 대리하는 자(법인이 아닌 사단과 재단을 포함)로서 개인과 법인을 구분하여 일정한 절차에 따라 금융위원회에 등록된 자를 말한다(보험업법2(10)). 보험회사와 보험대리점은 위임(민법680)의 관계에 있고 보험대리점은 보험회사의 수임인이다.

33) 보험중개사란 독립적으로 보험계약의 체결을 중개하는 자(법인이 아닌 사단과 재단을 포함)로서 개인과 법인을 구분하여 일정한 절차에 따라 금융위원회에 등록된 자를 말한다(보험업법2(11)). 보험중개사는 특정한 보험회사로부터 독립하여 불특정 다수를 대상으로 중개행위를 한다는 점에서 특정한 보험회사를 위하여 계속하여 중개행위를 하는 보험설계사와 다르다.

34) 겸영여신업자란 여신전문금융업에 대하여 ⅰ) 다른 법률에 따라 설립되거나 금융위원회의 인가 또는 허가를 받은 금융기관으로서 은행, 농협은행, 수협은행, 한국산업은행, 중소기업은행, 한국수출입은행, 종합금융회사, 금융투자업자(신기술사업금융업을 하려는 경우만

금융상품판매대리·중개업자, 대부업자 및 대부중개업자, 신용협동조합중앙회의
공제사업 부문, 온라인투자연계금융업자, 집합투자업자, 증권금융회사, 단기금융
회사 및 자금중개회사, 신용협동조합을 말한다(법2(7), 영2⑥, 감독규정2⑤).

### 3. 금융회사등의 업종구분

금융소비자보호법은 금융회사등에 대하여 영업행위에 따라 금융상품직접판
매업자, 금융상품판매대리·중개업자 또는 금융상품자문업자로 업종을 구분하였
다(법4 본문, 영4, 감독규정4).

#### (1) 금융상품직접판매업자

금융상품직접판매업자에는 은행, 투자매매업자, 투자중개업자, 투자일임업
자, 신탁업자, 종합금융회사, 보험회사, 상호저축은행, 여신전문금융회사 및 겸영
여신업자, 온라인투자연계금융업자, 신용협동조합, 대부업자, 신용협동조합중앙
회 공제사업 부문, 집합투자업자, 증권금융회사, 단기금융회사 및 자금중개회사
가 해당한다.

#### (2) 금융상품판매대리·중개업자

금융상품판매대리·중개업자에는 은행, 투자매매업자, 투자중개업자, 신탁업
자, 종합금융회사, 상호저축은행, 여신전문금융회사 및 겸영여신업자, 온라인투
자연계금융업자, 신용협동조합, 투자권유대행인, 보험회사, 보험설계사, 보험대리
점, 보험중개사, 여신전문금융업법에 따른 모집인, 등록을 한 금융상품판매대리·
중개업자, 대부중개업자가 해당한다.

#### (3) 금융상품자문업자

금융상품자문업자에는 투자자문회사가 해당한다.

---

해당), 상호저축은행중앙회, 상호저축은행(할부금융업을 하려는 경우만 해당), 신용협동조
합중앙회, 새마을금고연합회(여신전문업법 시행령3①), ⅱ) 경영하고 있는 사업의 성격상
신용카드업을 겸하여 경영하는 것이 바람직하다고 인정되는 자로서 유통산업발전법 제2
조 제3호에 따른 대규모점포를 운영하는 자 또는 계약에 따라 같은 업종의 여러 도매·소
매점포에 대하여 계속적으로 경영을 지도하고 상품을 공급하는 것을 업으로 하는 자(여신
전문금융업법 시행령3②)로서 여신전문금융회사가 아닌 자를 말한다(여신전문금융업법
2(16)).
35) "모집인"이란 신용카드업자를 위하여 신용카드 발급계약의 체결을 중개하는 자를 말한다
(여신전문금융업법14의2①(2)).

### (4) 겸영의 경우

앞에서 열거한 금융회사등이 앞에서 열거하지 아니하는 금융상품판매업등 (금융상품판매업과 금융상품자문업)을 다른 법률에 따라 겸영하는 경우에는 겸영하는 업에 해당하는 금융상품판매업자등에도 해당하는 것으로 본다(법4 단서).


# 제3절 금융소비자의 권리와 책무 및 국가와 금융상품판매업자등의 책무

## Ⅰ. 금융소비자의 기본적 권리

금융소비자는 ⅰ) 금융상품판매업자등의 위법한 영업행위로 인한 재산상 손해로부터 보호받을 권리, ⅱ) 금융상품을 선택하고 소비하는 과정에서 필요한 지식 및 정보를 제공받을 권리, ⅲ) 금융소비생활에 영향을 주는 국가 및 지방자치단체의 정책에 대하여 의견을 반영시킬 권리, ⅳ) 금융상품의 소비로 인하여 입은 피해에 대하여 신속·공정한 절차에 따라 적절한 보상을 받을 권리, ⅴ) 합리적인 금융소비생활을 위하여 필요한 교육을 받을 권리, ⅵ) 금융소비자 스스로의 권익을 증진하기 위하여 단체를 조직하고 이를 통하여 활동할 수 있는 권리를 가진다(법7).

## Ⅱ. 금융소비자의 책무

금융소비자는 금융상품판매업자등과 더불어 금융시장을 구성하는 주체임을 인식하여 금융상품을 올바르게 선택하고, 금융소비자의 기본적 권리를 정당하게 행사하여야 한다(법8①). 금융소비자는 스스로의 권익을 증진하기 위하여 필요한 지식과 정보를 습득하도록 노력하여야 한다(법8②).

## Ⅲ. 국가의 책무

국가는 금융소비자의 기본적 권리가 실현되도록 하기 위하여 ⅰ) 금융소비자 권익 증진을 위하여 필요한 시책의 수립 및 실시, ⅱ) 금융소비자 보호 관련 법령의 제정·개정 및 폐지, ⅲ) 필요한 행정조직의 정비 및 운영 개선, ⅳ) 금융소비자의 건전하고 자주적인 조직활동의 지원·육성의 책무를 진다(법9).

## Ⅳ. 금융상품판매업자등의 책무

금융상품판매업자등은 금융소비자의 기본적 권리가 실현되도록 하기 위하여 ⅰ) 국가의 금융소비자 권익 증진 시책에 적극 협력할 책무, ⅱ) 금융상품을 제공하는 경우에 공정한 금융소비생활 환경을 조성하기 위하여 노력할 책무, ⅲ) 금융상품으로 인하여 금융소비자에게 재산에 대한 위해가 발생하지 아니하도록 필요한 조치를 강구할 책무, ⅳ) 금융상품을 제공하는 경우에 금융소비자의 합리적인 선택이나 이익을 침해할 우려가 있는 거래조건이나 거래방법을 사용하지 아니할 책무, ⅴ) 금융소비자에게 금융상품에 대한 정보를 성실하고 정확하게 제공할 책무, ⅵ) 금융소비자의 개인정보가 분실·도난·누출·위조·변조 또는 훼손되지 아니하도록 개인정보를 성실하게 취급할 책무를 진다(법10).

# 제2편

# 진입규제와 영업행위규제

# 제1장

## 금융상품판매업자등의 등록 등

### 제1절 금융상품판매업자등을 제외한 영업행위 금지

누구든지 금융소비자보호법에 따른 금융상품판매업자등을 제외하고는 금융
상품판매업등(금융상품판매업과 금융상품자문업)을 영위해서는 아니 된다(법11). 이
는 미등록자에 의한 금융상품 판매행위로 인하여 금융소비자의 피해가 발생하는
것을 사전에 방지하기 위함이다.

### 제2절 금융상품판매업자등의 등록

금융소비자보호법은 금융상품판매업등을 영위하려는 자에 대한 금융위원회
등록 근거를 마련하고, 금융상품자문업을 신설하여 금융소비자에게 금융상품 취
득과 처분 결정에 관한 자문을 할 수 있도록 하고 있다(법12).

## Ⅰ. 등록 여부

### 1. 취급할 상품 범위와 등록

금융상품판매업등을 영위하려는 자는 금융상품직접판매업자, 금융상품판매대리·중개업자 또는 금융상품자문업자별로 예금성 상품, 대출성 상품, 투자성 상품 및 보장성 상품 중 취급할 상품의 범위를 정하여 금융위원회에 등록하여야 한다(법12① 본문).

### 2. 등록 예외

ⅰ) 금융관계법률에서 금융상품판매업등에 해당하는 업무에 대하여 인허가를 받거나 등록을 하도록 규정한 경우, ⅱ) 금융관계법률에서 금융상품판매업등에 해당하는 업무에 대하여 해당 법률에 따른 인허가를 받거나 등록을 하지 아니하여도 업무를 영위할 수 있도록 규정한 경우에는 등록을 하지 아니하고 금융상품판매업등을 영위할 수 있다(법12① 단서).

## Ⅱ. 금융상품직접판매업자 또는 금융상품자문업자 등록요건

금융상품직접판매업자 또는 금융상품자문업자로 등록하려는 자는 다음의 요건을 모두 갖추어야 한다(법12② 본문). 다만, 금융상품직접판매업자에게는 금융상품판매업자와 이해관계를 갖지 않는 자에 관한 요건(제6호의 요건)을 적용하지 아니한다(법12② 단서).

### 1. 인력·물적 설비 요건

금융소비자 보호 및 업무수행이 가능하도록 인력과 전산 설비, 그 밖의 물적 설비를 갖추어야 한다(법12②(1)).

#### (1) 인력요건

인력은 ⅰ) 업무수행에 필요한 전문성을 갖춘 인력 1명 이상(가목), ⅱ) 전산 설비의 운용·유지·관리를 전문적으로 수행할 수 있는 인력 1명 이상(나목)을 갖추어야 한다(영5①(1)). 여기서 가목의 업무수행에 필요한 전문성을 갖춘 인력은 다음의 구분에 따른다(감독규정5①).

### (가) 금융상품판매업에 3년 이상 종사한 경력이 있는 사람인 경우

등록하려는 금융상품 유형의 금융상품판매업에 3년 이상 종사한 경력이 있는 사람(등록을 신청한 날 이전 5년 이내에 해당 업무에 종사한 사람만 해당)인 경우 다음의 구분에 따른 교육을 24시간 이상 받은 사람이어야 한다(감독규정5①(1)).

#### 1) 대출성 상품

대출성 상품의 경우 신용회복위원회가 신용 및 부채 각각의 관리에 관한 개인의 전문성·윤리성을 인증하는 자격의 취득과 관련된 교육을 24시간 이상 받은 사람이어야 한다(감독규정5①(1) 가목).

#### 2) 보장성 상품

보장성 상품의 경우 생명보험협회 및 손해보험협회가 보장성 상품의 취득과 처분결정에 관한 개인의 전문성·윤리성을 인증하는 자격의 취득과 관련된 교육을 24시간 이상 받은 사람이어야 한다(감독규정5①(1) 나목).

#### 3) 투자성 상품

투자성 상품의 경우 ⅰ) 투자권유자문인력 자격, 또는 ⅱ) 투자운용인력 자격 취득과 관련된 교육을 24시간 이상 받은 사람이어야 한다(감독규정5①(1) 다목). 투자권유자문인력은 투자권유를 하거나 투자에 관한 자문업무를 수행하는 자를 말하고(자본시장법286①(3) 가목), 투자운용인력은 집합투자재산·신탁재산 또는 투자일임재산을 운용하는 업무를 수행하는 자를 말한다(자본시장법286①(3) 다목).

#### 4) 예금성 상품

예금성 상품의 경우 위 가목부터 다목 중 어느 하나에 해당하는 교육을 24시간 이상 받은 사람이어야 한다(감독규정5①(1) 라목).

### (나) 그 밖의 경우

그 밖의 경우 다음의 구분에 따른 자격을 취득한 사람이어야 한다(감독규정5①(2)).

#### 1) 대출성 상품

대출성 상품의 경우 신용회복위원회가 신용 및 부채 각각의 관리에 관한 개인의 전문성·윤리성을 인증하는 자격을 취득한 사람이어야 한다(감독규정5①(2) 가목).

### 2) 보장성 상품

보장성 상품의 경우 생명보험협회 및 손해보험협회가 보장성 상품의 취득과 처분결정에 관한 개인의 전문성·윤리성을 인증하는 자격을 취득한 사람이어야 한다(감독규정5①(2) 나목).

### 3) 투자성 상품

투자성 상품의 경우 ⅰ) 투자권유자문인력 자격, 또는 ⅱ) 투자운용인력 자격을 취득한 사람이어야 한다(감독규정5①(2) 다목).

### 4) 예금성 상품

예금성 상품의 경우 위 가목부터 다목 중 어느 하나에 해당하는 자격을 취득한 사람이어야 한다(감독규정5①(2) 라목).

### (2) 전산 설비 요건

전산 설비는 ⅰ) 컴퓨터 등 정보통신설비(가목), ⅱ) 전자적 업무처리에 필요한 설비(나목)를 갖추어야 한다(영5①(2)).

### (3) 물적 설비 요건

그 밖의 물적 설비는 ⅰ) 고정사업장(가목), ⅱ) 사무장비 및 통신수단(나목), ⅲ) 업무 관련 자료의 보관 및 손실방지 설비(다목), ⅳ) 전산설비 등을 안전하게 보호할 수 있는 보안설비(라목)를 갖추어야 한다(영5①(3)).

위 가목에서 고정사업장은 건축물대장에 기재된 건물[단독주택(건축법2②(1)),[1] 공동주택(건축법2②(2))[2] 및 숙박시설(건축법2②(15))[3]은 제외]을 소유, 임차 또

---

1) 건축법 시행령 제3조의5(용도별 건축물의 종류) [별표 1]
  1. 단독주택[단독주택의 형태를 갖춘 가정어린이집·공동생활가정·지역아동센터·공동육아나눔터(「아이돌봄 지원법」 제19조에 따른 공동육아나눔터)·작은도서관(도서관법 제2조 제4호 가목에 따른 작은도서관을 말하며, 해당 주택의 1층에 설치한 경우만 해당) 및 노인복지시설(노인복지주택은 제외)을 포함한다]
    가. 단독주택
    나. 다중주택: 다음의 요건을 모두 갖춘 주택을 말한다.
      1) 학생 또는 직장인 등 여러 사람이 장기간 거주할 수 있는 구조로 되어 있는 것
      2) 독립된 주거의 형태를 갖추지 않은 것(각 실별로 욕실은 설치할 수 있으나, 취사시설은 설치하지 않은 것)
      3) 1개 동의 주택으로 쓰이는 바닥면적(부설 주차장 면적은 제외)의 합계가 660제곱미터 이하이고 주택으로 쓰는 층수(지하층은 제외)가 3개 층 이하일 것. 다만, 1층의 전부 또는 일부를 필로티 구조로 하여 주차장으로 사용하고 나머지 부분을 주택 외의 용도로 쓰는 경우에는 해당 층을 주택의 층수에서 제외한다.
      4) 적정한 주거환경을 조성하기 위하여 건축조례로 정하는 실별 최소 면적, 창문의 설치 및 크기 등의 기준에 적합할 것

는 사용대차 등의 방법으로 사용할 수 있는 권리를 6개월 이상 확보한 장소여야
한다(감독규정5②).

## 2. 자기자본 요건

등록하려는 업무별로 일정 금액 이상의 자기자본을 갖추어야 한다(법12②
(2)). 여기서 일정 금액이란 다음의 구분에 따른 금액을 말한다(영5②).

---

    다. 다가구주택: 다음의 요건을 모두 갖춘 주택으로서 공동주택에 해당하지 아니하는
       것을 말한다.
       1) 주택으로 쓰는 층수(지하층은 제외)가 3개 층 이하일 것. 다만, 1층의 전부 또
          는 일부를 필로티 구조로 하여 주차장으로 사용하고 나머지 부분을 주택 외의
          용도로 쓰는 경우에는 해당 층을 주택의 층수에서 제외한다.
       2) 1개 동의 주택으로 쓰이는 바닥면적의 합계가 660제곱미터 이하일 것
       3) 19세대(대지 내 동별 세대수를 합한 세대) 이하가 거주할 수 있을 것
    라. 공관(公館)
  2) 건축법 시행령 제3조의5(용도별 건축물의 종류) [별표 1]
    2. 공동주택[공동주택의 형태를 갖춘 가정어린이집·공동생활가정·지역아동센터·공동육
      아나눔터·작은도서관·노인복지시설(노인복지주택은 제외) 및 주택법 시행령 제10조
      제1항 제1호에 따른 원룸형 주택을 포함]. 다만, 가목이나 나목에서 층수를 산정할 때
      1층 전부를 필로티 구조로 하여 주차장으로 사용하는 경우에는 필로티 부분을 층수에
      서 제외하고, 다목에서 층수를 산정할 때 1층의 전부 또는 일부를 필로티 구조로 하여
      주차장으로 사용하고 나머지 부분을 주택 외의 용도로 쓰는 경우에는 해당 층을 주택
      의 층수에서 제외하며, 가목부터 라목까지의 규정에서 층수를 산정할 때 지하층을 주
      택의 층수에서 제외한다.
      가. 아파트: 주택으로 쓰는 층수가 5개 층 이상인 주택
      나. 연립주택: 주택으로 쓰는 1개 동의 바닥면적(2개 이상의 동을 지하주차장으로 연
         결하는 경우에는 각각의 동으로 본다) 합계가 660제곱미터를 초과하고, 층수가 4
         개 층 이하인 주택
      다. 다세대주택: 주택으로 쓰는 1개 동의 바닥면적 합계가 660제곱미터 이하이고, 층수
         가 4개 층 이하인 주택(2개 이상의 동을 지하주차장으로 연결하는 경우에는 각각
         의 동으로 본다)
      라. 기숙사: 학교 또는 공장 등의 학생 또는 종업원 등을 위하여 쓰는 것으로서 1개 동
         의 공동취사시설 이용 세대 수가 전체의 50퍼센트 이상인 것(교육기본법 제27조
         제2항에 따른 학생복지주택을 포함)
  3) 건축법 시행령 제3조의5(용도별 건축물의 종류) [별표 1]
    15. 숙박시설
      가. 일반숙박시설 및 생활숙박시설
      나. 관광숙박시설(관광호텔, 수상관광호텔, 한국전통호텔, 가족호텔, 호스텔, 소형호텔,
         의료관광호텔 및 휴양 콘도미니엄)
      다. 다중생활시설(제2종 근린생활시설에 해당하지 아니하는 것)
      라. 그 밖에 가목부터 다목까지의 시설과 비슷한 것

### (1) 금융상품직접판매업

금융상품직접판매업의 경우 취급하려는 금융상품의 유형 및 수량에 관계 없이 5억원 이상의 범위에서 금융위원회가 정하여 고시하는 금액을 말한다(영5②(1)).

### (2) 금융상품자문업

금융상품자문업의 경우 ⅰ) 예금성 상품을 취급하는 경우 1억원을 말하고, ⅱ) 대출성 상품을 취급하는 경우 1억원을 말하며, ⅲ) 보장성 상품을 취급하는 경우 1억원을 말하며, ⅳ) 투자성 상품을 취급하는 경우 2억5천만원을 말하는데, 자본시장법 시행령 [별표 3]의 등록업무 단위 5-21-1[4]에 해당하는 투자성 상품만을 취급하는 경우에는 1억원으로 한다(영5②(2) 본문). 다만, 위의 4가지 금융상품 유형 중 둘 이상을 함께 취급하는 경우에는 각 금융상품(예금성 상품은 제외)에 따른 자기자본 금액을 합산한 금액을 갖춰야 한다(영5②(2) 단서).

## 3. 건전한 재무상태 및 사회적 신용 요건

건전한 재무상태와 사회적 신용을 갖추어야 한다(법12②(3)). 여기서 "건전한 재무상태와 사회적 신용"이란 다음의 구분에 따른 것을 말한다(영5③).

### (1) 건전한 재무상태

건전한 재무상태의 경우 자기자본 대비 부채총액 비율이 200% 이하이어야 한다(영5③(1), 감독규정5③).

### (2) 사회적 신용

사회적 신용의 경우 자본시장법 시행령 제16조 제8항 제2호에 따른 사회적 신용을 갖추어야 한다(영5③(2) 전단). 따라서 사회적 신용은 다음의 모든 요건에 적합하여야 한다(자본시장법 시행령16⑧(2) 본문). 다만, 그 위반 등의 정도가 경미하다고 인정되는 경우는 제외한다(자본시장법 시행령16⑧(2) 단서).

---

4) 집합투자증권, 파생결합증권, 환매조건부 매매, 제6조의2 제3호에 따른 투자대상자산, 파생결합증권과 유사한 증권으로서 금융위원회가 정하여 고시하는 채무증권을 말한다. 여기서 영 제6조의2 제3호에 따른 투자대상자산은 은행, 한국산업은행, 중소기업은행, 증권금융회사, 종합금융회사, 상호저축은행, 농업협동조합, 수산업협동조합, 신용협동조합, 산림조합, 체신관서, 새마을금고, 앞의 금융기관에 준하는 외국 금융기관에의 예치금을 말한다(자본시장법 시행령 [별표 3]의 등록업무 단위 5-21-1).

가. 최근 3년간 금융회사지배구조법 시행령 제5조에 따른 법령5)("금융관련법령"), 공정거래법 및 조세범 처벌법을 위반하여 벌금형 이상에 상당하는 형사처벌을 받은 사실이 없을 것. 다만, 법 제68조(양벌규정), 그 밖에 해당 법률의 양벌규정에 따라 처벌을 받은 경우는 제외한다.

나. 최근 3년간 채무불이행 등으로 건전한 신용질서를 해친 사실이 없을 것

다. 최근 5년간 금융산업구조개선법에 따라 부실금융기관으로 지정되었거나 금융관련법령에 따라 영업의 허가·인가·등록 등이 취소된 자가 아닐 것

라. 금융관련법령이나 외국 금융관련법령(금융관련법령에 상당하는 외국 금융관련 법령)에 따라 금융위원회, 외국 금융감독기관 등으로부터 지점, 그 밖의 영업소의 폐쇄 또는 그 업무의 전부나 일부의 정지 이상의 조치(이에 상당하는 행정처분을 포함)를 받은 후 다음 구분에 따른 기간이 지났을 것

1) 업무의 전부정지: 업무정지가 끝난 날부터 3년

2) 업무의 일부정지: 업무정지가 끝난 날부터 2년

3) 지점, 그 밖의 영업소의 폐쇄 또는 그 업무의 전부나 일부의 정지: 해당 조치를 받은 날부터 1년

이 경우 위의 가목 중 공정거래법은 공정거래법 제3조의2(시장지배적지위의 남용금지), 제19조(부당한 공동행위의 금지), 제23조(불공정거래행위의 금지), 제23조의2(특수관계인에 대한 부당한 이익제공 등 금지) 또는 제23조의3(보복조치의 금지)으로 본다(영5③(2) 후단).

## 4. 임원 자격요건

임원이 금융상품직접판매업자 또는 금융상품자문업자의 임원 결격 요건(법12④(1) 각목)에 해당하지 아니하여야 한다(법12②(4)).

---

5) 공인회계사법, 퇴직급여법, 금융산업구조개선법, 금융실명법, 금융위원회법, 금융지주회사법, 금융혁신지원 특별법, 자산관리공사법, 기술보증기금법, 농림수산식품투자조합 결성 및 운용에 관한 법률, 농업협동조합법, 담보부사채신탁법, 대부업법, 문화산업진흥 기본법, 벤처기업육성에 관한 특별조치법, 보험업법, 감정평가법, 부동산투자회사법, 민간투자법, 산업발전법, 상호저축은행법, 새마을금고법, 선박투자회사법, 소재부품장비산업법, 수산업협동조합법, 신용보증기금법, 신용정보법, 신용협동조합법, 여신전문금융업법, 예금자보호법, 온라인투자연계금융업법, 외국인투자 촉진법, 외국환거래법, 유사수신행위법, 은행법, 자본시장법, 자산유동화법, 전자금융거래법, 전자증권법, 외부감사법, 주택법, 중소기업은행법, 중소기업창업 지원법, 채권추심법, 특정금융정보법, 한국산업은행법, 한국수출입은행법, 한국은행법, 한국주택금융공사법, 한국투자공사법, 해외자원개발 사업법(금융회사지배구조법 시행령5).

즉 다음에 해당하는 자는 임원이 될 수 없다(법12④(1)).  ⅰ) 미성년자, 피성년후견인 또는 피한정후견인, ⅱ) 파산선고를 받고 복권되지 아니한 사람, ⅲ) 금고 이상의 실형을 선고받고 그 집행이 끝나거나(집행이 끝난 것으로 보는 경우를 포함) 집행이 면제된 날부터 5년이 지나지 아니한 사람, ⅳ) 금고 이상의 형의 집행유예를 선고받고 그 유예기간 중에 있는 사람, ⅴ) 금융소비자보호법, 금융관련법령(영7①) 또는 외국 금융 관련 법령에 따라 벌금 이상의 형을 선고받고 그 집행이 끝나거나(집행이 끝난 것으로 보는 경우를 포함) 집행이 면제된 날부터 5년이 지나지 아니한 사람, ⅵ) 금융소비자보호법 또는 금융관련법령(영7①)에 따라 임직원 제재조치(퇴임 또는 퇴직한 임직원의 경우 해당 조치에 상응하는 통보를 포함)를 받은 사람으로서 그 조치의 종류별로 5년을 초과하지 아니하는 범위에서 대통령령으로 정하는 기간6)이 지나지 아니한 사람은 임원이 될 수 없다(법12④(1)).

## 5. 이해상충방지 요건

금융소비자와의 이해상충을 방지하기 위한 체계로서 다음의 구분에 따른 요건을 갖추어야 한다(법12②(5), 영5④).

### (1) 전자적 장치를 이용한 자동화 방식을 통해서만 영위하는 경우

전자금융거래법에 따른 전자적 장치(모바일 앱, 태블릿 등)를 이용한 자동화

---

6) "대통령령으로 정하는 기간"이란 금융회사지배구조법 시행령 제7조(임원의 자격요건) 제2항에 따른 기간을 말한다(영7②). 여기서 "대통령령으로 정하는 기간"이란 다음의 구분에 따른 기간을 말한다(금융회사지배구조법 시행령7②).
  1. 임원에 대한 제재조치의 종류별로 다음에서 정하는 기간
    가. 해임(해임요구 또는 해임권고를 포함): 해임일(해임요구 또는 해임권고의 경우에는 해임요구일 또는 해임권고일)부터 5년
    나. 직무정지(직무정지의 요구를 포함) 또는 업무집행정지: 직무정지 종료일(직무정지 요구의 경우에는 직무정지 요구일) 또는 업무집행정지 종료일부터 4년
    다. 문책경고: 문책경고일부터 3년
  2. 직원에 대한 제재조치의 종류별로 다음에서 정하는 기간
    가. 면직요구: 면직요구일부터 5년
    나. 정직요구: 정직요구일부터 4년
    다. 감봉요구: 감봉요구일부터 3년
  3. 재임 또는 재직 당시 금융관계법령에 따라 그 소속기관 또는 금융위원회·금융감독원장 외의 감독·검사기관으로부터 제1호 또는 제2호의 제재조치에 준하는 조치를 받은 사실이 있는 경우 제1호 또는 제2호에서 정하는 기간
  4. 퇴임하거나 퇴직한 임직원이 재임 또는 재직 중이었더라면 제1호부터 제3호까지의 조치를 받았을 것으로 인정되는 경우 그 받았을 것으로 인정되는 조치의 내용을 통보받은 날부터 제1호부터 제3호까지에서 정하는 기간

방식을 통해서만 금융상품직접판매업이나 금융상품자문업을 영위하는 경우 "이해상충행위 방지를 위한 기준"이 포함된 소프트웨어를 설치하여야 한다(영5④(1)).

여기서 "이해상충행위 방지를 위한 기준"은 다음 각 호(제1호 및 제3호는 법 제17조 제2항 각 호의 금융상품 중 보장성 상품 및 투자성 상품에만 해당)와 같다(감독규정5④).

1. 적합성원칙상 소비자정보 파악·확인, 유지·관리, 제공의무(법17②) 각 호의 구분에 따른 정보를 고려하여 금융소비자의 금융상품 거래성향을 분석할 것
2. 금융상품자문에 응하는 내용이 하나의 금융상품 또는 하나의 금융상품직접 판매업자에 집중되지 않을 것
3. 금융소비자별로 매년 1회 이상 다음의 사항을 평가하여 금융상품자문에 응하는 내용을 조정할 것
   가. 금융상품자문에 응하는 내용에 따른 거래의 안전성 및 수익성
   나. 제1호에 따른 금융상품 거래 성향

### (2) 그 밖의 경우

그 밖의 경우 ⅰ) 이해상충행위 방지 기준을 문서화하여야 하고, ⅱ) 이해상충행위 방지를 위한 교육·훈련 체계를 수립하여야 하며, ⅲ) 이해상충행위 방지 기준 위반시 조치 체계를 수립하여야 한다(영5④(2)).

## 6. 독립성 요건

금융상품판매업자와 이해관계를 갖지 않는 자로서 다음의 요건을 갖추어야 한다(법12②(6)). 금융상품직접판매업자에게는 이 요건이 적용되지 아니한다(법12② 단서). 따라서 이 요건은 자문업자에게만 적용된다.

### (1) 금융투자업 및 신용사업 또는 공제사업 겸영 금지

금융상품판매업자와 이해관계를 갖지 않는 자로서 금융상품판매업(투자일임업은 제외)과 금융투자업, 농업협동조합법, 산림조합법, 새마을금고법 또는 수산업협동조합법에 따른 신용사업 또는 공제사업을 겸영하지 아니하여야 한다(법12②(6) 가목, 영5⑤).

### (2) 계열회사등 제외

금융상품판매업자와 이해관계를 갖지 않는 자로서 금융상품판매업자(투자일임업자는 제외)와 계열회사7) 또는 관계회사8)("계열회사등")가 아니어야 한다(법12②(6) 나목, 영5⑥).

### (3) 겸직 또는 파견 금지

금융상품판매업자와 이해관계를 갖지 않는 자로서 임직원이 금융상품판매업자의 임직원 직위를 겸직하거나 그로부터 파견받은 자가 아니어야 한다(법12②(6) 다목).

## Ⅲ. 금융상품판매대리 · 중개업자 등록요건

금융상품판매대리 · 중개업자로 등록하려는 자는 다음의 요건을 모두 갖추어야 한다(법12③).

### 1. 교육 이수 등 자격요건

금융상품판매대리 · 중개업자로 등록하려는 자는 교육 이수 등 자격요건을 모두 갖추어야 한다(법12③(1)). "교육 이수 등 자격"이란 취급하려는 금융상품 및 금융소비자보호 등에 관한 교육을 이수한 것을 말한다(영6① 전단). 이 경우 금융상품판매대리 · 중개업자로 등록하려는 자가 법인인 경우에는 법인의 대표 또는 임원이 해당 교육을 이수해야 한다(영6① 후단).

### (1) 대출모집인

대출성 상품을 취급하는 금융상품판매대리 · 중개업자(대출모집인)가 되려는 자(법인인 경우 대표자 또는 임원)는 다음의 구분에 따라 교육을 이수해야 한다(감

---

7) "계열회사"라 함은 2이상의 회사가 동일한 기업집단에 속하는 경우에 이들 회사는 서로 상대방의 계열회사라 한다(공정거래법2(12)).

8) 관계회사는 ⅰ) 지배 · 종속의 관계에 있는 종속회사, ⅱ) 회계처리기준에 따른 관계기업(종속회사는 아니지만 투자자가 일정한 영향력을 보유하는 기업), ⅲ) 회계처리기준에 따른 공동기업(둘 이상의 투자자가 공동으로 지배하는 기업), ⅳ) 해당 회사의 발행주식총수 또는 출자지분의 20% 이상을 소유하고 있는 회사 또는 해당 회사가 발행주식총수 또는 출자지분의 100분의 20 이상을 소유하고 있는 회사, ⅴ) 동일인이 해당 회사를 포함한 둘 이상의 회사의 각 발행주식총수 또는 출자지분의 30% 이상을 소유하고 있는 경우 해당 회사 외의 회사, ⅵ) 그 밖에 해당 회사와 이해관계가 있다고 인정되는 회사를 말한다(외부감사법 시행령26①, 외부감사 및 회계 등에 관한 규정21).

독규정6①).

### (가) 금융상품직접판매업에 3년 이상 종사한 경력이 있는 사람인 경우

대출성 상품을 취급하는 금융상품직접판매업에 3년 이상 종사한 경력이 있는 사람9)(등록을 신청한 날 이전 5년 이내에 해당 업무에 종사한 사람만 해당)인 경우 여신전문금융업협회가 개인이 대출성 상품에 관한 계약의 체결을 대리하거나 중개하는데 필요한 전문성·윤리성을 갖추었는지를 인증하는 데 필요한 교육을 여신전문금융업협회가 지정하는 기관으로부터 24시간 이상 받아야 한다(감독규정6①(1)).

### (나) 그 밖의 경우

그 밖의 경우 여신전문금융업협회가 지정하는 기관으로부터 교육을 48시간 이상 받은 후에 그 교육을 충실히 이수하였는지에 대해 여신전문금융업협회로부터 인증을 받아야 한다(감독규정6①(2)).

### (2) 교육기관 지정의 사전협의

여신전문금융업협회가 교육기관을 지정하는 경우에는 ⅰ) 전국은행연합회, ⅱ) 생명보험협회 및 손해보험협회, ⅲ) 상호저축은행중앙회, ⅳ) 신용협동조합중앙회와 사전에 협의해야 한다(감독규정6②).

### (3) 신용협동조합 공제상품모집인

신용협동조합법에 따른 공제를 취급하는 금융상품판매대리·중개업자가 되려는 사람(신협 공제상품모집인)은 ⅰ) 보험업법에 따른 보험설계사, 개인인 보험대리점 또는 개인인 보험중개사가 금융위원회에 등록할 경우 보험업법 시행령에 따라 이수해야 하는 교육(제1호), ⅱ) 공제를 취급하는 금융상품판매대리·중개업자가 갖추어야 할 전문성 확보를 위해 신협중앙회가 제1호에 따른 교육에 준하여 실시하는 교육(제2호) 중 어느 하나를 이수해야 한다(감독규정6③).

---

9) 감독규정 부칙 제2조(금융상품판매대리·중개업자의 등록요건에 관한 경과조치) 2021년 3월 25일 이전 5년 이내에 ⅰ) 전국은행연합회, ⅱ) 생명보험협회, ⅲ) 손해보험협회, ⅳ) 상호저축은행중앙회, ⅴ) 신용협동조합중앙회, 또는 ⅵ) 여신전문금융업협회에 등록된 금융상품판매대리·중개업자(대출성 상품을 취급하는 자에 한정한다. 다만, 신용카드만을 취급하는 금융상품판매대리·중개업자는 제외한다)는 "금융상품직접판매업에 3년 이상 종사한 경력이 있는 사람"으로 간주한다.

## 2. 임원 자격요건

금융상품판매대리·중개업자로 등록하려는 자가 개인의 경우에는 그 개인이 임원 결격 요건(법12④(2))에 해당하지 아니하여야 하고, 금융상품판매대리·중개업자로 등록하려는 법인의 경우에는 임원이 임원 결격 요건(법12④(2))에 해당하지 아니하여야 한다(법12③(2)).

따라서 금융상품판매대리·중개업자로 등록하려는 자는 다음에 해당하지 않아야 한다(법12④(2)). 즉 ⅰ) 미성년자, 피성년후견인 또는 피한정후견인, ⅱ) 파산선고를 받고 복권되지 아니한 사람, ⅲ) 금고 이상의 형의 집행유예를 선고받고 그 유예기간 중에 있는 사람, ⅳ) 금고 이상의 실형을 선고받고 그 집행이 끝나거나(집행이 끝난 것으로 보는 경우를 포함) 집행이 면제된 날부터 2년이 지나지 아니한 사람, ⅴ) 금융소비자보호법, 금융관련법령(영7①) 또는 외국 금융 관련 법령에 따라 벌금 이상의 형을 선고받고 그 집행이 끝나거나(집행이 끝난 것으로 보는 경우를 포함) 집행이 면제된 날부터 2년이 지나지 아니한 사람은 임원이 될 수 없다.

## 3. 업무 수행기준 요건: 법인 대출모집인

금융상품판매대리·중개업자로 등록하려는 자는 업무 수행기준 요건을 갖추어야 한다(법12③(3), 영6② 본문). 이에 따라 금융상품판매대리·중개업자가 되려는 자는 업무 수행기준을 갖추어야 한다(영6②(1)). 업무 수행기준은 ⅰ) 권유, 계약체결 등 금융소비자를 대상으로 하는 직무의 수행에 관한 사항, ⅱ) 권유, 계약체결 등 금융소비자를 대상으로 직무를 수행하는 사람이 갖추어야 할 교육수준 또는 자격에 관한 사항, ⅲ) 금융소비자와의 이해상충 방지에 관한 사항, ⅳ) 광고물 제작 및 광고물 내부 심의에 관한 사항이다(감독규정6④).

## 4. 인력 보유 요건: 법인 대출모집인

금융상품판매대리·중개업자로 등록하려는 자는 인력 보유 요건을 갖추어야 한다(법12③(3), 영6② 본문). 이에 따라 금융상품판매대리·중개업자가 되려는 자는 ⅰ) 업무수행에 필요한 전문성을 갖춘 인력 1명 이상, ⅱ) 전산 설비의 운용·유지 및 관리를 전문적으로 수행할 수 있는 인력 1명 이상을 구비하여야 한다(영6②(2)). 위 ⅰ)에서 인력은 다음의 구분에 따른다(감독규정6⑤).

### (1) 대출성 상품

대출성 상품의 경우 다음의 구분에 따른 인력을 1명 이상 두어야 한다(감독규정6⑤(1)).

### (가) 금융상품직접판매업에 3년 이상 종사한 경력이 있는 사람인 경우

대출성 상품을 취급하는 금융상품직접판매업에 3년 이상 종사한 경력이 있는 사람(등록을 신청한 날 이전 5년 이내에 해당 업무에 종사한 사람만 해당)인 경우 여신전문금융업협회가 개인이 대출성 상품에 관한 계약의 체결을 대리하거나 중개하는데 필요한 전문성·윤리성을 갖추었는지를 인증하는 데 필요한 교육을 여신전문금융업협회가 지정하는 기관으로부터 24시간 이상 받아야 한다(감독규정6①(1)).

### (나) 그 밖의 경우

그 밖의 경우 여신전문금융업협회가 지정하는 기관으로부터 교육을 48시간 이상 받은 후에 그 교육을 충실히 이수하였는지에 대해 여신전문금융업협회로부터 인증을 받아야 한다(감독규정6①(2)).

### (2) 공제

공제의 경우 다음의 교육 중 어느 하나를 이수한 인력을 1명 이상 두어야 한다(감독규정6⑤(2)). 즉 인력은 ⅰ) 보험업법에 따른 보험설계사, 개인인 보험대리점 또는 개인인 보험중개사가 금융위원회에 등록할 경우 보험업법 시행령에 따라 이수해야 하는 교육(제1호), ⅱ) 공제를 취급하는 금융상품판매대리·중개업자가 갖추어야 할 전문성 확보를 위해 신협중앙회가 제1호에 따른 교육에 준하여 실시하는 교육(제2호) 중 어느 하나를 이수해야 한다(감독규정6③).

## 5. 물적 설비 요건: 법인 대출모집인

금융상품판매대리·중개업자로 등록하려는 자는 물적 설비 요건을 갖추어야 한다(법12③(3), 영6② 본문). 이에 따라 금융상품판매대리·중개업자가 되려는 자는 ⅰ) 컴퓨터 등 정보통신설비, ⅱ) 전자적 업무처리에 필요한 설비, ⅲ) 고정사업장, ⅳ) 사무장비 및 통신수단, ⅴ) 업무 관련 자료의 보관 및 손실방지 설비, ⅵ) 전산설비 등을 안전하게 보호할 수 있는 보안설비를 구비하여야 한다(영6②(3)).

위 iii)에서 고정사업장은 건축물대장에 기재된 건물(단독주택, 공동주택 및 숙박시설은 제외)을 소유, 임차 또는 사용대차 등의 방법으로 사용할 수 있는 권리를 6개월 이상 확보한 장소여야 한다(감독규정5②).

## 6. 사회적 신용 요건: 법인 대출모집인

금융상품판매대리·중개업자로 등록하려는 자는 사회적 신용 요건을 갖추어야 한다(법12③(3), 영6② 본문). 이에 따라 금융상품판매대리·중개업자가 되려는 자는 자본시장법 시행령 제16조 제8항 제2호에 따른 사회적 신용을 갖추어야 한다(영6②(4) 전단). 따라서 사회적 신용은 다음의 모든 요건에 적합하여야 한다(자본시장법 시행령16⑧(2) 본문). 다만, 그 위반 등의 정도가 경미하다고 인정되는 경우는 제외한다(자본시장법 시행령16⑧(2) 단서).

가. 최근 3년간 금융회사지배구조법 시행령 제5조에 따른 법령("금융관련법령"), 공정거래법 및 조세범 처벌법을 위반하여 벌금형 이상에 상당하는 형사처벌을 받은 사실이 없을 것. 다만, 법 제68조, 그 밖에 해당 법률의 양벌규정에 따라 처벌을 받은 경우는 제외한다.

나. 최근 3년간 채무불이행 등으로 건전한 신용질서를 해친 사실이 없을 것

다. 최근 5년간 금융산업구조개선법에 따라 부실금융기관으로 지정되었거나 금융관련법령에 따라 영업의 허가·인가·등록 등이 취소된 자가 아닐 것

라. 금융관련법령이나 외국 금융관련법령(금융관련법령에 상당하는 외국 금융관련 법령)에 따라 금융위원회, 외국 금융감독기관 등으로부터 지점, 그 밖의 영업소의 폐쇄 또는 그 업무의 전부나 일부의 정지 이상의 조치(이에 상당하는 행정처분을 포함)를 받은 후 다음 구분에 따른 기간이 지났을 것

　1) 업무의 전부정지: 업무정지가 끝난 날부터 3년

　2) 업무의 일부정지: 업무정지가 끝난 날부터 2년

　3) 지점, 그 밖의 영업소의 폐쇄 또는 그 업무의 전부나 일부의 정지: 해당 조치를 받은 날부터 1년

이 경우 위의 가목 중 공정거래법은 공정거래법 제3조의2(시장지배적지위의 남용금지), 제19조(부당한 공동행위의 금지), 제23조(불공정거래행위의 금지), 제23조의2(특수관계인에 대한 부당한 이익제공 등 금지) 또는 제23조의3(보복조치의 금지)으로 본다(영6②(4) 후단).

### 7. 영업보증금 예탁 요건: 온라인 법인 단독 요건

금융상품판매대리·중개업자로 등록하려는 자는 영업보증금 예탁 요건을 갖추어야 한다(법12③(3), 영6② 본문). 이에 따라 금융상품판매대리·중개업자가 되려는 자는 금융소비자의 손해배상을 위해 5천만원의 보증금을 예탁하거나 이와 같은 수준 이상의 보장성 상품에 가입하여야 한다(영6②(5), 감독규정6⑥). 이 요건은 전자금융거래법에 따른 전자적 장치(모바일 앱, 태블릿 등)를 이용한 자동화 방식을 통해서만 금융상품판매대리·중개업을 영위하려는 경우에만 적용한다(영6② 단서).

### 8. 이해상충 방지 소프트웨어 설치 요건: 온라인 법인 단독 요건

금융상품판매대리·중개업자로 등록하려는 자는 소비자 이해상충 방지 소프트웨어 설치 요건을 갖추어야 한다(법12③(3), 영6② 본문). 이에 따라 금융상품판매대리·중개업자가 되려는 자는 전자금융거래법에 따른 전자적 장치에 이해상충행위 방지를 위한 기준이 포함된 소프트웨어를 설치하여야 한다(영6②(6)). 이 요건은 전자금융거래법에 따른 전자적 장치를 이용한 자동화 방식을 통해서만 금융상품판매대리·중개업을 영위하려는 경우에만 적용한다(영6② 단서).

이에 따른 기준은 ⅰ) 금융소비자가 이자율, 개인신용평점 또는 상환기간 등 대출성 상품 계약에 관한 의사결정을 하는 경우에 자신에게 필요한 사항을 선택하여 이에 부합하는 금융상품을 검색할 수 있어야 하고(제1호), ⅱ) 검색을 하는 경우에 이자율이나 원리금이 낮은 금융상품을 상단에 배치시키는 등 금융소비자의 선택에 따라 금융소비자에 유리한 조건의 우선순위를 기준으로 금융상품이 배열되도록 하여야 하며(제2호), ⅲ) 검색결과를 보여주는 화면에서 검색결과와 관련 없는 동종의 금융상품을 광고하지 않아야 하고(제3호), ⅳ) 금융상품직접판매업자가 제공하는 수수료 등 재산상 이익으로 인해 제1호 및 제2호 각각의 기능이 왜곡되지 않아야 한다(제4호)이다(감독규정6⑦).

## Ⅳ. 금융상품판매업자등의 임원

다음에 해당하는 사람은 등록을 한 금융상품직접판매업자, 금융상품자문업자 또는 법인인 금융상품판매대리·중개업자의 임원이 될 수 없다(법12④).

## 1. 금융상품직접판매업자 또는 금융상품자문업자의 경우

금융상품직접판매업자 또는 금융상품자문업자의 경우 다음의 사람은 임원이 될 수 없다(법12④(1)). 즉 ⅰ) 미성년자, 피성년후견인 또는 피한정후견인, ⅱ) 파산선고를 받고 복권되지 아니한 사람, ⅲ) 금고 이상의 실형을 선고받고 그 집행이 끝나거나(집행이 끝난 것으로 보는 경우를 포함) 집행이 면제된 날부터 5년이 지나지 아니한 사람, ⅳ) 금고 이상의 형의 집행유예를 선고받고 그 유예기간 중에 있는 사람, ⅴ) 금융소비자보호법, 금융관련법령(영7①) 또는 외국 금융 관련 법령에 따라 벌금 이상의 형을 선고받고 그 집행이 끝나거나(집행이 끝난 것으로 보는 경우를 포함) 집행이 면제된 날부터 5년이 지나지 아니한 사람, ⅵ) 금융소비자보호법 또는 금융관련법령에 따라 임직원 제재조치(퇴임 또는 퇴직한 임직원의 경우 해당 조치에 상응하는 통보를 포함)를 받은 사람으로서 그 조치의 종류별로 5년을 초과하지 아니하는 범위에서 대통령령으로 정하는 기간[10]이 지나지 아니한 사람은 임원이 될 수 없다.

## 2. 법인인 금융상품판매대리·중개업자의 경우

법인인 금융상품판매대리·중개업자의 경우 다음의 사람은 임원이 될 수 없다(법12④(2)). 즉 ⅰ) 미성년자, 피성년후견인 또는 피한정후견인, ⅱ) 파산선고를 받고 복권되지 아니한 사람, ⅲ) 금고 이상의 형의 집행유예를 선고받고 그 유예기간 중에 있는 사람, ⅳ) 금고 이상의 실형을 선고받고 그 집행이 끝나거나(집행이 끝난 것으로 보는 경우를 포함) 집행이 면제된 날부터 2년이 지나지 아니한 사람, ⅴ) 금융소비자보호법, 금융관련법령 또는 외국 금융 관련 법령에 따라 벌금 이상의 형을 선고받고 그 집행이 끝나거나(집행이 끝난 것으로 보는 경우를 포함) 집행이 면제된 날부터 2년이 지나지 아니한 사람은 임원이 될 수 없다.

---

10) 금융회사지배구조법 시행령 제7조 제2항 각 호의 구분에 따른 기간을 말한다(영7②). 이에 관하여는 앞에서 살펴보았다.

## Ⅴ. 금융상품판매업자등의 등록 절차 및 방법

### 1. 등록신청

금융상품직접판매업자, 금융상품판매대리·중개업자 또는 금융상품자문업자 ("금융상품판매업자등")의 등록을 하려는 자는 등록신청서에 ⅰ) 정관 또는 이에 준하는 업무운영규정, ⅱ) 사업계획에 관한 자료, ⅲ) 재무현황에 관한 자료, ⅳ) 등록요건을 갖추었음을 증명하는 자료를 첨부하여 금융위원회에 제출해야 한다 (영8①). 등록신청서는 감독규정 [별표 1] 제1호에 따른 기재사항이 포함된 서류 를 말한다(감독규정7①).

여기서는 감독규정 [별표 1]의 등록신청서 기재사항 및 첨부서류를 살펴본다.

### (1) 금융상품자문업자 등록

### (가) 기재사항

금융상품자문업자로 등록하려는 자의 신청서 기재사항은 상호, 본점의 소재 지, 임원에 관한 사항, 취급하고자 하는 금융상품에 관한 사항, 자기자본 등 재무 에 관한 사항, 인력과 전산설비 등의 물적 설비에 관한 사항, 이해상충방지체계 에 관한 사항, 금융상품판매업자와 이해관계를 갖지 않는 자에 관한 사항, 다른 업종을 겸영하는 경우 그 업종에 관한 사항이다(별표 1 제1호).

### (나) 첨부서류

금융상품자문업자로 등록하려는 자의 신청서 첨부서류는 정관(이에 준하는 것을 포함), 본점의 위치와 명칭을 기재한 서류, 임원의 이력서와 경력증명서, 취 급하고자 하는 금융상품의 유형 등을 기재하는 서류, 최근 3개 사업연도의 재무 제표와 그 부속명세서(설립 중인 법인은 제외하며, 설립일부터 3개 사업연도가 지나지 아니한 법인의 경우에는 설립일부터 최근 사업연도까지의 재무제표와 그 부속명세서), 인력과 전산설비 등 물적 설비에 관한 사항을 확인할 수 있는 서류, 이해상충방 지체계를 갖추었는지를 확인할 수 있는 서류(영 제5조 제4항 제1호[11])에 해당하는 경 우에는 제5조 제4항 각 호[12])의 기준을 충족하는지에 대해 ㈜코스콤으로부터 확인받은 서

---

11) 1. 전자금융거래법에 따른 전자적 장치를 이용한 자동화 방식을 통해서만 금융상품직접판 매업이나 금융상품자문업을 영위하는 경우: 이해상충행위 방지를 위한 기준이 포함된 소프트웨어를 설치할 것

12) 1. 전자금융거래법에 따른 전자적 장치를 이용한 자동화 방식을 통해서만 금융상품직접판 매업이나 금융상품자문업을 영위하는 경우: 이해상충행위 방지를 위한 기준이 포함된

류를 포함), 금융상품판매업자와 이해관계를 갖지 않는 자임을 확인할 수 있는 서류이다(별표 1 제2호).

### (2) 금융상품판매대리 · 중개업자 등록

#### (가) 개인

##### 1) 기재사항

금융상품판매대리 · 중개업자로 등록하려는 자가 개인인 경우 신청서 기재사항은 신청인의 인적 사항, 취급하고자 하는 금융상품에 관한 사항, 교육 이수 등 자격에 관한 사항, 신청인에게 금융상품계약 체결등을 대리 또는 중개하는 업무를 위탁하는 금융상품직접판매업자 또는 금융상품판매대리 · 중개업자에 관한 사항, 다른 업종을 겸영하는 경우 그 업종에 관한 사항이다(별표 1 제1호).

##### 2) 첨부서류

금융상품판매대리 · 중개업자로 등록하려는 자가 개인인 경우 신청서의 첨부서류는 신청인의 인적 사항을 확인할 수 있는 서류, 취급하고자 하는 금융상품의 유형 등을 기재하는 서류, 교육 이수 등 자격을 확인할 수 있는 서류, 신청인에게 금융상품계약 체결등을 대리 또는 중개하는 업무를 위탁하는 금융상품직접판매업자 또는 금융상품판매대리 · 중개업자에 관한 서류이다(별표 1 제2호).

#### (나) 법인

##### 1) 기재사항

금융상품판매대리 · 중개업자로 등록하려는 자가 법인인 경우 신청서 기재사항은 상호, 본점의 소재지, 임원에 관한 사항, 취급하고자 하는 금융상품에 관한 사항, 교육이수 등 자격에 관한 사항, 업무 수행기준, 필요인력 보유 등에 관한 사항, 신청인에게 금융상품계약 체결등을 대리 또는 중개하는 업무를 위탁하는 금융상품직접판매업자 또는 금융상품판매대리 · 중개업자에 관한 사항, 다른 업종을 겸영하는 경우 그 업종에 관한 사항이다(별표 1 제1호).

##### 2) 첨부서류

금융상품판매대리 · 중개업자로 등록하려는 자가 법인인 경우 신청서의 첨부

---

소프트웨어를 설치할 것
2. 그 밖의 경우: 다음 각 목의 요건을 모두 갖출 것
　　가. 이해상충행위 방지 기준의 문서화
　　나. 이해상충행위 방지를 위한 교육 · 훈련 체계 수립
　　다. 이해상충행위 방지 기준 위반 시 조치 체계 수립

서류는 정관(이에 준하는 것을 포함), 본점의 위치와 명칭을 기재한 서류, 임원의 이
력서와 경력증명서, 취급하고자 하는 금융상품의 유형 등을 기재하는 서류, 필요
인력을 갖추었는지와 관련하여 해당 인력의 교육 이수여부 등을 확인할 수 있는
서류, 업무 수행기준을 갖추었는지를 확인할 수 있는 서류, 전산설비 등 물적 설
비에 관한 사항을 확인할 수 있는 서류, 영 제6조 제2항 제5호[13)에 따른 요건 충
족여부를 확인할 수 있는 서류, 감독규정 제5조 제7항 각 호[14)의 기준을 충족하
는지에 대해 ㈜코스콤으로부터 확인받은 서류(전자금융거래법에 따른 전자적 장치를
이용한 자동화 방식을 통해서만 금융상품판매대리·중개업을 영위하려는 경우만 해당),
신청인에게 금융상품계약 체결등을 대리 또는 중개하는 업무를 위탁하는 금융상
품직접판매업자 또는 금융상품판매대리·중개업자에 관한 서류이다(별표 1 제2호).

### (3) 대출성 상품에 관한 금융상품판매대리·중개업자 등록

대출성 상품에 관한 금융상품판매대리·중개업자로 등록하려는 자가 작성해
야 하는 신청서의 서식은 다음의 구분에 따른 자가 정한다(감독규정7③).

### (가) 금융감독원장

금융상품판매대리·중개업자의 등록은 금융감독원장이 정한다(감독규정7③
(1)). 금융상품판매대리·중개업자는 대출성 상품을 취급하는 개인 금융상품판매
대리·중개업자가 100명 이상 소속된 법인인 금융상품판매대리·중개업자 및 전
자금융거래법에 따른 전자적 장치를 이용한 자동화 방식을 통해서만 금융상품판
매대리·중개업을 영위하는 법인인 금융상품판매대리·중개업자만 해당한다(감독
규정7③(1), 영49①(1)).

### (나) 협회등의 장

대출성 상품 및 공제에 관한 금융상품판매대리·중개업자의 등록은 협회등

---

13) 5. 금융소비자의 손해배상을 위해 5천만원 이상의 범위에서 금융위원회가 정하여 고시하
　　 는 보증금을 예탁하거나 이와 같은 수준 이상의 보장성 상품에의 가입

14) 1. 금융소비자가 이자율, 개인신용평점 또는 상환기간 등 대출성 상품 계약에 관한 의사결
　　 정을 하는 경우에 자신에게 필요한 사항을 선택하여 이에 부합하는 금융상품을 검색할
　　 수 있을 것
　　 2. 제1호에 따른 검색을 하는 경우에 이자율이나 원리금이 낮은 금융상품을 상단에 배치
　　 시키는 등 금융소비자의 선택에 따라 금융소비자에 유리한 조건의 우선순위를 기준으
　　 로 금융상품이 배열되도록 할 것
　　 3. 제1호에 따른 검색결과를 보여주는 화면에서 검색결과와 관련 없는 동종의 금융상품을
　　 광고하지 않을 것
　　 4. 금융상품직접판매업자가 제공하는 수수료 등 재산상 이익으로 인해 제1호 및 제2호 각
　　 각의 기능이 왜곡되지 않을 것

의 장이 정한다(감독규정7③(2)). 여기서 등록은 앞의 금융감독원장이 정하는 금융
상품판매대리·중개업자의 등록은 제외한다. 협회등은 한국금융투자협회, 생명보
험협회, 손해보험협회, 상호저축은행중앙회, 여신전문금융업협회, 대부업 및 대
부중개업 협회, 전국은행연합회, 신용협동조합중앙회를 말한다(감독규정7③(2), 영
49②(1)).

### (4) 대출성 금융상품판매대리·중개업자 등록신청 절차·방법

#### (가) 등록단위

ⅰ) 대출, ⅱ) 리스·할부금융, ⅲ) 대출·리스·할부금융으로 구분되며, 등
록 신청 시 선택가능하다.

#### (나) 등록기관

금융감독원과 금융권 협회로 구분된다. ⅰ) 금융감독원 등록대상은 소속 개
인 모집인이 100명 이상인 법인과 온라인 금융상품판매대리·중개업자이다. ⅱ)
금융권 협회인 여신금융협회, 은행연합회, 저축은행중앙회, 신협중앙회, 생명보
험협회, 손해보험협회 등록대상은 위탁계약을 체결한 금융회사가 속한 금융권
협회이다(해당 금융회사가 다수인 경우에는 택일).[15]

## 2. 등록 여부 결정과 등록거부

### (1) 등록기간과 신청인 통지

금융위원회는 등록신청을 받은 날부터 2개월 이내에 등록 여부를 결정하고,
지체 없이 그 결과 및 이유를 신청인에게 문서로 알려야 한다(영8② 본문). 다만,
해당 기간에 등록 여부를 결정하기 어려운 불가피한 사정이 있는 때에는 2개월
의 범위에서 한 차례만 그 기간을 연장할 수 있다(영8② 단서).

### (2) 등록기간 산정시 제외기간

금융위원회(등록 관련 업무를 위탁받은 자인 금융감독원과 협회등 포함)가 등록
여부를 결정하는데 걸린 기간은 다음의 기간을 제외하고 산정한다(감독규정7④).

---

15) 금융위원회·금융감독원(2021b), "금융소비자보호법 FAQ 답변(2차)"(2021. 3. 17), 1쪽
(2021년 7월부터 등록신청을 접수할 계획이며, 2021년 6월까지는 기존과 같이 "오프라인"
모집인을 금융권 협회에 신규로 등록하여 영업을 할 수 있도록 하되, 7월부터는 금융소비
자보호법상 등록요건을 갖추어 등록신청을 해야 한다. 2021년 9월 25일부터는 금융소비
자보호법에 따라 등록한 경우에만 영업이 가능하다.

1. 금융상품직접판매업자 또는 금융상품자문업자의 등록요건(법12②), 금융상품판매대리·중개업자의 등록요건(법12③), 또는 금융상품직접판매업자, 금융상품자문업자 또는 법인인 금융상품판매대리·중개업자의 임원 자격요건(법12④)을 충족하는지를 확인하기 위하여 다른 기관으로부터 필요한 자료를 제공받는 데에 걸리는 기간
2. 신청인이 제출한 등록신청서에 흠이 있어 금융위원회가 보완을 요구한 경우 그 보완기간
3. 신청인을 상대로 형사소송 절차가 진행되고 있거나 금융위원회, 공정거래위원회, 국세청, 검찰청 또는 금융감독원 등에 의한 조사·검사 등의 절차가 진행되고 있고, 그 소송이나 조사·검사 등의 내용이 등록 여부에 중대한 영향을 미칠 수 있다고 인정되는 경우에는 그 소송이나 조사·검사 등의 절차가 끝날 때까지의 기간

### (3) 등록거부

금융위원회는 신청인이 ⅰ) 등록요건을 갖추지 않은 경우, ⅱ) 등록신청서를 거짓으로 작성한 경우, ⅲ) 협회등의 보완요구를 정당한 사유 없이 이행하지 않은 경우에 등록을 거부할 수 있다(감독규정7⑤).

## 3. 실태조사

금융위원회는 등록요건의 확인을 위해 필요하다고 인정하는 경우 실태조사를 실시할 수 있다(영8③).

## 4. 의견 또는 자료 제출 요청

금융위원회는 등록을 위해 필요하다고 인정하는 경우에는 관계 기관·단체 또는 전문가에게 의견 또는 자료의 제출을 요청할 수 있다(영8④).

## 5. 등록수수료

금융상품판매업자등으로 등록을 신청하려는 자는 등록요건 심사 및 관리에 필요한 비용을 고려하여 ⅰ) 법인인 금융상품판매대리·중개업자는 20만원, ⅱ) 개인인 금융상품판매대리·중개업자는 2만원의 수수료를 내야 한다(법12⑤, 영9①, 감독규정8).

# 제2장

# 금융상품판매업자등의 영업행위 준수사항

## 제1절 영업행위 일반원칙

### Ⅰ. 영업행위 준수사항 해석의 기준

누구든지 영업행위 준수사항에 관한 규정을 해석·적용하려는 경우 금융소비자의 권익을 우선적으로 고려하여야 하며, 금융상품 또는 계약관계의 특성 등에 따라 금융상품 유형별 또는 금융상품판매업자등의 업종별로 형평에 맞게 해석·적용되도록 하여야 한다(법13).

영업행위 준수사항 해석의 기준은 금융상품판매업자등에게 일반적으로 적용되는 판매행위 규제를 도입함에 따라 금융상품 또는 계약관계의 특성을 고려한 합리적인 규제체계가 정립될 수 있도록 하기 위한 것이다.

### Ⅱ. 신의성실의무 등

#### 1. 신의성실의무

금융상품판매업자등은 금융상품 또는 금융상품자문에 관한 계약의 체결, 권리의 행사 및 의무의 이행을 신의성실의 원칙에 따라 하여야 한다(법14①).

## 2. 공정의무

금융상품판매업자등은 금융상품판매업등을 영위할 때 업무의 내용과 절차를 공정히 하여야 하며, 정당한 사유 없이 금융소비자의 이익을 해치면서 자기가 이익을 얻거나 제3자가 이익을 얻도록 해서는 아니 된다(법14②).

## Ⅲ. 부당한 차별금지

금융상품판매업자등은 금융상품 또는 금융상품자문에 관한 계약을 체결하는 경우 정당한 사유 없이 성별·학력·장애·사회적 신분 등을 이유로 계약조건에 관하여 금융소비자를 부당하게 차별해서는 아니 된다(법15).

## Ⅳ. 금융상품판매업자등의 관리책임

금융소비자보호법은 금융소비자 보호를 강화하기 위해 금융상품판매업자등에게 그 임직원 및 금융상품직접판매업자로부터 위탁을 받은 금융상품판매대리·중개업자에 대한 관리책임을 부여하고 있다. 즉 금융상품판매업자등은 임직원 및 금융상품판매대리·중개업자(보험중개사는 제외)가 업무를 수행할 때 법령을 준수하고 건전한 거래질서를 해치는 일이 없도록 성실히 관리하여야 한다(법16①).

이 규정의 취지는 실제 금융상품의 판매는 금융상품판매업자의 임직원이나 위탁을 받은 금융상품판매대리·중개업자를 통해 이루어지기 때문에 이에 대한 관리책임을 부여함으로써 사전에 불완전판매 등을 방지하기 위함이다.

## Ⅴ. 내부통제기준

### 1. 내부통제기준 마련

#### (1) 법인인 금융상품판매업자등의 내부통제기준 마련의무

법인인 금융상품판매업자등은 관리업무를 이행하기 위하여 그 임직원 및 금융상품판매대리·중개업자가 직무를 수행할 때 준수하여야 할 기준 및 절차("내부통제기준")를 마련하여야 한다(법16②, 영10①).

### (2) 내부통제기준 마련의무 제외대상 금융상품판매업자등

다음의 어느 하나에 해당하는 금융상품판매업자등은 내부통제기준 마련의무에서 제외된다(법16②, 영10①). 즉 ⅰ) 상호저축은행중앙회, ⅱ) 온라인소액투자중개업자, ⅲ) 대부업자 및 대부중개업자, ⅳ) 온라인투자연계금융업자, ⅴ) 겸영여신업자, ⅵ) 겸영금융투자업자, ⅶ) 금융상품직접판매업자 및 금융상품자문업자의 경우 상시근로자가 5명 미만인 경우에 해당하는 법인, ⅷ) 금융상품판매대리·중개업자의 경우 ㉠ 하나의 금융상품직접판매업자가 취급하는 금융상품에 관한 계약의 체결만 대리·중개하는 것을 영업으로 하는 경우에 해당하는 법인, 또는 ㉡ 소속된 개인 금융상품판매대리·중개업자가 5명 미만(직전 분기의 일평균을 기준으로 한다)인 경우(전자금융거래 방식만으로 금융상품판매업등을 영위하는 법인은 상시근로자가 3명 미만인 경우)에 해당하는 법인은 제외한다(영10①, 감독규정9①).

## 2. 내부통제기준 포함사항

내부통제기준에는 ⅰ) 업무의 분장 및 조직구조(제1호), ⅱ) 임직원이 업무를 수행할 때 준수해야 하는 기준 및 절차(제2호), ⅲ) 내부통제기준의 운영을 위한 조직·인력(제3호), ⅳ) 내부통제기준 준수 여부에 대한 점검·조치 및 평가(제4호), ⅴ) 내부통제기준에 따른 직무수행 교육에 관한 사항(제5호), ⅵ) 업무수행에 대한 보상체계 및 책임확보 방안(제6호), ⅶ) 내부통제기준의 제정·변경 절차(제7호), ⅷ) 그 밖에 앞의 7가지의 사항에 준하는 것으로서 금융위원회가 정하여 고시하는 사항(제8호)이 포함되어야 한다(영10②). 위 각 호의 포함사항은 [별표 2]와 같다(감독규정9②). [별표 2]의 내부통제기준에 포함되어야 하는 사항은 다음과 같다.

1. 업무의 분장 및 조직구조
2. 임직원이 업무를 수행할 때 준수해야 하는 기준 및 절차
   가. 금융상품의 개발, 판매 및 사후관리에 관한 정책 수립에 관한 다음의 사항
      1) 민원 또는 금융소비자 의견 등의 반영
      2) 금융상품으로 인해 금융소비자에 발생할 수 있는 잠재적 위험요인에 대한 평가

나. 광고물 제작 및 광고물 내부 심의에 관한 사항

다. 권유, 계약체결 등 금융소비자를 대상으로 하는 직무의 수행에 관한 사항

라. 금융소비자와의 이해상충 방지에 관한 사항

마. 금융소비자 보호 관련 교육에 관한 사항

바. 금융소비자의 신용정보, 개인정보 관리에 관한 사항

사. 금융상품등에 관한 업무 위탁 및 관련 수수료 지급에 관한 사항

아. 금융소비자로부터 받는 보수에 관한 사항(금융상품자문업자만 해당)

3. 내부통제기준의 운영을 위한 조직 및 인력

　　가. 금융소비자 보호에 관한 내부통제를 수행하는데 필요한 의사결정기구 ("금융소비자보호 내부통제위원회")의 설치 및 운영에 관한 사항

　　　　1) 조정·의결하는 의제에 관한 사항

　　　　가) 금융소비자 보호에 관한 경영방향

　　　　나) 금융소비자 보호 관련 주요 제도 변경사항

　　　　다) 금융상품의 개발, 영업방식 및 관련 정보공시에 관한 사항

　　　　라) 임원·직원의 성과보상체계에 대한 금융소비자 보호 측면에서의 평가

　　　　마) 내부통제기준 및 금융소비자보호 기준의 적정성·준수실태에 대한 점검·조치 결과

　　　　바) 금융소비자보호실태평가, 금융상품판매업자등에 대한 감독 및 금융상품판매업자등에 대한 검사 결과의 후속조치에 관한 사항

　　　　사) 중요 민원·분쟁에 대한 대응결과

　　　　2) 대표자, 금융소비자 보호를 담당하는 임원 및 사내 임원(금융회사지배구조법 제2조 제2호[1])에 따른 임원)으로 구성할 것

　　　　3) 대표자가 주재하는 회의를 매년 반기마다 1회 이상 개최할 것

　　나. 금융소비자 보호에 관한 내부통제를 금융상품 개발·판매 업무로부터 독립하여 수행하는데 필요한 조직("금융소비자보호 총괄기관")의 설치 및 운영에 관한 사항

　　　　1) 수행하는 업무에 관한 사항(사)는 금융소비자보호 내부통제위원회를 운영하는 자만 해당)

　　　　가) 금융소비자 보호에 관한 경영방향 수립

　　　　나) 금융소비자 보호 관련 교육의 기획·운영

　　　　다) 금융소비자 보호 관련 제도 개선

---

1) 2. "임원"이란 이사, 감사, 집행임원(상법에 따른 집행임원을 둔 경우로 한정) 및 업무집행책임자를 말한다.

라) 금융상품의 개발, 판매 및 사후관리에 관한 금융소비자 보호 측면에
　 서의 모니터링 및 조치

마) 민원·분쟁의 현황 및 조치결과에 대한 관리

바) 임원·직원의 성과보상체계에 대한 금융소비자 보호 측면에서의 평가

사) 금융소비자보호 내부통제위원회의 운영(가)부터 마)까지의 사항을
　 금융소비자보호 내부통제위원회에 보고하는 업무를 포함)

2) 대표자 직속으로 설치할 것

3) 업무수행에 필요한 인력을 갖출 것

다. 금융소비자보호 총괄기관의 업무를 수행하는 임원 및 직원의 임명·자격
　 요건 및 직무등에 관한 사항

라. 대표이사, 이사 등 법인의 업무집행에 관한 의사결정 권한을 가진 자의
　 내부통제기준운영에 관한 권한 및 책임에 관한 사항

마. 내부통제기준 준수에 관한 금융소비자 총괄기관과 그 외 기관 간의 권한
　 및 책임에 관한 사항(금융소비자 총괄기관과 그 외 기관 간의 금융상품
　 의 개발 및 판매에 관한 사전 협의 절차를 포함)

바. 그 밖에 금융소비자 보호 및 건전한 거래질서를 위해 필요한 사항

4. 내부통제기준 준수 여부에 대한 점검·조치 및 평가

5. 개별 금융상품에 대해 권유, 계약체결 등 금융소비자를 대상으로 직무를 수
　 행하는 사람이 갖추어야 할 교육수준 또는 자격에 관한 사항

6. 업무수행에 대한 보상체계 및 책임확보 방안: 영업행위를 수행하는 담당 임
　 원·직원과 금융소비자 간에 이해상충이 발생하지 않도록 하는 성과 보상체
　 계의 설계·운영에 관한 사항

7. 내부통제기준의 제정·변경 절차

8. 고령자 및 장애인의 금융거래 편의성 제고 및 재산상 피해 방지에 관한 사항

※ 비고

1. 다음 각 목의 어느 하나에 해당하는 자는 제3호 가목을 적용하지 않는다.

　 가. 금융회사지배구조법 시행령 제6조 제3항 각 호2)의 어느 하나에 해당하

---

2) 1. 최근 사업연도 말 현재 자산총액이 7천억원 미만인 상호저축은행법에 따른 상호저축은행
　 2. 최근 사업연도 말 현재 자산총액이 5조원 미만인 금융투자업자 또는 종합금융회사. 다
　 만, 최근 사업연도 말 현재 그 금융투자업자가 운용하는 자본시장법 제9조 제20항에
　 따른 집합투자재산, 같은 법 제85조 제5호에 따른 투자일임재산 및 신탁재산(자본시장
　 법 제3조 제1항 제2호에 따른 관리형신탁의 재산은 제외)의 전체 합계액이 20조원 이
　 상인 경우는 제외한다.

는 자

나. 최근 사업연도 말 현재 자산총액이 7천억원 미만인 신용협동조합법에 따른 신용협동조합

다. 자본금의 총액이 10억원 미만인 금융상품자문업자(법 제12조 제1항에 따라 등록한 금융상품자문업자)

라. 소속된 개인 금융상품판매대리·중개업자가 500명 미만인 법인 금융상품 판매대리·중개업자

2. 제3호 다목에 따른 임원은 다음의 구분에 따른다.

가. 제1호 가목부터 라목까지에 해당하는 자: 준법감시인 또는 이에 준하는 사람

나. 최근 사업연도 말 현재 자산총액이 5조원 미만인 상호저축은행: 준법감시인 또는 이에 준하는 사람

다. 외국은행의 지점 또는 대리점: 준법감시인 또는 이에 준하는 사람

라. 다음의 요건 중 어느 하나에 해당하는 여신전문금융회사: 준법감시인 또는 이에 준하는 사람

  1) 개인인 금융소비자를 대상으로 계약을 체결하지 않을 것

  2) 개인인 금융소비자를 대상으로 체결한 계약에 따른 자산이 전체 자산의 5%를 초과하지 않을 것

마. 그 밖의 경우: 금융소비자보호 총괄기관을 전담하는 사람

## 3. 내부통제기준 제정·변경과 이사회 승인

### (1) 이사회 승인

금융상품판매업자등은 내부통제기준을 제정·변경하는 경우 이사회의 승인을 받아야 한다(영10③ 본문).

### (2) 경미사항과 대표자 승인

경미한 사항을 변경하는 경우에는 대표자의 승인으로 갈음할 수 있다(영10③ 단서). 여기서 경미한 사항이란 ⅰ) 법령 또는 관련 규정의 제정·개정에 연동되어 변경해야 하는 사항(제1호), ⅱ) 이사회가 의결한 사항에 대한 후속조치(제2

---

3. 최근 사업연도 말 현재 자산총액이 5조원 미만인 보험회사
4. 최근 사업연도 말 현재 자산총액이 5조원 미만인 여신전문금융회사
5. 그 밖에 자산규모, 영위하는 금융업무 등을 고려하여 금융위원회가 정하여 고시하는 자

호), iii) 그 밖에 제1호 및 제2호에 준하는 사항(제3호)을 말한다(감독규정9③).

### 4. 내부통제기준 제정 · 변경의 공지

금융상품판매업자등은 내부통제기준을 제정 · 개정한 경우에 제정 · 개정 사실 및 주요 현황을 인터넷 홈페이지에 게시해야 한다(영10④, 감독규정9④).

## Ⅵ. 위반시 제재

법인인 금융상품판매업자등은 내부통제기준을 마련해야 하는데(법16②), 이에 위반하여 내부통제기준을 마련하지 아니한 자에게는 1억원 이하의 과태료를 부과한다(법69①(1)).

# 제2절 금융상품 유형별 영업행위 준수사항

금융소비자보호법은 판매 관련 규제를 강화하고 체계화하여 불완전판매 등을 방지하고 금융회사의 자발적 노력을 유도하기 위하여 금융상품 판매행위 규제체계를 마련하였다. 금융상품 판매행위 규제 체계화를 위하여 모든 금융상품의 판매에 6대 판매행위 원칙을 규정하였다.

## Ⅰ. 적합성원칙

적합성원칙은 금융소비자의 재산상황, 금융상품 취득·처분 경험 등을 고려하여 금융소비자에게 부적합한 금융상품 계약체결의 권유를 금지하는 원칙이다.

### 1. 소비자 분류 확인의무(소비자 유형 구분)

금융상품판매업자등은 금융상품계약체결등을 하거나 자문업무를 하는 경우에는 상대방인 금융소비자가 일반금융소비자인지 전문금융소비자인지를 확인하여야 한다(법17①).

## 2. 소비자 정보 파악·확인(유지·관리·제공)의무

금융상품판매업자등은 일반금융소비자에게 다음의 금융상품 계약체결을 권유(금융상품자문업자가 자문에 응하는 경우를 포함)하는 경우에는 면담·질문 등을 통하여 다음의 구분에 따른 정보를 파악하고, 일반금융소비자로부터 서명(전자서명을 포함), 기명날인, 녹취의 방법으로 확인을 받아 이를 유지·관리하여야 하며, 확인받은 내용을 일반금융소비자에게 지체 없이 제공하여야 한다(법17②).

금융상품판매업자등이 일반금융소비자의 정보를 파악하고 그 정보에 대해 해당 일반금융소비자의 확인을 받아야 하는 금융상품의 범위는 다음과 같다(영11①). 예금성 상품은 제외한다.

### (1) 보장성 상품 계약체결을 권유하는 경우

금융상품판매업자등은 보장성 상품인 ⅰ) 변액보험,[3][4] ⅱ) 보험료 또는 공제료의 일부를 금융투자상품의 취득·처분 또는 그 밖의 방법으로 운용할 수 있도록 하는 보험 또는 공제의 계약체결을 권유하는 경우에는 ⅰ) 일반금융소비자의 연령, ⅱ) 재산상황(부채를 포함한 자산 및 소득에 관한 사항), ⅲ) 보장성 상품 계약체결의 목적을 파악하고 확인하여야 한다(법17②(1), 영11①(1)).

### (2) 투자성 상품 등의 계약체결을 권유하는 경우

금융상품판매업자등은 투자성 상품 및 운용실적에 따라 수익률 등의 변동가능성이 있는 금융상품의 계약체결을 권유하는 경우에는 ⅰ) 일반금융소비자의 해당 금융상품 취득 또는 처분 목적, ⅱ) 재산상황, ⅲ) 취득 또는 처분 경험을 파악하고 확인하여야 한다(법17②(2)). 다만, 온라인소액투자중개의 대상이 되는

---

3) 변액보험의 법률상 정의는 "보험금이 자산운용성과에 따라 변동하는 보험계약(보험업법 108①(3))"이다. 변액보험은 생명보험과 집합투자(펀드운용에 의한 실적배당)의 성격을 동시에 가지므로 법적 규제에 있어서도 보험업법과 자본시장법의 일부 규정이 동시에 적용된다. 또한 변액보험은 생명보험상품 중 하나이므로 손해보험회사에서는 취급할 수 없다(보험업감독규정5-6①(3)). 변액보험의 종류에는 변액종신보험, 변액유니버셜보험, 변액연금보험 등이 있다. 변액보험은 보험업법에 따라 특별계정을 설정하여 운용해야 한다. 특별계정이란 보험상품의 도입목적, 상품운용방법 등이 일반상품과 크게 상이하여 보험회사로 하여금 다른 보험상품과 구분하여 별도로 관리 및 운용을 할 것을 보험 관련 법규에서 지정한 것으로 계정 상호 간 계약자를 보호하는 것을 목적으로 설정한 것이다.

4) 만기에 원금을 보장하지 않는 변액보험은 보장성 상품뿐만 아니라 투자성 상품에도 해당한다. 퇴직연금 계좌에서 편입하는 보험계약의 경우에 그 계약이 원금을 보장하지 않는 경우에도 투자성 상품으로 본다(금융위원회·금융감독원(2021b), 9쪽).

증권과 연계투자는 제외한다(법17②(2), 영11①(2)).

### (3) 대출성 상품 계약체결을 권유하는 경우

금융상품판매업자등은 대출성 상품 계약체결을 권유하는 경우에는 ⅰ) 일반금융소비자의 재산상황, ⅱ) 신용 및 변제계획을 파악하고 확인하여야 한다(법17②(3)).

### (4) 적합한 계약체결을 권유하기 위한 추가정보

금융상품판매업자등은 그 밖에 일반금융소비자에게 적합한 금융상품 계약의 체결을 권유하기 위하여 필요한 정보로서 다음의 사항을 파악하고 확인하여야 한다(법17②(4), 영11②).

### (가) 보장성 상품

보장성 상품(영11①(1))의 경우 ⅰ) 금융상품을 취득·처분한 경험, ⅱ) 금융상품에 대한 이해도, ⅲ) 기대이익 및 기대손실 등을 고려한 위험에 대한 태도를 파악하고 확인하여야 한다(영11②(1)).

### (나) 투자성 상품

투자성 상품(영11①(2)) 경우 ⅰ) 일반금융소비자의 연령, ⅱ) 금융상품에 대한 이해도, ⅲ) 기대이익 및 기대손실 등을 고려한 위험에 대한 태도를 파악하고 확인하여야 한다(영11②(2)).

### (다) 대출성 상품

대출성 상품(법11①(3)) 경우 ⅰ) 일반금융소비자의 연령, ⅱ) 계약체결의 목적(대출만 해당)을 파악하고 확인하여야 한다(영11②(3)).

## 3. 부적합 계약체결 권유 금지 의무

### (1) 부적합한 금융상품의 권유 금지

금융상품판매업자등은 확인한 정보를 고려하여 그 일반금융소비자에게 적합하지 아니하다고 인정되는 계약체결을 권유해서는 아니 된다(법17③ 전단).5)

---

5) 서울중앙지방법원 2008. 12. 30.자 2008카합3816 결정(피신청인 은행은 이 사건 계약의 내용이 신청인들의 주된 거래 목적인 환위험 회피에 적합한 것인지, 그리고 그 계약으로 인하여 신청인들이 그 재무구조나 영업상황, 위험관리능력 등에 비하여 과도한 위험에 노출되지는 않는지 등을 미리 점검하여 그 계약의 내용이 신청인들에게 적합하지 아니하다고 인정되는 경우에는 그러한 계약의 체결을 권유하지 않거나 혹은 계약의 내용을 신청인들에게 적합하도록 변경하여 계약의 체결을 권유하여야 할 의무가 있다고 할 것이다. 그런데 이 사건 계약에 의하면 환율이 급등하는 경우에 신청인들은 무제한의 손실의 위험에

이 원칙은 적합한 계약체결을 권유하여야 하는 적극적인 의무가 아니라 부적합한 계약체결을 권유하지 않도록 하는 소극적인 의무이다.

　　적합성 원칙은 판매자가 소비자 정보를 확인한 후에 소비자에 부적합한 상품은 권유하지 못하도록 규정하고 있다. 소비자가 원한다는 이유로 펀드 카탈로그 제공 등의 방법으로 부적합한 상품을 권유하고 소비자로부터 부적합확인서를 받아 계약하는 행위는 적합성 원칙 위반으로 볼 수 있다. 한편 판매자는 소비자 정보 확인 후 적합한 상품을 권유했으나 소비자가 부적합한 상품을 특정하여 청약하는 경우에는 ⅰ) 그 상품이 적정성원칙 적용대상인 경우에는 부적합하다는 사실을 법령에 따라 알린 후 계약체결이 가능하며, ⅱ) 적정성원칙 적용대상이 아닌 경우에는 별도 조치 없이 계약체결이 가능하다.[6]

### (2) 적합성 판단기준

　　적합성 판단기준은 다음의 구분에 따른 사항을 준수해야 한다(법17③ 후단, 영11③ 본문, 감독규정10①).

### (가) 보장성 상품 또는 투자성 상품

　　보장성 상품 또는 투자성 상품을 평가하는 경우 다음의 사항을 준수해야 한다(감독규정10①(1)).

### 1) 손실에 대한 감수능력

　　일반금융소비자의 손실에 대한 감수능력과 관련하여 ⅰ) 거래목적, ⅱ) 계약기간, 기대이익 및 기대손실 등을 고려한 위험에 대한 태도, ⅲ) 금융상품에 대한 이해도,[7] ⅳ) 재산상황(보유한 자산 중 금융상품의 유형별 비중), ⅴ) 투자성

---

노출되는바, 신청인들의 거래 목적, 재무구조 및 영업상황, 위험관리능력 등에 비추어 이는 신청인들에게 적합하지 않은 거래조건이라 할 것이므로, 피신청인 은행으로서는 신청인들에게 이 사건 계약의 체결을 권유함에 있어 신청인들의 손실을 제한할 수 있는 다른 거래조건(예컨대 신청인들의 손실 총액에 제한을 둔다든가, 환율이 일정 수준 이상으로 오르는 경우에 신청인들이 합리적인 금액을 배상하고 계약을 장래를 향하여 해지할 수 있도록 한다든가, 피신청인 은행의 넉인 콜옵션에 다시 넉아웃 조건을 둔다든가 하는 등의 방식)을 모색하여 이를 권유하여야 할 의무가 있다고 할 것임에도 그러한 의무를 이행하지 않았다).

6) 금융위원회·금융감독원(2021b), 4쪽.
7) 적합성원칙과 관련하여 소비자로부터 확인해야 하는 정보 중 "금융상품에 대한 이해도"에 대한 판단은 해당 금융상품에 대한 설명을 이해하는데 필요한 기초지식이 있는지를 객관적인 문항을 통해 확인할 수 있을 것이다. 예를 들어 "자신이 충분한 지식을 가지고 있다고 생각하는지?"와 같이 소비자의 주관적 의사에 의존하는 문항은 지양할 필요가 있다(금융위원회·금융감독원(2021b), 5쪽).

상품을 취득·처분한 경험, ⅵ) 연령을 종합 고려하여 평가하여야 한다(감독규정 10①(1) 가목 본문). 다만, 일반금융소비자 보호를 위해 필요한 경우에는 위의 사항 중 어느 하나만으로 해당 금융상품에 적합하지 않다고 평가할 수 있다(감독규정10①(1) 가목 단서).

  2) 위험등급 정보와 비교평가

  위의 ⅰ) 거래목적, ⅱ) 계약기간, 기대이익 및 기대손실 등을 고려한 위험에 대한 태도, ⅲ) 금융상품에 대한 이해도, ⅳ) 재산상황(보유한 자산 중 금융상품의 유형별 비중), ⅴ) 투자성 상품을 취득·처분한 경험, ⅵ) 연령을 해당 금융상품의 위험등급에 관한 정보와 비교하여 평가하여야 한다(감독규정10①(1) 나목 전단). 이 경우 해당 금융상품이 다수의 금융상품으로 구성되어 있는 경우에는 각 금융상품의 위험등급을 종합적으로 고려하여 평가할 수 있다(감독규정10①(1) 나목 후단).

  3) 평가결과와 평가근거 기록

  위의 ⅰ) 거래목적, ⅱ) 계약기간, 기대이익 및 기대손실 등을 고려한 위험에 대한 태도, ⅲ) 금융상품에 대한 이해도, ⅳ) 재산상황(보유한 자산 중 금융상품의 유형별 비중), ⅴ) 투자성 상품을 취득·처분한 경험, ⅵ) 연령에 대한 평가결과를 평가근거와 함께 문서에 기록하여야 한다(감독규정10①(1) 다목).

  **(나) 대출성 상품**

  대출성 상품을 평가하는 경우 다음의 사항을 준수해야 한다(감독규정10① (2)).

  1) 상환능력

  일반금융소비자의 상환능력과 관련하여 ⅰ) 거래목적, ⅱ) 원리금 변제계획, ⅲ) 신용, ⅳ) 재산상황(소득, 부채 및 자산) 및 고정지출, ⅴ) 연령을 종합 고려하여 평가하여야 한다(감독규정10①(2) 가목 본문). 다만, 해당 금융상품의 특성상 필요한 경우에는 위의 사항 중 어느 하나만으로 평가할 수 있다(감독규정10①(2) 가목 단서).

  2) 평가결과와 평가근거 기록

  위의 ⅰ) 거래목적, ⅱ) 원리금 변제계획, ⅲ) 신용, ⅳ) 재산상황(소득, 부채 및 자산) 및 고정지출, ⅴ) 연령에 대한 평가결과를 평가근거와 함께 문서에 기록하여야 한다(감독규정10①(2) 나목).

### (3) 자체 판단기준

해당 적합성 판단기준의 적용이 현저히 불합리하다고 인정되는 경우로서 다음의 사유에 해당하는 때에는 자체 기준에 따를 수 있다(영11③ 단서). 따라서 ⅰ) 신용카드, ⅱ) 분양된 주택의 계약 또는 주택조합 조합원의 추가 분담금 발생에 따른 중도금 지급을 목적으로 하는 대출, ⅲ) 주택 재건축·재개발에 따른 이주비 확보를 목적으로 하는 대출, ⅳ) 환매조건부채권8) 등 원금손실 위험이 현저히 낮은 투자성 상품, ⅴ) 그 밖에 앞의 4가지에 준하는 금융상품으로서 그 특성상 적합성 판단기준의 적용이 객관적으로 어려운 금융상품은 그 특성상 필요한 범위 내에서 금융상품판매업자등이 자체 기준에 따라 평가할 수 있다(감독규정10②).

## 4. 금융상품 유형별 정보내용

금융상품판매업자등이 금융상품의 유형별로 파악하여야 하는 정보의 세부적인 내용은 대통령령으로 정한다(법17④). 이에 따라 신용(법17②(3) 나목)의 내용은 신용정보법에 따른 신용정보9) 또는 자본시장법에 따른 신용등급10)으로 한정한다(영11④). 금융상품판매업자등은 신용을 적합성 판단기준에 평가를 하는데 필요한 범위 내에서 파악해야 한다(감독규정10③).

---

8) 환매조건부채권(RP)이란 금융기관이 일정 기간 후에 다시 사는 조건으로 채권을 팔고 경과 기간에 따라 소정의 이자를 붙여 되사는 채권으로, 채권투자의 약점인 환금성을 보완하기 위한 금융상품이다. RP매매는 자금수요자가 자금을 조달하는데 이용하는 금융거래 방식의 하나로 주로 콜자금과 같이 단기적인 자금수요를 충족하기 위해 생겼다. 우리나라의 RP거래 형태는 한국은행 RP, 금융기관의 대고객 RP, 기관간 RP가 있다.
9) 신용정보법에 따른 신용정보란 금융거래 등 상거래에서 거래상대방의 신용을 판단할 때 필요한 정보로서 ⅰ) 특정 신용정보주체를 식별할 수 있는 정보(나목부터 마목까지의 어느 하나에 해당하는 정보와 결합되는 경우만 신용정보에 해당)(가목), ⅱ) 신용정보주체의 거래내용을 판단할 수 있는 정보(나목), ⅲ) 신용정보주체의 신용도를 판단할 수 있는 정보(다목), ⅳ) 신용정보주체의 신용거래능력을 판단할 수 있는 정보(라목), ⅴ) 가목부터 라목까지의 정보 외에 신용정보주체의 신용을 판단할 때 필요한 정보(마목)를 말한다(신용정보법2(1)).
10) 자본시장법에 따른 신용등급이란 금융투자상품, 기업·집합투자기구, 국가, 지방자치단체, 법률에 따라 직접 설립된 법인, 민법, 그 밖의 관련 법령에 따라 허가·인가·등록 등을 받아 설립된 비영리법인에 대한 신용상태를 평가("신용평가")하여 그 결과에 대하여 기호, 숫자 등을 사용하여 표시한 등급을 부여하는 것을 말한다(자본시장법9㉖, 자본시장법 시행령 14의3).

## 5. 전문투자형 사모집합투자기구의 집합투자증권 판매

### (1) 적합성원칙의 적용 제외

금융상품판매업자등이 전문투자형 사모집합투자기구[11]의 집합투자증권을 판매하는 경우에는 소비자 분류 확인의무(법17①), 소비자 정보 파악·확인의무(법17②), 부적합 계약체결 권유 금지 의무(법17③) 규정을 적용하지 아니한다(법17⑤ 본문).

### (2) 적합성원칙의 적용

### (가) 적격투자자 중 일반금융소비자의 적용 요청

적격투자자 중 일반금융소비자는 금융상품판매업자등에게 소비자 분류 확인의무(법17①), 소비자 정보 파악·확인의무(법17②), 부적합 계약체결 권유 금지 의무(법17③) 규정을 적용해 줄 것을 ⅰ) 서면 교부, ⅱ) 우편 또는 전자우편, ⅲ) 전화 또는 팩스, ⅳ) 휴대전화 문자메시지 또는 이에 준하는 전자적 의사표시의 방법으로 요청할 수 있다(법17⑤ 단서, 영11⑤ 전단).

### (나) 적합성원칙 적용 요청의 사전통지

해당 금융상품판매업자등은 적격투자자 중 일반금융소비자에게 ⅰ) 서면 교부, ⅱ) 우편 또는 전자우편, ⅲ) 전화 또는 팩스, ⅳ) 휴대전화 문자메시지 또는 이에 준하는 전자적 의사표시의 방법으로 소비자 분류 확인의무(법17①), 소비자 정보 파악·확인의무(법17②), 부적합 계약체결 권유 금지 의무(법17③) 규정을 적용해 줄 것을 요청할 수 있다는 사실을 미리 알려야 한다(법17⑥, 영11⑤ 후단).

### (다) 적합성원칙의 적용 여부 사전통지

금융상품판매업자등은 계약체결의 권유를 하기 전에 ⅰ) 소비자 분류 확인의무(법17①), 소비자 정보 파악·확인의무(법17②), 부적합 계약체결 권유 금지 의무(법17③) 규정의 적용을 별도로 요청할 수 있다는 사실 및 요청 방법, ⅱ) 소비자 분류 확인의무(법17①), 소비자 정보 파악·확인의무(법17②), 부적합 계약체결 권유 금지 의무(법17③) 규정의 적용을 별도로 요청하지 않을 경우에는 일반

---

11) 전문투자형 사모집합투자기구는 ⅰ) 전문투자자 중 적격투자자: 전문투자자로서 대통령령으로 정하는 투자자, ⅱ) 기타 적격투자자: 1억원 이상으로서 대통령령으로 정하는 금액 이상을 투자하는 개인 또는 법인, 그 밖의 단체(국가재정법 별표 2에서 정한 법률에 따른 기금과 집합투자기구를 포함) 중 어느 하나에 해당하는 투자자("적격투자자")에 한정하여 집합투자증권을 발행할 수 있다(자본시장법249의2).

금융소비자에 적합하지 않은 계약의 체결로 인한 손해에 대해 금융상품판매업자 등이 해당 규정에 따른 책임을 지지 않는다는 사실을 일반금융소비자에게 알려야 한다(영11⑤ 후단, 감독규정10④).

## 6. 위반시 제재

소비자 정보 파악·확인의무(법17②) 규정을 위반하여 정보를 파악하지 아니하거나 확인을 받지 아니하거나 이를 유지·관리하지 아니하거나 확인받은 내용을 지체 없이 제공하지 아니한 자(제1호), 부적합 계약체결 권유 금지 의무(법17③) 규정을 위반하여 계약체결을 권유한 자(제2호)에게는 3천만원 이하의 과태료를 부과한다(법69②(1)(2)).

# Ⅱ. 적정성원칙

적정성원칙은 금융상품판매업자가 일반금융소비자에게 계약체결을 권유하지 아니한 금융상품을 일반금융소비자의 요청에 의한 거래라 하더라도 해당 금융상품이 일반금융소비자에게 적정한지를 판단하고, 적정하지 않으면 그 사실을 사전에 경고함으로써 금융소비자를 보호하는 원칙이다.

적합성원칙이 금융상품판매업자의 계약체결의 권유가 있는 경우에 적용되는데 반하여 적정성원칙은 금융상품판매업자의 권유행위가 없는 경우에 적용된다. 적합성원칙이 금융상품판매업자등에게 적용되는데 반하여 적정성원칙은 금융상품판매업자에게만 적용되므로 금융상품자문업자에게는 그 적용이 없다.

## 1. 소비자 정보파악의무

금융상품판매업자는 보장성 상품, 투자성 상품 및 대출성 상품(적용대상 상품)에 대하여 일반금융소비자에게 계약체결을 권유하지 아니하고 금융상품 판매계약을 체결하려는 경우에는 미리 면담·질문 등을 통하여 다음의 구분에 따른 정보를 파악하여야 한다(법18①).

### (1) 적용대상 상품

금융상품판매업자가 일반금융소비자의 정보를 파악해야 하는 금융상품의 범위는 다음과 같다(영12①). 즉 적정성원칙의 적용대상 상품은 예금성 상품을 제외한 다음의 상품이다. 적정성원칙은 키코(KIKO)상품의 불완전판매가 사회적 이슈가 되어 2009년 2월 3일 자본시장법 개정시 도입되었다.

### (가) 보장성 상품

보장성 상품은 ⅰ) 변액보험, ⅱ) 보험료 또는 공제료의 일부를 금융투자상품의 취득·처분 또는 그 밖의 방법으로 운용할 수 있도록 하는 보험 또는 공제를 말한다(영12①(1), 영11①(1)).

### (나) 투자성 상품

여기서 투자성 상품은 파생상품 및 파생결합증권, 조건부자본증권, 고난도금융투자상품, 고난도투자일임계약 및 고난도금전신탁계약, 금융위원회가 정하여 고시하는 금융상품이다(영12①(2)).

#### 1) 파생상품 및 파생결합증권

파생상품 및 파생결합증권이다(영12①(2) 가목). 그러나 다음의 증권(자본시장법7②)은 제외한다(영12①(2) 가목). 즉 ⅰ) 은행(외국은행의 지점 또는 대리점 포함), 수협은행, 농협은행, 한국산업은행, 중소기업은행("은행등")이 투자자와 체결하는 계약에 따라 발행하는 금적립계좌 또는 은적립계좌는 제외한다. 여기서 금적립계좌 또는 은적립계좌란 투자자가 은행등에 금전을 지급하면 기초자산인 금(金) 또는 은(銀)의 가격 등에 따라 현재 또는 장래에 회수하는 금전등이 결정되는 권리가 표시된 것으로서 ㉠ 투자자가 금전등을 지급한 날에 파생결합증권이 발행되어야 하고, ㉡ 파생결합증권의 계약기간(계약기간을 따로 정하지 아니한 경우에는 무기한으로 본다) 동안 매 영업일마다 청약 및 발행이 가능하여야 하며, ㉢ 파생결합증권의 계약기간 동안 매 영업일마다 투자자가 그 파생결합증권을 매도하여 금전 또는 실물로 회수할 수 있어야 하고, ㉣ 발행인이 파생결합증권의 발행을 통하여 조달한 자금의 일부를 투자자에게 지급할 실물의 매입을 위하여 사용할 수 있어야 한다(금융투자업규정1-4의3②)는 요건을 모두 충족하는 것을 말한다.

ⅱ) 그 밖에 증권 및 장외파생상품에 대한 투자매매업의 인가를 받은 자가 투자자와 체결하는 계약에 따라 발행하는 파생결합증권으로서 금융투자업자가 발행한 파생결합증권(기초자산이 금 또는 은인 파생결합증권에 한한다)으로서 위의 ㉠부터 ㉣까지의 4가지 요건을 모두 충족하는 파생결합증권(금융투자업규정1-4의3③)은 제외한다.

### 2) 조건부자본증권

사채(社債) 중 일정한 사유가 발생하는 경우 주식으로 전환되거나 원리금을 상환해야 할 의무가 감면될 수 있는 사채이다(영12①(2) 나목). 다만, 이익참가부사채[12]·교환사채[13]·상환사채[14]·파생결합사채(상법469②),[15] 전환사채(상법513)[16] 및 신주인수권부사채(상법516의2)[17]는 제외한다(영12①(2) 나목).

### 3) 고난도금융투자상품 등

고난도금융투자상품, 고난도투자일임계약 및 고난도금전신탁계약이다(영12①(2) 다목).

고난도금융투자상품이란 ⅰ) 파생결합증권(금적립계좌 또는 은적립계좌 제외), ⅱ) 파생상품, ⅲ) 집합투자증권 중에서 운용자산의 가격결정의 방식, 손익의 구조 및 그에 따른 위험을 투자자가 이해하기 어렵다고 인정되는 것으로서 금융위원회가 정하여 고시하는 집합투자증권, ⅳ) 그 밖에 기초자산의 특성, 가격결정

---

12) 이익참가부사채(PB)는 사채권자가 그 발행회사의 이익배당에 참가할 수 있는 사채를 말한다(상법469②(1)). 일반사채의 사채권자는 전형적인 소비대차에서와 마찬가지로 원금의 상환과 이자의 지급을 받을 권리가 있고, 이자의 산정기준이 되는 이자율은 발행 시에 미리 정한다. 사채권자가 일정한 이자에 추가하여 발행회사의 이익배당에 참가할 수 있는 권리를 가지거나 이자의 지급 없이 이익배당에 참가하는 권리만을 가지는 경우 모두 이익참가부사채이다.

13) 교환사채(EB)는 사채권자가 회사 소유의 주식이나 그 밖의 다른 유가증권으로 교환할 수 있는 사채이다(상법시행령22①). 교환사채는 일반사채에 사채권자의 교환권을 붙인 것이다. 즉 사채권자는 사채의 상환 대신 미리 정한 교환대상증권(＝발행회사가 소유한 주식이나 다른 증권)으로 교환할 수 있는 옵션(＝교환권)을 가지도록 한 것이다(상법469②(2)). 교환권은 사채권자가 가지는 권리이므로 행사하지 않을 수도 있다.

14) 상환사채는 회사가 그 소유의 주식이나 그 밖의 다른 유가증권으로 상환할 수 있는 사채를 말한다(상법시행령23①). 교환사채는 사채를 주식·유가증권으로 교환할 권리를 사채권자에게 부여하는 것인데 반해, 상환사채는 발행회사의 선택 또는 일정한 조건의 성취나 기한의 도래에 따라 주식이나 그 밖의 다른 유가증권으로 상환한다.

15) 파생결합사채는 그 상환 또는 지급금액이 다른 기초자산의 가격·이자율·지표·단위 또는 이를 기초로 하는 지수의 변동에 따라 결정되는 사채이다(상법469②(3)). 기초자산에는 금융투자상품, 통화, 일반상품, 신용위험, 기타 자연적·환경적·경제적 현상에 속하는 위험으로 합리적이고 적정한 방법에 의하여 평가가 가능한 것이 포함된다(상법시행령20, 자본시장법4⑩). 이는 자본시장법상 파생상품 및 파생결합증권의 정의에서 사용되는 기초자산과 같다.

16) 전환사채(CB)는 일반사채에 사채권자의 전환권을 붙인 것이다(상법514). 즉 사채권자는 사채의 상환 대신에 신주를 발행받을 수 있는 옵션(＝전환권)을 가지도록 한 것이다. 전환권은 사채권자가 가지는 권리이므로 행사하지 않을 수도 있다.

17) 신주인수권부사채(BW)는 일반사채에 사채권자의 신주인수권을 붙인 것이다(상법516의2). 즉 사채권자는 사채의 조건에서 정한 기간 중 신주의 발행을 받을 권리가 있다.

의 방식, 손익의 구조 및 그에 따른 위험을 투자자가 이해하기 어렵다고 인정되는 것으로서 금융위원회가 정하여 고시하는 금융투자상품 중 어느 하나에 해당하는 금융투자상품 중 금융위원회가 정하여 고시하는 방법으로 산정한 최대 원금손실 가능금액이 원금의 20% 초과하는 것을 말한다(자본시장법 시행령2(7)).

고난도투자일임계약이란 금융위원회가 정하여 고시하는 방법으로 산정한 최대 원금손실 가능금액이 원금의 20%를 초과하는 투자일임계약 중 그 운용방법 및 그에 따른 위험을 투자자가 이해하기 어렵다고 인정되는 것으로서 금융위원회가 정하여 고시하는 기준에 해당하는 투자일임계약을 말한다(자본시장법 시행령2(8)).

고난도금전신탁계약이란 금융위원회가 정하여 고시하는 방법으로 산정한 최대 원금손실 가능금액이 원금의 20%를 초과하는 금전신탁계약 중 그 운용방법 및 그에 따른 위험을 투자자가 이해하기 어렵다고 인정되는 것으로서 금융위원회가 정하여 고시하는 기준에 해당하는 금전신탁계약을 말한다(자본시장법 시행령2(9)).

4) 금융위원회가 정하여 고시하는 금융상품

일반금융소비자의 보호를 위해 금융위원회가 정하여 고시하는 금융상품이다(영12①(2) 라목). 여기서 "금융위원회가 정하여 고시하는 금융상품"이란 다음의 금융상품을 말한다(감독규정11①).

가) 자본시장법 제93조 제1항에 따른 집합투자기구의 집합투자증권

파생상품 매매에 따른 위험평가액이 집합투자기구 자산총액의 10%를 초과하여 투자할 수 있는 집합투자기구의 집합투자증권이다(감독규정11①(1) 본문, 자본시장법93①).

다만, 다음의 사항에 모두 해당하는 집합투자기구의 집합투자증권[상장지수펀드(ETF)가 목표로 하는 지수의 변화에 1배를 초과한 배율로 연동하거나 음의 배율로 연동하여 운용하는 것을 목표로 하는 상장지수펀드[18)가 아닌 경우로 한정], 즉 ⅰ) 장외파생상품이나 파생결합증권에 투자하지 아니하고(가목), ⅱ) 기초자산의 가격 또는 기초자산의 종류에 따라 다수 종목의 가격수준을 종합적으로 표시하는 지수의 변화에 연동하여 운용하는 것을 목표로 하는 집합투자기구이어야 하며(나목),

---

18) 레버리지 ETF와 인버스 ETF를 말한다.

iii) 연동하고자 하는 기초자산의 가격 또는 지수가 자본시장법 시행령 제246조 각 호[19]의 요건을 모두 갖추어야 하며(다목), iv) 1좌당 또는 1주당 순자산가치의 변동률과 집합투자기구가 목표로 하는 지수의 변동률의 차이가 10% 이내로 한정되어야 한다(라목)는 요건을 모두 갖춘 집합투자증권은 제외한다(감독규정11 ①(1) 단서).

나) 파생결합증권에 운용하는 집합투자기구의 집합투자증권

집합투자재산의 50%를 초과하여 파생결합증권에 운용하는 집합투자기구의 집합투자증권이다(감독규정11①(2)).

다) 금전신탁계약의 수익증권

다음의 금융상품, 즉 i) 제1호 본문에 따른 집합투자증권(가목), ii) 파생상품 및 파생결합증권(금적립계좌등은 제외)(나목), iii) 고난도금융투자상품, 고난도 금전신탁계약 및 고난도투자일임계약(다목), iv) 사채 중 일정한 사유가 발생하는 경우 주식으로 전환되거나 원리금을 상환해야 할 의무가 감면될 수 있는 사채[이익참가부사채·교환사채·상환사채·파생결합사채(상법469②), 전환사채(상법513) 및 신수인수권부사채(상법516의2)는 제외] 중 어느 하나를 취득·처분하는 금전신탁계약(자본시장법110①)의 수익증권(이와 유사한 것으로서 신탁계약에 따른 수익권이 표시된 것을 포함)이다(감독규정11①(3)).

**(다) 대출성 상품**

대출성 상품은 i) 주택(주택법2(1))[20]을 담보로 하는 대출, ii) 증권 또는 지식재산권을 담보로 계약을 체결하는 대출성 상품을 말한다(영12①(3)).

**(2) 정보파악의무의 내용**

**(가) 보장성 상품**

보장성 상품은 i) 일반금융소비자의 연령, ii) 재산상황(부채를 포함한 자산

---

19) 1. 거래소, 외국 거래소 또는 금융위원회가 정하여 고시하는 시장에서 거래되는 종목의 가격 또는 다수 종목의 가격수준을 종합적으로 표시하는 지수일 것
2. 제1호의 가격 또는 지수가 같은 호의 시장을 통하여 투자자에게 적절하게 공표될 수 있을 것
3. 기초자산의 가격의 요건, 지수의 구성종목 및 지수를 구성하는 종목별 비중, 가격 및 지수의 변화에 연동하기 위하여 필요한 운용방법 등에 관하여 금융위원회가 정하여 고시하는 요건을 충족할 것
20) "주택"이란 세대의 구성원이 장기간 독립된 주거생활을 할 수 있는 구조로 된 건축물의 전부 또는 일부 및 그 부속토지를 말하며, 단독주택과 공동주택으로 구분한다(주택법2(1)).

및 소득에 관한 사항), iii) 보장성 상품 계약체결의 목적을 파악하여야 한다(법18①
(1) 및 17②(1)).

### (나) 투자성 상품

투자성 상품은 i) 일반금융소비자의 해당 금융상품 취득 또는 처분 목적,
ii) 재산상황, iii) 취득 또는 처분 경험을 파악하여야 한다(법18①(2) 및 17②(2)).

### (다) 대출성 상품

대출성 상품은 i) 일반금융소비자의 재산상황, ii) 신용 및 변제계획을 파
악하여야 한다(법18①(3) 및 17②(3)).

### (라) 적정성 판단 정보

금융상품판매업자가 금융상품 판매계약이 일반금융소비자에게 적정한지를
판단하는 데 필요하다고 인정되는 정보로서 다음 구분에 따른 정보를 파악하여
야 한다(법18①(4), 영12②, 영11②).

#### 1) 보장성 상품

보장성 상품(법17②(1))의 경우 i) 금융상품을 취득·처분한 경험, ii) 금융
상품에 대한 이해도, iii) 기대이익 및 기대손실 등을 고려한 위험에 대한 태도를
파악하여야 한다(영11②(1)).

#### 2) 투자성 상품

투자성 상품(법17②(2))의 경우 i) 일반금융소비자의 연령, ii) 금융상품에
대한 이해도, iii) 기대이익 및 기대손실 등을 고려한 위험에 대한 태도를 파악하
여야 한다(영11②(2)).

#### 3) 대출성 상품

대출성 상품(법17②(3))의 경우 i) 일반금융소비자의 연령, ii) 계약체결의
목적(대출만 해당)를 파악하여야 한다(영11②(3)).

## 2. 부적정 판단 사실 고지·확인의무 등

### (1) 고지 및 확인방법

금융상품판매업자는 금융상품의 유형에 따라 확인한 사항을 고려하여 해당
금융상품이 그 일반금융소비자에게 적정하지 아니하다고 판단되는 경우에는 그
사실을 알리고, 그 일반금융소비자로부터 서명, 기명날인, 녹취의 방법으로 확인
을 받아야 한다(법18② 전단).

적정성원칙은 해당 금융상품이 일반금융소비자에게 적정하지 아니하다고
판단되는 경우에 그 사실을 일반금융소비자에게 통지하여 해당 금융상품의 위험
성에 대하여 경고하는 것이다.

### (2) 적정성 판단기준과 자체 판단기준

금융상품의 적정성 판단기준에 관하여는 금융상품의 유형에 따라 적합성 판
단기준 규정인 영 제11조 제3항을 준용한다(법18② 후단, 영12③). 따라서 적정성
판단기준은 다음의 구분에 따른 사항을 준수해야 한다(영11③ 본문, 감독규정10①).

### (가) 적정성 판단기준

#### 1) 보장성 상품 또는 투자성 상품

보장성 상품 또는 투자성 상품을 평가하는 경우 다음의 사항을 준수해야 한
다(감독규정10①(1)).

#### 가) 손실에 대한 감수능력

일반금융소비자의 손실에 대한 감수능력과 관련하여 ⅰ) 거래목적, ⅱ) 계
약기간, 기대이익 및 기대손실 등을 고려한 위험에 대한 태도, ⅲ) 금융상품에
대한 이해도, ⅳ) 재산상황(보유한 자산 중 금융상품의 유형별 비중), ⅴ) 투자성 상
품을 취득·처분한 경험, ⅵ) 연령을 종합 고려하여 평가하여야 한다(감독규정10
①(1) 가목 본문). 다만, 일반금융소비자 보호를 위해 필요한 경우에는 위의 사항
중 어느 하나만으로 해당 금융상품에 적정하지 않다고 평가할 수 있다(감독규정
10①(1) 가목 단서).

#### 나) 위험등급 정보와 비교평가

위의 ⅰ) 거래목적, ⅱ) 계약기간, 기대이익 및 기대손실 등을 고려한 위험
에 대한 태도, ⅲ) 금융상품에 대한 이해도, ⅳ) 재산상황(보유한 자산 중 금융상
품의 유형별 비중), ⅴ) 투자성 상품을 취득·처분한 경험, ⅵ) 연령을 해당 금융
상품의 위험등급에 관한 정보와 비교하여 평가하여야 한다(감독규정10①(1) 나목
전단). 이 경우 해당 금융상품이 다수의 금융상품으로 구성되어 있는 경우에는
각 금융상품의 위험등급을 종합적으로 고려하여 평가할 수 있다(감독규정10①(1)
나목 후단).

#### 다) 평가결과와 평가근거 기록

위의 ⅰ) 거래목적, ⅱ) 계약기간, 기대이익 및 기대손실 등을 고려한 위험
에 대한 태도, ⅲ) 금융상품에 대한 이해도, ⅳ) 재산상황(보유한 자산 중 금융상품

의 유형별 비중), ⅴ) 투자성 상품을 취득·처분한 경험, ⅵ) 연령에 대한 평가결과를 평가근거와 함께 문서에 기록하여야 한다(감독규정10①(1) 다목).

### 2) 대출성 상품

대출성 상품을 평가하는 경우 평가하는 경우 다음의 사항을 준수해야 한다(감독규정10①(2)).

### 가) 상환능력

일반금융소비자의 상환능력과 관련하여 ⅰ) 거래목적, ⅱ) 원리금 변제계획, ⅲ) 신용, ⅳ) 재산상황(소득, 부채 및 자산) 및 고정지출, ⅴ) 연령을 종합 고려하여 평가하여야 한다(감독규정10①(2) 가목 본문). 다만, 해당 금융상품의 특성상 필요한 경우에는 위의 사항 중 어느 하나만으로 평가할 수 있다(감독규정10①(2) 가목 단서).

### 나) 평가결과와 평가근거 기록

위의 ⅰ) 거래목적, ⅱ) 원리금 변제계획, ⅲ) 신용, ⅳ) 재산상황(소득, 부채 및 자산) 및 고정지출, ⅴ) 연령에 대한 평가결과를 평가근거와 함께 문서에 기록하여야 한다(감독규정10①(2) 나목).

### (나) 자체 판단기준

해당 적정성 판단기준의 적용이 현저히 불합리하다고 인정되는 경우로서 다음의 사유에 해당하는 때에는 자체 기준에 따를 수 있다(영11③ 단서). 따라서 ⅰ) 신용카드, ⅱ) 분양된 주택의 계약 또는 주택조합 조합원의 추가 분담금 발생에 따른 중도금 지급을 목적으로 하는 대출, ⅲ) 주택 재건축·재개발에 따른 이주비 확보를 목적으로 하는 대출, ⅳ) 환매조건부채권 등 원금손실 위험이 현저히 낮은 투자성 상품, ⅴ) 그 밖에 앞의 4가지에 준하는 금융상품으로서 그 특성상 적정성 판단기준의 적용이 객관적으로 어려운 금융상품은 그 특성상 필요한 범위 내에서 금융상품판매업자등이 자체 기준에 따라 평가할 수 있다(감독규정10②).

### (3) 통지방법과 설명서 등 제공

금융상품판매업자는 해당 금융상품이 일반금융소비자에게 적정하지 않다는 사실을 알리는 경우에는 ⅰ) 서면 교부, ⅱ) 우편 또는 전자우편, ⅲ) 전화 또는 팩스, ⅳ) 휴대전화 문자메시지 또는 이에 준하는 전자적 의사표시의 방법으로 알려야 한다(영12④ 전단). 이 경우 금융상품판매업자는 ⅰ) 금융상품의 적정성 판단 결과 및 그 이유를 기재한 서류, ⅱ) 설명서(법19②)를 함께 제공해야 한다

(영12④ 후단).

## 3. 금융상품 유형별 정보내용

금융상품판매업자등이 금융상품의 유형별로 파악하여야 하는 정보의 세부적인 내용은 대통령령으로 정한다(법17④). 이에 따라 신용(법17②(3) 나목)의 내용은 신용정보법에 따른 신용정보 또는 자본시장법에 따른 신용등급으로 한정한다(영11④). 금융상품판매업자등은 신용을 적정성 판단기준에 평가를 하는데 필요한 범위 내에서 파악해야 한다(감독규정10③).

## 4. 전문투자형 사모집합투자기구의 집합투자증권 판매

### (1) 적정성 원칙의 적용 제외

금융상품판매업자가 전문투자형 사모집합투자기구의 집합투자증권을 판매하는 경우에는 소비자 정보파악의무(법18①) 및 부적정 판단 사실 통지·확인의무(법18②) 규정을 적용하지 아니한다(법18④ 본문).

### (2) 적정성원칙의 적용

### (가) 적격투자자 중 일반금융소비자의 적용 요청

적격투자자 중 일반금융소비자는 금융상품판매업자등에게 소비자 정보파악의무(법18①) 및 부적정 판단 사실 통지·확인의무(법18②) 규정을 적용해 줄 것을 ⅰ) 서면 교부, ⅱ) 우편 또는 전자우편, ⅲ) 전화 또는 팩스, ⅳ) 휴대전화 문자메시지 또는 이에 준하는 전자적 의사표시의 방법으로 요청할 수 있다(법18④ 단서, 영12⑥, 영11⑤ 전단).

### (나) 적정성원칙 적용 요청의 사전통지

해당 금융상품판매업자등은 적격투자자 중 일반금융소비자에게 ⅰ) 서면 교부, ⅱ) 우편 또는 전자우편, ⅲ) 전화 또는 팩스, ⅳ) 휴대전화 문자메시지 또는 이에 준하는 전자적 의사표시의 방법으로 소비자 정보파악의무(법18①) 및 부적정 판단 사실 통지·확인의무(법18②) 규정을 적용해 줄 것을 요청할 수 있다는 사실을 미리 알려야 한다(영11⑤ 후단).

### (다) 적정성원칙의 적용 여부 사전통지

금융상품판매업자등은 계약체결의 권유를 하기 전에 ⅰ) 소비자 정보파악의무(법18①) 및 부적정 판단 사실 통지·확인의무(법18②) 규정의 적용을 별도로 요청할 수 있다는 사실 및 요청 방법, ii) 소비자 정보파악의무(법18①) 및 부적정 판단 사실 통지·확인의무(법18②) 규정의 적용을 별도로 요청하지 않을 경우에는 일반금융소비자에 적합하지 않은 계약의 체결로 인한 손해에 대해 금융상품판매업자등이 해당 규정에 따른 책임을 지지 않는다는 사실을 일반금융소비자에게 알려야 한다(영11⑤ 후단, 감독규정10④).

## 5. 위반시 제재

소비자 정보파악의무(법18①) 규정을 위반하여 정보를 파악하지 아니한 자(제3호), 부적정 판단 사실 통지·확인의무(법18②) 규정을 위반하여 해당 금융상품이 적정하지 아니하다는 사실을 알리지 아니하거나 확인을 받지 아니한 자(제4호)에게는 3천만원 이하의 과태료를 부과한다(법69②(3)(4)).

# Ⅲ. 설명의무

## 1. 중요사항 설명의무

금융상품판매업자등은 일반금융소비자에게 계약체결을 권유(금융상품자문업자가 자문에 응하는 것을 포함)하는 경우 및 일반금융소비자가 설명을 요청하는 경우에는 다음의 금융상품에 관한 중요한 사항(일반금융소비자가 특정 사항에 대한 설명만을 원하는 경우 해당 사항으로 한정)을 일반금융소비자가 이해할 수 있도록 설명하여야 한다(법19①).

금융상품판매업자등에 설명의무를 부과하는 이유는 금융상품에 대한 지식, 경험, 정보에 있어 현저한 차이를 보이는 일반금융소비자에게 금융상품에 대한 올바른 정보를 제공하여 계약체결의 공정성을 확보하고자 함이다.

### (1) 금융상품 유형별 중요사항

적용대상 상품은 적합성원칙과 적정성원칙이 적용되지 않는 예금성 상품을 포함한 모든 금융상품이다.

### (가) 보장성 상품

1) 법률과 시행령상의 중요사항

금융상품판매업자등은 보장성 상품의 경우 i ) 보장성 상품의 내용, ii ) 보험료(공제료를 포함), iii) 보험금(공제금을 포함) 지급제한 사유 및 지급절차, iv) 위험보장의 범위, ⅴ) 위험보장 기간, ⅵ) 계약의 해지·해제, ⅶ) 보험료의 감액 청구, ⅷ) 보험금 또는 해약환급금의 손실 발생 가능성, ix) 감독규정 [별표 3] 제1호 각 목의 사항을 설명하여야 한다(법19①(1) 가목, 영13①, 감독규정12①).

  2) 감독규정상 중요사항

  위 ix)의 감독규정 [별표 3] 제1호 각 목의 중요사항은 다음과 같다(별표 3 제1호).

가. 주된 위험보장사항·부수적인 위험보장사항 및 각각의 보험료·보험금

나. 보험료 납입기간

다. 해약을 하거나 만기에 이른 경우에 각각 금융소비자에 돌려주어야 하는 금액("환급금") 및 산출근거. 이 경우 그 금액이 이미 납부한 보험료보다 적거나 없을 수 있다는 사실을 함께 설명해야 한다.

라. 일반금융소비자 또는 피보험자가 고지의무(상법651)[21] 및 통지의무(상법652)[22]를 각각 위반한 경우에 금융상품직접판매업자가 계약을 해지할 수 있다는 사실

마. 보험금(공제금을 포함)을 지급받는 자를 일반금융소비자가 지정할 수 있는지 여부(보험금을 지급받는 자를 지정할 수 있는 경우에는 지정방법을 포함)

바. 다음의 구분에 따른 사항

  1) 변액보험, 보험료 또는 공제료의 일부를 금융투자상품의 취득·처분 또는 그 밖의 방법으로 운용할 수 있도록 하는 보험 또는 공제(영11①(1)(2))

    가) 만기에 일정한 금액 이상을 제공한다는 사실을 보장하는 계약인 경우에도 일반금융소비자가 중도에 해지를 하는 경우에 그 금액을 제

---

21) 상법 제651조(고지의무위반으로 인한 계약해지) 보험계약 당시에 보험계약자 또는 피보험자가 고의 또는 중대한 과실로 인하여 중요한 사항을 고지하지 아니하거나 부실의 고지를 한 때에는 보험자는 그 사실을 안 날로부터 1월내에, 계약을 체결한 날로부터 3년내에 한하여 계약을 해지할 수 있다. 그러나 보험자가 계약당시에 그 사실을 알았거나 중대한 과실로 인하여 알지 못한 때에는 그러하지 아니하다

22) 상법 제652조(위험변경증가의 통지와 계약해지) ① 보험기간중에 보험계약자 또는 피보험자가 사고발생의 위험이 현저하게 변경 또는 증가된 사실을 안 때에는 지체없이 보험자에게 통지하여야 한다. 이를 해태한 때에는 보험자는 그 사실을 안 날로부터 1월내에 한하여 계약을 해지할 수 있다.
  ② 보험자가 제1항의 위험변경증가의 통지를 받은 때에는 1월내에 보험료의 증액을 청구하거나 계약을 해지할 수 있다.

공하지 못할 수 있다는 사실

나) 금융상품의 구조 및 자산운용 방식

2) 간단손해보험대리점[23])이 취급하는 보장성 상품: 판매·제공 또는 중개하
는 재화 또는 용역의 매매와 별도로 일반금융소비자가 보장성 상품에 관
한 계약을 체결 또는 취소할 수 있거나 그 계약의 피보힘자기 될 수 있
는 권리가 보장된다는 사실

3) 피보험자가 생존 시 금융상품직접판매업자가 지급하는 보험금의 합계액
이 일반금융소비자가 이미 납입한 보험료(공제료를 포함)를 초과하는 보
장성 상품: 다음의 사항

가) 일반금융소비자가 적용받을 수 있는 이자율("적용이율") 및 산출
기준

나) 보험료 중 사업비(계약을 체결·관리하는데 사용된 금액) 등을 뺀
일부 금액만 특별계정에서 운영되거나 적용이율이 적용된다는 사실
및 그 사업비 금액(적용이율이 고정되지 않는 계약에 한정)

4) 65세 이상을 보장하는 실손의료보험 및 이에 준하는 공제: 65세 시점의
예상보험료 및 보험료의 지속납입에 관한 사항

5) 해약환급금(금융소비자가 계약의 해지를 요구하여 계약이 해지된 경우
에 금융상품판매업자가 금융소비자에게 환급해주는 금액)이 지급되지
않는 보장성 상품: 위험보장 내용이 동일하지만 해약환급금이 지급될 수
있는 다른 보장성 상품

6) 일반금융소비자에 배당이 지급되는 보장성 상품: 배당에 관한 사항

7) 계약 종료 이후 금융소비자가 청약에 필요한 사항을 금융상품직접판매
업자에 알리지 않고 해당 금융상품에 관한 계약을 다시 체결할 수 있는
보장성 상품: 가입조건 및 보장내용 등의 변경에 관한 사항

사. 그 밖에 보통의 주의력을 가진 일반적인 금융소비자가 오해하기 쉬워 민원이
빈발하는 사항 등 보험금 지급 등 서비스 제공과 관하여 일반금융소비자가
특히 유의해야 할 사항

---

23) 간단손해보험대리점이란 재화의 판매, 용역의 제공 또는 사이버몰을 통한 재화·용역의
중개를 본업으로 하는 자가 판매·제공·중개하는 재화 또는 용역과 관련 있는 보험상품
을 모집하는 손해보험대리점을 말한다(보험업법 시행령30①). 예를 들어 여행자보험을 모
집하는 항공사, 애견보험을 모집하는 애견숍, 골프보험을 모집하는 스포츠용품판매업자는
간단손해보험대리점으로 등록할 수 있다.

### (나) 투자성 상품

금융상품판매업자등은 투자성 상품의 경우 설명해야 하는 중요사항은 다음과 같다(법19①(1) 나목).

#### 1) 투자성 상품의 내용

금융상품판매업자등은 "투자성 상품의 내용"을 설명해야 한다.

#### 2) 투자에 따른 위험

금융상품판매업자등은 "투자에 따른 위험"을 설명해야 한다.

#### 3) 금융상품직접판매업자가 정하는 위험등급

#### 가) 투자성 상품의 범위

금융상품판매업자등은 투자성 상품(영13⑤ 본문)의 경우 자신이 정하는 "위험등급"을 설명해야 한다. 다만, ⅰ) 연계투자, ⅱ) 증권, 금전채권, 동산, 부동산, 지상권, 전세권, 부동산임차권, 부동산소유권 이전등기청구권, 그 밖의 부동산 관련 권리, 무체재산권(지식재산권을 포함)(자본시장법103①(2)-(7))에 관한 신탁계약의 금융상품은 투자성 상품에서 제외한다(영13②).

#### 나) 위험등급 결정시 고려사항

금융상품직접판매업자가 위험등급을 정하는 경우에는 ⅰ) 자본시장법에 따른 기초자산의 변동성, ⅱ) 자본시장법에 따른 신용등급, ⅲ) 금융상품 구조의 복잡성, ⅳ) 최대 원금손실 가능금액, ⅴ) 금융소비자의 환매(還買)나 매매가 용이한지에 관한 사항, ⅵ) 환율의 변동성(외국화폐로 투자하는 경우에 한정), ⅶ) 그 밖에 원금손실 위험에 중요한 영향을 미칠 수 있는 사항을 고려해야 한다(영13③, 감독규정12③).

#### 다) 위험등급 결정시 준수사항

금융상품직접판매업자가 위험등급을 정하는 경우에 다음의 사항을 지켜야 한다(감독규정12②). 즉 ⅰ) 객관적 자료에 근거하여 평가하여야 하고(제1호), ⅱ) 위험등급은 원금손실 위험(원금 손실발생 가능성 및 손실규모 등을 종합적으로 평가한 결과)에 비례하여 구분하여야 하며(제2호), ⅲ) 위험등급이 금융상품의 발행인이 정한 위험등급과 다른 경우에는 해당 발행인과 위험등급의 적정성에 대해 협의하여야 한다(금융상품직접판매업자가 해당 금융상품의 발행인이 아닌 경우로 한정)(제3호).

4) 그 밖에 금융소비자가 부담해야 하는 수수료 등 투자성 상품에 관한 중요사항

가) 시행령상 중요사항

금융상품판매업자등은 그 밖에 금융소비자가 부담해야 하는 수수료 등 투자성 상품에 관한 중요사항을 설명해야 한다. 여기서 중요사항이란 ⅰ) 금융소비자가 부담해야 하는 수수료, ⅱ) 계약의 해지·해제, ⅲ) 증권의 환매(還買) 및 매매, ⅳ) 온라인투자연계금융업법 제22조 제1항 각 호[24]의 정보, ⅴ) 감독규정 [별표 3] 제2호 각 목의 구분에 따른 사항을 말한다(영13④, 감독규정12④). 연계투자는 위 ⅳ)만 해당한다(영13④).

나) 감독규정상 중요사항

위 ⅴ)의 감독규정 [별표 3] 제2호 각 목의 중요사항은 다음과 같다(별표 3 제2호).

가. 투자성 상품(연계투자 및 전문투자형 사모집합투자기구의 집합투자증권은 제외)
  1) 계약기간
  2) 금융상품의 구조
  3) 기대수익(객관적·합리적인 근거가 있는 경우에 한정). 이 경우 객관적·합리적인 근거를 포함하여 설명해야 한다.
  4) 손실이 발생할 수 있는 상황(최대 손실이 발생할 수 있는 상황을 포함) 및 그에 따른 손실 추정액. 이 경우 객관적·합리적인 근거를 포함하여 설명해야 한다.
  5) 위험등급에 관한 다음의 사항

---

24) 온라인투자연계금융업법 제22조(투자자에게 제공하는 정보) 제1항 각 호의 정보는 ⅰ) 대출예정금액, 대출기간, 대출금리, 상환 일자·일정·금액 등 연계대출의 내용, ⅱ) 차입자에 대한 정보확인절차에 따라 확인한 차입자에 관한 사항, ⅲ) 연계투자에 따른 위험, ⅳ) 수수료·수수료율, ⅴ) 이자소득에 대한 세금·세율, ⅵ) 연계투자 수익률·순수익률, ⅶ) 투자자가 수취할 수 있는 예상 수익률, ⅷ) 담보가 있는 경우에는 담보가치, 담보가치의 평가방법, 담보설정의 방법 등에 관한 사항, ⅸ) 채무불이행 시 추심, 채권매각 등 원리금 상환 절차 및 채권추심수수료 등 관련비용에 관한 사항, ⅹ) 연계대출채권 및 차입자 등에 대한 사항에 변경이 있는 경우에는 그 변경된 내용, ⅺ) 계약의 해제·해지에 관한 사항, ⅻ) 같은 차입자에 대한 연계대출 현황, ⅹⅲ) 같은 차입자와 같은 조건의 연계대출 계약을 다시 체결하기 위한 목적으로 투자자를 재모집하는 연계투자상품 및 연계대출 금액을 분할하여 모집하는 연계투자상품의 경우 위험성이 높다는 경고 문구, ⅹⅳ) 그 밖에 연계투자 상품의 유형에 따라 금융감독원장이 정하는 정보의 세부사항이다(영14④(2) 전단, 온라인투자연계금융업법22①, 온라인투자연계금융업 감독규정 23①).

　　　　가) 해당 위험등급으로 정해진 이유

　　　　나) 해당 위험등급의 의미 및 유의사항

　　6) 계약상 만기에 이르기 전에 일정 요건이 충족되어 계약이 종료되는 금융
　　　　상품의 경우 그 요건에 관한 사항

　나. 전문투자형 사모집합투자기구의 집합투자증권: 다음의 사항

　　1) 기본정보

　　　　가) 집합투자기구의 명칭

　　　　나) 집합투자업자의 명칭

　　　　다) 판매회사, 수탁회사 및 사무관리회사의 명칭

　　　　라) 집합투자기구의 종류

　　　　마) 집합투자기구의 최소투자금액 및 만기일자

　　　　바) 판매일정, 환매일정, 결산 및 이익분배

　　2) 집합투자기구에 관한 사항

　　　　가) 집합투자기구의 투자전략

　　　　나) 집합투자기구의 주요 투자대상자산

　　　　다) 투자구조 및 최종 기초자산(다른 집합투자증권이 편입되는 경우에만
　　　　　　적용)

　　　　라) 레버리지(차입 등) 한도

　　　　마) 여유자금의 운용방법

　　　　바) 집합투자재산의 평가 및 기준가 산정 방법

　　　　사) 보수 및 수수료에 관한 사항

　　3) 집합투자기구의 위험에 관한 사항

　　　　가) 위험등급 및 관련 세부설명

　　　　나) 위험요소

　　　　다) 유동성 리스크 및 관리방안

　　4) 집합투자기구의 환매에 관한 사항(환매방법, 환매수수료를 포함)

## (다) 예금성 상품

　　금융상품판매업자등은 예금성 상품의 경우 ⅰ) 예금성 상품의 내용, ⅱ) 이
자율(만기 후 적용되는 이자율을 포함) 및 산출근거, ⅲ) 수익률 및 산출근거, ⅳ)
계약의 해지·해제, ⅴ) 이자·수익의 지급시기 및 지급제한 사유를 설명하여야
한다(법19①(1) 다목, 영13⑤).

### (라) 대출성 상품

금융상품판매업자등은 대출성 상품의 경우 ⅰ) 금리 및 변동 여부, 중도상환수수료(금융소비자가 대출만기일이 도래하기 전 대출금의 전부 또는 일부를 상환하는 경우에 부과하는 수수료) 부과 여부·기간 및 수수료율 등 대출성 상품의 내용, ⅱ) 상환방법에 따른 상환금액·이자율·시기, ⅲ) 저당권 등 담보권 설정에 관한 사항, 담보권 실행사유 및 담보권 실행에 따른 담보목적물의 소유권 상실 등 권리 변동에 관한 사항, ⅳ) 대출원리금, 수수료 등 금융소비자가 대출계약을 체결하는 경우 부담하여야 하는 금액의 총액, ⅴ) 계약의 해지·해제, ⅵ) 신용에 미치는 영향, ⅶ) 원리금 납부 연체에 따른 연체이자율 및 그 밖의 불이익, ⅷ) 계약기간 및 그 연장에 관한 사항, ⅸ) 이자율의 산출기준, ⅹ) 신용카드에 관한 ㉠ 신용카드로 결제한 금액 중 일정 비율만 지불하고 나머지 금액은 이후에 지불하는 서비스[25]의 위험성 및 관련 예시와, ㉡ 연회비 등 신용카드의 거래조건 및 연회비 반환에 관한 사항(반환사유, 반환금액 산정방식, 반환금액의 반환기한을 포함)을 설명하여야 한다(법19①(1) 라목, 영13⑥, 감독규정12⑤).

### (2) 연계·제휴서비스등에 관한 사항

금융상품판매업자등은 위 1)의 보장성 상품, 투자성 상품, 예금성 상품, 대출성 상품과 연계되거나 제휴된 금융상품 또는 서비스 등("연계·제휴서비스등")이 있는 경우 ⅰ) 연계·제휴서비스등의 내용, ⅱ) 연계·제휴서비스등의 이행책임에 관한 사항, ⅲ) 연계·제휴서비스등(금융상품과 연계되거나 제휴된 금융상품 또는 서비스 등)의 제공기간, ⅳ) 연계·제휴서비스등의 변경·종료에 대한 사전통지를 설명하여야 한다(법19①(2), 영13⑦).

### (3) 청약 철회의 기한·행사방법·효과에 관한 사항

금융상품판매업자등은 청약 철회(법46)의 기한·행사방법·효과에 관한 사항

---

25) 일부결제금액이월약정(리볼빙) 서비스는 카드로 물품의 대금을 결제한 후 결제해야 하는 대금의 일정금액, 주로 5-10%만 결제하면 나머지는 상환이 연장되고 잔여 이용 한도 내에서 계속해서 카드를 이용할 수 있다. 카드대금을 연체하지 않고 정상적으로 카드를 이용할 수 있다는 점, 연체로 인한 신용등급 하락의 위험을 피할 수 있다는 점에서 소비자에게 유용하게 받아들여지고 있으나 평균금리가 연 20%를 웃도는 고금리라는 점에서 사실상 소비자의 채무를 가중시키는 결과를 낳고 있다. 리볼빙서비스의 경우 매월 최소결제금액을 제외한 나머지 금액이 이월되고 이에 대한 이자가 붙는 방식인데, 이때 매월 이월된 원금과 이자를 합한 금액에 다시 이자가 붙기 때문에 조금씩 갚아나가더라도 상환해야 하는 금액이 크게 불어날 수 있는 구조를 가지고 있다.

을 설명하여야 한다(법19①(3)).

### (4) 기타 금융소비자보호를 위한 사항

금융상품판매업자등은 ⅰ) 민원처리 및 분쟁조정 절차, ⅱ) 예금자보호법 등 다른 법률에 따른 보호 여부(대출성 상품은 제외), ⅲ) 연계·제휴서비스등(금융상품과 연계되거나 제휴된 금융상품 또는 서비스 등)을 받을 수 있는 조건을 설명하여야 한다(법19①(4), 영13⑧, 감독규정12⑥).

## 2. 설명서의 내용

### (1) 설명서 포함사항

### (가) 설명서 작성 방법

설명서에는 위에서 살펴본 금융상품의 유형별 중요사항, 연계·제휴서비스 등에 관한 사항, 청약 철회의 기한·행사방법·효과에 관한 사항, 그리고 기타 금융소비자보호를 위한 사항(법19① 각 호)이 포함되어야 하며, 그 내용이 일반금융소비자가 쉽게 이해할 수 있도록 작성되어야 한다(영14① 본문).

### (나) 설명서 포함 제외

일반금융소비자에게 투자설명서[26] 또는 간이투자설명서[27](자본시장법123①)를 제공하는 경우에는 해당 내용을 제외할 수 있다(영14① 단서).[28]

### (2) 설명서 내용 작성시 준수사항

금융상품판매업자등은 설명서의 내용을 작성하는 경우에 다음의 사항을 준수하여야 한다(감독규정13①).

---

[26] 투자설명서는 증권의 매수청약을 권유하는 경우 일반투자자에게 제공하는 "투자권유문서"로서 증권신고서의 내용을 보다 알기 쉽고, 객관적이며, 간단명료하게 작성하여 일반투자자에게 제공함으로써 합리적인 투자판단을 할 수 있게 해주는 문서이다. 증권신고의 효력이 발생한 후 모집 또는 매출의 조건이 확정된 경우 청약의 권유 및 승낙을 위하여 사용하는 청약권유문서이다. 자본시장법상 통상의 투자설명서이다.

[27] 간이투자설명서는 증권신고서가 수리된 후 신문·방송·잡지 등을 이용한 광고, 안내문·홍보전단 또는 전자전달매체를 통하여 발행인이 청약을 권유하는 경우 투자설명서에 기재하여야 할 사항 중 그 일부를 생략하거나 중요한 사항만을 발췌하여 기재 또는 표시한 문서, 전자문서, 그 밖에 이에 준하는 기재 또는 표시를 말한다. 간이투자설명서에 의해서도 청약의 권유는 할 수 있지만 승낙을 할 수는 없다.

[28] 공모펀드의 경우 소비자에 간이투자설명서를 제공하면 설명서를 제공하지 않아도 된다. 따라서 금융소비자보호법에서 설명하도록 규정한 사항이 감독규정(13①)에서 정하는 바에 따라 모두 간이투자설명서에 작성되어 있다면 별도의 설명서 제공은 불필요하다(금융위원회·금융감독원(2021b), 5쪽).

### (가) 알기 쉬운 용어 사용

일반금융소비자가 쉽게 이해할 수 있도록 알기 쉬운 용어를 사용하여 작성하여야 한다(감독규정13①(1)).

### (나) 선택사항의 비교 정보 제공

계약 내용 중 일반금융소비자의 선택에 따라 재산상 이익에 상당한 영향을 미칠 수 있는 사항이 있는 경우에는 일반금융소비자가 선택할 수 있는 사항들을 쉽게 비교할 수 있도록 관련 정보를 제공하여야 한다(감독규정13①(2)).

### (다) 중요내용의 명확한 표시

중요한 내용은 부호, 색채, 굵고 큰 글자 등으로 명확하게 표시하여 알아보기 쉽게 작성하여여 한다(감독규정13①(3)).

### (라) 혜택 조건의 명시

일반금융소비자가 해당 금융상품에 관한 계약으로 받을 수 있는 혜택이 있는 경우 그 혜택 및 혜택을 받는데 필요한 조건을 함께 알 수 있도록 하여야 한다(감독규정13①(4)).

### (마) 핵심(상품)설명서 포함사항

일반금융소비자의 계약체결 여부에 대한 판단이나 권익 보호에 중요한 영향을 줄 수 있는 사항인 ⅰ) 유사한 금융상품과 구별되는 특징, ⅱ) 금융상품으로 인해 발생 가능한 불이익에 관한 사항, ⅲ) 민원을 제기하거나 상담을 요청하려는 경우 이용 가능한 연락처를 요약하여 설명서의 맨 앞에 두어야 한다(감독규정13①(5) 본문). 다만, 예금성 상품 등 설명서의 내용이 간단하여 요약이 불필요한 금융상품은 제외할 수 있다(감독규정13①(5) 단서).[29]

설명서의 맨 앞에서 두어야 하는 핵심설명서 포함사항을 구체적으로 살펴보면 다음과 같다(감독규정13①(5)).

### 1) 유사한 금융상품과 구별되는 특징

"유사한 금융상품과 구별되는 특징"을 요약하여 설명서의 맨 앞에 두어야 한다(감독규정13①(5) 가목).

### 2) 금융상품으로 인해 발생 가능한 불이익에 관한 사항

"금융상품으로 인해 발생 가능한 불이익에 관한 사항"을 요약하여 설명서의

---

29) 감독규정 부칙 제1조(시행일) 감독규정 제13조 제1항 제5호는 2021년 9월 25일부터 시행한다(제1호).

맨 앞에 두어야 한다(감독규정13①(5) 나목). 이 경우 민원·분쟁 또는 상담요청이 빈번하여 일반금융소비자의 숙지가 필요한 사항 및 다음의 구분에 따른 사항을 반드시 포함해야 한다(감독규정13①(5) 나목).

가) 투자성 상품

투자성 상품의 경우 위험등급의 의미 및 유의사항을 반드시 포함해야 한다.

나) 보장성 상품

보장성 상품의 경우 해약환급금이 이미 납부한 보험료(공제료를 포함)보다 적거나 없을 수 있다는 사실을 반드시 포함해야 한다.

다) 대출성 상품

대출성 상품의 경우 ⅰ) 대출: 원리금 연체 시 불이익, ⅱ) 신용카드: ㉠ 매월 사용대금 중 일정 비율만 지불하고 나머지 금액은 이후에 지불하는 서비스의 위험성 및 관련 예시, ㉡ 연회비 등 신용카드의 거래조건 및 연회비 반환에 관한 사항(반환사유, 반환금액 산정방식, 반환금액의 반환기한을 포함)을 반드시 포함해야 한다.

3) 민원을 제기하거나 상담을 요청하려는 경우 이용 가능한 연락처

"민원을 제기하거나 상담을 요청하려는 경우 이용 가능한 연락처"를 설명서의 맨 앞에 두어야 한다(감독규정13①(5) 다목).

### (바) 보장성 상품 설명서에 포함되어야 하는 사항

보장성 상품 설명서에는 보험료 및 보험금에 대한 일반금융소비자의 이해를 돕기 위한 내용으로서 [별표 4]에 해당하는 사항을 기재하여야 한다(보험만 해당)(감독규정13①(6)). [별표 4]의 보장성 상품 설명서에 포함되어야 하는 사항은 다음과 같다.

1) 피보험자가 생존 시 보험금의 합계액이 이미 납입된 보험료를 초과하는 보장성 상품의 보험료에 관한 사항

피보험자가 생존 시 보험금의 합계액이 이미 납입된 보험료를 초과하는 보장성 상품의 보험료에 관한 ⅰ) 계약을 체결·관리하는데 사용되는 금액, ⅱ) 위험을 보장하는데 사용되는 금액, ⅲ) 특별계정을 설정·운용하는데 사용되는 금액, ⅳ) 중도인출수수료, ⅴ) 주된 위험보장사항·부수적인 위험보장사항 외의 서비스 제공을 위해 사용되는 금액, ⅵ) 계약 해지 시 공제되는 금액이 설명서에 포함되어야 한다(별표 4 제1호).

2) 피보험자가 생존 시 보험금의 합계액이 이미 납입된 보험료를 초과하지 않는
   보장성 상품에 관한 사항

피보험자가 생존 시 보험금의 합계액이 이미 납입된 보험료를 초과하지 않
는 보장성 상품에 관한 ⅰ) 보험업감독규정에 따른 보험가격지수[30] 및 보장범위
지수[31]에 관한 사항(예시를 포함)이 포함되어야 한다(가목 전단). 다만, 일반손해보
험[32]은 제외한다(가목 후단).

ⅱ) 계약체결비용지수 및 부가보험료지수(예시를 포함)[33]가 포함되어야 한다
(나목 전단). 다만, 다음의 어느 하나에 해당하는 경우는 설명하지 않아도 된다(나
목 후단). 즉 ㉠ 계약을 체결하는데 사용되는 금액("계약체결비용")이 보험업감독
규정 [별표 14][34]에 따른 표준해약공제액("표준해약공제액")보다 작거나 같은 경

---

30) 보험가격지수란 보험료총액을 참조순보험료(평균공시이율 및 참조순보험요율을 적용하여
   계산한 순보험료) 총액과 보험회사 평균사업비총액을 합한 금액으로 나눈 비율을 말한다
   (보험업감독규정7-45⑦ 및 1-2(18)).
31) 보장범위지수란 보험상품공시위원회에서 정하는 표준보장범위의 순보험료와 해당 보험상
   품의 순보험료를 나눈 비율을 말하며, 보장하지 않는 사유 및 기간 등을 설정한 제3보험
   상품 중 보험상품공시위원회에서 정하는 보험상품에 한한다(보험업감독규정7-45⑦).
32) "일반손해보험"이란 보험료를 산출시에 할인율을 적용하지 아니하고 순보험료가 위험보
   험료만으로 구성된 손해보험을 말한다(보험업감독규정1-2(11)).
33) 계약체결비용지수란 영업보험료에서 계약체결비용이 차지하는 비율을 말하고, 부가보험
   료지수란 영업보험료에서 순보험료를 제외한 금액이 차지하는 비율을 말한다(보험업감독
   규정7-45⑪).
34) [별표 14] 표준해약환급금계산시 적용되는 해약공제액

| 표준해약공제액 |
| --- |
| 연납순보험료의 5%×해약공제계수 + 보장성보험의 보험가입금액의 10/1,000 |

주) 1. 장기손해보험에서 연령에 관계없이 단일보험료를 적용하는 상품 및 비용손해담보
      상품의 경우에는 「보장성보험의 보험가입금액의 10/1,000」을 「보장성보험의 연납
      위험보험료의 45%」로 적용.
   2. 해약공제계수는 다음과 같이 적용함.
      - 보장성보험: 보험기간(최대 20년)
      - 저축성보험: 보험료 납입기간(최대 12년). 명칭을 불문하고 납입기간의 범위내
        에서 의무적으로 납입해야 하는 별도의 기간을 설정한 경우에는 당해 별도의
        납입기간을 보험료 납입기간으로 함. 다만, 일시납보험의 경우 납입기간을 1년
        으로 함.
   3. 연납순보험료 및 연납위험보험료는 다음과 같이 적용함.
      - 보장성보험: 전기납(단, 보험기간이 20년 이상인 경우 20년납)으로 조정하여 산
        출한 연납순보험료 및 연납위험보험료. 다만, 연납위험보험료 계산시 [별표 15]
        제9호 단서의 위험보험료 계산에 관한 규정을 준용한다.
      - 저축성보험: 납입기간(최대10년) 동안 동일하게 배분한 평균식 부가보험료를
        제외한 연간순보험료

우, ㉡ 위험보장 기간이 종신이고 사망 위험을 보장하는 보장성 상품의 계약체결 비용이 표준해약공제액의 1.4배(사망 외의 위험도 보장하는 보장성 상품인 경우에는 사망 위험에 한정하여 적용) 이내인 경우는 설명하지 않아도 된다(별표 4 제2호 본문).

이 경우 위의 나목은 보험업법에 따른 자동차보험계약에 적용하지 않는다 (별표 4 제2호 단서).

3) 자산연계형보험 등에 관한 사항

ⅰ) 자산연계형보험35): 적용이율 산출근거가 포함되어야 한다. 다만, 공시이율을 적용하는 경우는 제외한다(가목). ⅱ) 보험금이 금리 등에 연동되는 상품: 직전 1년간 적용금리의 변동현황이 포함되어야 한다, ⅲ) 만기 시 자동갱신되는 보장성 상품: 최대 갱신 가능나이 또는 75세 이상을 포함하여 최소 5개 이상 갱신시점의 예상 보험료는 설명서에 포함되어야 한다(별표 4 제3호).

(3) 설명자의 서명

설명서에는 일반금융소비자에게 설명한 내용과 실제 설명서의 내용이 같다는 사실에 대해 설명을 한 사람의 서명(전자서명을 포함)이 있어야 한다(영14② 본문). 다만, ⅰ) 예금성 상품 또는 대출성 상품에 관한 계약, ⅱ) 전자적 장치를 이용한 자동화 방식을 통해서만 서비스가 제공되는 계약에 대한 설명서는 제외한다(영14② 단서).

## 3. 설명서 제공 및 확인의무

### (1) 설명서 제공의무

금융상품판매업자등은 설명을 하기 전에 ⅰ) 서면 교부, ⅱ) 우편 또는 전자

---

4. 보험기간이 종신인 생존연금보험(연금저축보험은 제외) 표준해약공제액의 경우에는 연납순보험료의 6%를 적용하되, 연납순보험료의 5%와 해약공제계수 12년을 적용하여 산출한 해약공제액을 초과할 수 없음.

5. 연금저축보험 표준해약공제액의 경우에는 연납순보험료의 4%(무배당 연금저축보험은 3%)를 적용함.

6. 보험계약 체결에 사용할 금액을 보험료 납입기간 동안 보험료에 부가하는 저축성 보험의 경우에는 보험료에 부가된 금액을 평균공시이율로 할인하여 표준해약공제액에서 차감하여 적용함.

7. 실손의료보험은 「보장성보험의 보험가입금액의 10/1,000」을 「보장성보험의 연납위험보험료의 15%」로 적용함.

35) "자산연계형보험"이란 특정자산의 수익률 또는 지표 등에 연계하여 보험료적립금 적용이율이 변동되고 특별계정으로 설정·운용되는 금리연동형보험을 말한다(보험업감독규정 1-2(8)).

우편, iii) 휴대전화 문자메시지 또는 이에 준하는 전자적 의사표시의 방법으로 일반금융소비자에게 설명서를 제공해야 한다(법19② 본문, 영14③). 전자적 의사표시에는 전자적 장치(모바일 앱, 태블릿 등)의 화면을 통해 설명서 내용을 보여주는 것도 포함된다.

### (2) 설명내용 확인의무

금융상품판매업자등은 설명한 내용을 일반금융소비자가 이해하였음을 서명, 기명날인, 녹취의 방법으로 확인을 받아야 한다(법19② 본문).

### (3) 설명서 제공의무의 예외

금융소비자 보호 및 건전한 거래질서를 해칠 우려가 없는 경우로서 다음의 경우에는 설명서를 제공하지 아니할 수 있다(법19② 단서, 영14④).

#### (가) 자문업자의 소비자 자문에 대한 답변 등

금융상품자문업자가 ⅰ) 해당 금융소비자의 자문에 대한 답변 및 그 근거, ⅱ) 자문의 대상이 된 금융상품의 세부정보 확인 방법이 포함된 서류를 일반금융소비자에게 제공한 경우에는 설명서를 제공하지 아니할 수 있다(영14④(1)).

#### (나) 온라인투자연계금융업자가 소비자에게 제공·설명한 경우

온라인투자연계금융업자가 일반금융소비자에게 ⅰ) 대출예정금액, 대출기간, 대출금리, 상환 일자·일정·금액 등 연계대출의 내용, ⅱ) 차입자에 대한 정보확인절차에 따라 확인한 차입자에 관한 사항, ⅲ) 연계투자에 따른 위험, ⅳ) 수수료·수수료율, ⅴ) 이자소득에 대한 세금·세율, ⅵ) 연계투자 수익률·순수익률, ⅶ) 투자자가 수취할 수 있는 예상 수익률, ⅷ) 담보가 있는 경우에는 담보가치, 담보가치의 평가방법, 담보설정의 방법 등에 관한 사항, ⅸ) 채무불이행 시 추심, 채권매각 등 원리금상환 절차 및 채권추심수수료 등 관련비용에 관한 사항, ⅹ) 연계대출채권 및 차입자 등에 대한 사항에 변경이 있는 경우에는 그 변경된 내용, ⅺ) 계약의 해제·해지에 관한 사항, ⅻ) 같은 차입자에 대한 연계대출 현황, ⅹⅲ) 같은 차입자와 같은 조건의 연계대출 계약을 다시 체결하기 위한 목적으로 투자자를 재모집하는 연계투자상품 및 연계대출 금액을 분할하여 모집하는 연계투자상품의 경우 위험성이 높다는 경고 문구, ⅹⅳ) 그 밖에 연계투자상품의 유형에 따라 금융감독원장이 정하는 정보의 세부사항[36]을 모두 제공한

---

36) "연계투자상품의 유형에 따라 금융감독원장이 정하는 정보의 세부사항"은 다음과 같다(온라인투자연계금융업 감독규정 시행세칙11).

1. 부동산 개발사업(부동산 프로젝트파이낸싱) 연계대출·투자상품
   가. 사업 진행상의 리스크관리 및 프로젝트 완료시 사업대상 부동산의 가치평가 등 사업성 평가 자료
   나. 담보설정내용 및 담보물에 대한 감정평가서 등 담보물의 가치평가에 대한 객관적 자료, 담보 처분계획
   다. 선순위 채권 현황
   라. 선순위채권 등을 고려한 담보물 회수예상가액
   마. 사업대상 부동산의 주소, 프로젝트 완료시 소유권보존 및 이전 등 부동산등기에 관한 사항
   바. 차입자의 상환계획
   사. 시행사 및 시공사의 명칭, 개황, 사업실적
   아. 시공사의 책임준공약정의 내용
   자. 가목부터 아목까지의 사항에 대해 회계사·변호사·감정평가사 등 전문가로부터 확인받은 사항
   차. 차입자가 온라인투자연계금융업자(연계대출을 실행하려는 해당 온라인투자연계업자 및 다른 온라인투자연계금융업자를 포함한다. 다만, 2021년 4월 30일까지는 해당 온라인투자연계금융업자로 한정)로부터 받은 연계대출 잔액
   카. 과거 온라인투자연계금융업자로부터 온라인투자연계대출을 받은 후 상환한 내역
   타. 해당 온라인투자연계금융업자의 연계대출채권 연체율 및 해당 연계대출이 포함된 연계대출상품 유형의 연체율
2. 부동산 담보 연계대출·투자상품
   가. 담보물에 대한 감정평가서 등 담보물의 가치평가에 대한 객관적 증빙
   나. 선순위 채권 현황
   다. 선순위채권 등을 고려한 담보물 회수예상가액
   라. 담보 부동산의 주소 및 담보설정 등 부동산등기에 관한 사항
   마. 차입자의 상환계획
   바. 담보설정내용 및 담보처분계획
   사. 가목부터 바목까지의 사항에 대해 회계사·변호사·감정평가사 등 전문가로부터 확인받은 사항
   아. 제1호 차목부터 타목까지의 사항
3. 기타 담보 연계대출·투자상품(어음·매출채권 담보 연계대출·투자상품 제외)
   가. 담보물에 대한 감정평가서 등 담보물의 가치평가에 대한 객관적 자료
   나. 선순위 채권 현황
   다. 선순위채권 등을 고려한 담보물 회수예상가액
   라. 차입자의 상환계획
   마. 담보설정내용 및 담보처분계획
   바. 제1호 차목부터 타목까지의 사항
4. 어음·매출채권 담보 연계대출·투자상품
   가. 어음의 내용(어음금액, 만기, 어음채무자의 항변사항 등 어음의 성립 및 행사에 관한 사항), 매출채권의 내용(매출채권 금액, 변제기 등 매출채권의 성립 및 행사에 관한 사항)에 관한 사항
   나. 어음·매출채권의 만기와 연계대출채권의 만기가 불일치하는 경우, 담보권의 실행 및 담보실행 가액의 보존·관리에 관한 사항
   다. 차입자의 상환계획
   라. 담보설정 및 담보처분계획

경우에는 설명서를 제공하지 아니할 수 있다(영14④(2) 전단, 온라인투자연계금융업법22①, 온라인투자연계금융업 감독규정 23①).

또한 온라인투자연계금융업자가 일반금융소비자에게 ⅰ) 온라인투자연계금융업자 및 차입자의 명칭 또는 성명 및 주소 또는 소재지, ⅱ) 계약일자, ⅲ) 대출금액, ⅳ) 대출이자율 및 연체이자율, ⅴ) 수수료 등 부대비용, ⅵ) 변제기간 및 변제방법, ⅶ) 손해배상액 또는 강제집행에 관한 약정이 있는 경우에는 그 내용, ⅷ) 채무의 조기상환 조건, ⅸ) 대출원리금의 변제순서에 관한 약정이 있는 경우에는 약정내용에 관한 사항, ⅹ) 채무와 관련된 증명서 발급비용과 발급기한에 관한 사항, ⅺ) 연계대출계약의 변경 및 해제·해지에 관한 사항, ⅻ) 대출채권의 추심절차에 관한 사항을 모두 설명한 경우에는 설명서를 제공하지 아니할 수 있다(영14④(2) 후단. 온라인투자연계금융업법24①, 온라인투자연계금융업법 시행령 22①).

---

　　마. 차입자가 개인인 경우, 차입자에 대한 제5호 각 목의 사항
　　바. 차입자가 법인인 경우, 차입자에 대한 제6호 각 목의 사항
　　사. 어음의 발행인·매출채권 등의 상환의무자("상환의무자")가 개인인 경우, 상환의무자에 대한 제5호 각 목의 사항
　　아. 상환의무자가 법인인 경우, 상환의무자에 대한 제6호 각 목(제6호 가목의 대표자의 신용등급은 제외)의 사항
　　자. 제1호 차목부터 타목까지의 사항
　5. 차입자가 개인인 신용 연계대출·투자상품
　　가. 차입자의 신용등급(내부평가기준에 따른 등급인지, 외부 평가기관의 평가등급인지 구분하여 명시할 것)
　　나. 최근 1년간 대출 연체기록
　　다. 차입목적
　　라. 개인파산·개인회생 등 채무불이행 기록 관련 사항
　　마. 차입자의 상환계획
　　바. 제1호 차목부터 타목까지의 사항
　　사. 차입자가 개인사업자인 경우에는 제6호 라목·마목 및 바목의 사항
　6. 차입자가 법인인 신용 연계대출·투자상품
　　가. 차입자 및 대표자의 신용등급(내부평가기준에 따른 등급인지, 외부 평가기관의 평가등급인지 구분하여 명시할 것)
　　나. 최근 1년간 대출 연체기록
　　다. 차입목적
　　라. 차입자의 직전년도 결산 재무제표
　　마. 자산 및 부채현황
　　바. 매출현황
　　사. 연대보증 유무
　　아. 차입자의 상환계획
　　자. 제1호 차목부터 타목까지의 사항

### (다) 대부업자 또는 대부중개업자가 설명한 경우

대부업자 또는 대부중개업자가 일반금융소비자에게 ⅰ) 대부업자(그 영업소를 포함) 및 거래상대방의 명칭 또는 성명 및 주소 또는 소재지, ⅱ) 계약일자, ⅲ) 대부금액, ⅳ) 최고이자율, ⅴ) 대부이자율(이자율의 세부내역 및 연 이자율로 환산한 것을 포함), ⅵ) 변제기간 및 변제방법, ⅶ) 변제방법이 계좌이체 방식인 경우에는 변제를 받기 위한 대부업자 명의의 계좌번호, ⅷ) 해당 거래에 관한 모든 부대비용, ⅸ) 손해배상액 또는 강제집행에 관한 약정이 있는 경우에는 그 내용, ⅹ) 보증계약을 체결한 경우에는 그 내용, ⅺ) 채무의 조기상환수수료율 등 조기상환조건, ⅻ) 연체이자율, ⅹⅲ) 대부업등 등록번호, ⅹⅳ) 기한의 이익 상실에 관한 약정이 있는 경우에는 그 내용, ⅹⅴ) 대부원리금의 변제 순서에 관한 약정이 있는 경우에는 그 내용, ⅹⅵ) 채무 및 보증채무와 관련된 증명서의 발급비용과 발급기한을 모두 설명한 경우에는 설명서를 제공하지 아니할 수 있다(영14④(3), 대부업법6①, 대부업법 시행령4①).

### (라) 동일 내용의 계약 갱신의 경우

기존 계약과 동일한 내용으로 계약을 갱신하는 경우에는 설명서를 제공하지 아니할 수 있다(영14④(4)).

### (마) 계속적·반복적 거래의 경우

기본 계약을 체결하고 그 계약내용에 따라 계속적·반복적으로 거래를 하는 경우에는 설명서를 제공하지 아니할 수 있다(영14④(5), 감독규정13②(1)).

### (바) 동일한 계약을 반복하여 체결하는 경우

ⅰ) 해상보험계약(항공·운송보험계약을 포함),[37] 또는 ⅱ) 여객자동차 운수사

---

37) 해상보험(항공·운송보험 포함)은 해상사업에 관한 사고로 인하여 발생하는 손해에 관하여 금전 및 그 밖의 급여를 지급할 것을 약속하고 대가를 수수하는 보험이다. 이 경우 항공기·육상운송물·인공위성 등에 관하여 사고로 인하여 생긴 손해를 보상하는 항공·운송보험은 해상보험으로 본다(보험업감독규정 별표 1). 해상보험(항공·운송보험 포함)은 ⅰ) 적하보험: 화물의 해상운송 위험을 보장, ⅱ) 선박보험: 선박에 대한 손해를 보장, ⅲ) 해양종합: 해양건설위험 등 해상활동 중 위험을 보장, ⅳ) 해양책임: 해양오염배상책임보험 등 해상에서의 배상책임을 보장(선박, 해양종합 제외), ⅴ) 운송: 육상 및 내륙운송화물의 위험보장, ⅵ) 항공(재물): 항공기의 운항, 항행등 항공기 관련 손해보장, ⅶ) 항공(배상책임): 항공기사고와 관련한 손해배상책임보장, ⅷ) 우주(재물): 인공위성 등의 성공적 발사, 임무수행등에 관련된 위험보장, ⅸ) 우주(배상책임): 인공위성 등의 사고와 관련한 손해배상책임보장, ⅹ) 해상기타: 상기분류에 속하지 않는 해상보험 종목이다(표준사업방법서 부표 1).

업법에 따른 여객자동차 운송사업 등 영업을 목적으로 체결하는 자동차보험계
약38)으로서 동일한 계약을 반복하여 체결하는 경우에는 설명서를 제공하지 아니
할 수 있다(감독규정13②(2)).

### (사) 여행업자 등에게 설명서를 제공한 경우

ⅰ) 관광진흥법에 따라 등록한 여행업자가 여행자를 위하여 일괄 체결하는
보험계약(보험업법 시행령42의5① 가목): 여행자인 일반금융소비자를 위해 해당 계
약을 체결한 관광진흥법 제4조에 따라 등록한 여행업자, 또는 ⅱ) 구성원이 5명
이상인 단체가 그 단체의 구성원을 위해 체결하는 계약: 일반금융소비자가 속한
해당 단체 또는 그 단체의 대표자에게 설명서를 제공한 경우에는 설명서를 제공
하지 아니할 수 있다(감독규정13②(3)).

### (아) 전화를 이용한 모집자의 보장성 상품에 관한 계약 대리·중개의 경우

전화를 이용하여 모집하는 자39)가 보장성 상품에 관한 계약의 체결을 대
리·중개하는 경우에는 설명서를 제공하지 아니할 수 있다(감독규정13②(4)).

### (자) 방문판매법에 따른 전화권유판매업자가 대출성 상품에 관한 계약 대리·
### 중개의 경우

전화권유판매업자40)가 대출성 상품에 관한 계약의 체결을 대리·중개하는
경우에는 설명서를 제공하지 아니할 수 있다(감독규정13②(5)). 이 경우 전화로 설
명한 내용과 설명서가 일치하고, 전화로 설명한 내용을 녹취하는 경우로 한정한

---

38) 자동차보험은 자동차를 소유·사용·관리하는 것과 관련한 사고로 인하여 발생하는 손해
  에 관하여 금전 및 그 밖의 급여를 지급할 것을 약속하고 대가를 수수하는 보험이다(보험
  업감독규정 별표 1). 자동차보험은 ⅰ) 개인용자동차보험: 법정 정원 10인승 이하의 개인
  소유 자가용 승용차. 다만, 인가된 자동차학원 또는 자동차학원 대표자가 소유하는 자동
  차로서 운전교습, 도로주행교육 및 시험에 사용되는 승용자동차는 제외, ⅱ) 업무용자동
  차보험: 개인용 자동차를 제외한 모든 비사업용 자동차, ⅲ) 영업용자동차보험: 사업용 자
  동차, ⅳ) 이륜자동차보험: 이륜자동차 및 원동기장치자전거, ⅴ) 농기계보험: 동력경운기,
  농용트랙터 및 콤바인 등 농기계 등이다(표준약관).
39) 통신수단 중 전화를 이용하여 모집하는 자는 보험계약의 청약이 있는 경우 보험계약자의
  동의를 받아 청약 내용, 보험료의 납입, 보험기간, 고지의무, 약관의 주요 내용 등 보험계
  약 체결을 위하여 필요한 사항을 질문 또는 설명하고 그에 대한 보험계약자의 답변 및 확
  인 내용을 음성녹음하는 등 증거자료를 확보·유지하여야 하며, 우편이나 팩스 등을 통하
  여 지체 없이 보험계약자로부터 청약서에 자필서명을 받아야 한다(보험업법 시행령43②).
40) "전화권유판매업자"란 전화권유판매를 업으로 하기 위하여 전화권유판매조직을 개설하거
  나 관리·운영하는 자를 말하고(방문판매법2(4)), "전화권유판매"란 전화를 이용하여 소비
  자에게 권유를 하거나 전화회신을 유도하는 방법으로 재화등을 판매하는 것을 말한다(방
  문판매법2(3)),

다(감독규정13②(5)).

### (차) 보장성 상품에 관한 중요사항을 청약서에 반영한 경우

보장성 상품에 관한 중요한 사항(법19① 각 호)을 청약서에 반영한 경우에는 설명서를 제공하지 아니할 수 있다(감독규정13②(6)). 이 경우 개인 또는 가계의 일상생활에서 발생 가능한 위험을 보장하고 위험보장을 받는 사람이 보험료를 모두 부담하는 보험계약으로서 다음의 어느 하나에 해당하는 보장성 상품만 해당한다(감독규정13②(6)).

즉 ⅰ) 보장기간이 1년 초과 3년 이하인 보장성 상품으로서 ㉠ 월보험료가 5만원 이하인 계약, ㉡ 연간보험료가 60만원 이하인 계약, 또는 ⅱ) 여행 중 발생 가능한 위험을 보장하는 보장성 상품만 해당한다. 이 경우 자동차손해배상 보장법에 따른 책임보험[41]은 제외한다(감독규정13②(6)).

### 4. 중요사항의 거짓 · 왜곡 설명 및 누락 금지

금융상품판매업자등은 설명을 할 때 앞에서 살펴본 금융상품 유형별 중요사항, 연계 · 제휴서비스등에 관한 사항, 청약 철회의 기한 · 행사방법 · 효과에 관한 사항, 그리고 기타 금융소비자보호를 위한 사항(법19① 각 호)을 거짓으로 또는 왜곡(불확실한 사항에 대하여 단정적 판단을 제공하거나 확실하다고 오인하게 할 소지가 있는 내용을 알리는 행위)하여 설명하거나 금융상품 유형별 중요사항, 연계 · 제휴서비스등에 관한 사항, 청약 철회의 기한 · 행사방법 · 효과에 관한 사항, 그리고 기타 금융소비자보호를 위한 사항(법19① 각 호)을 빠뜨려서는 아니 된다(법19③, 영13⑨).

### 5. 위반시 제재

#### (1) 과징금

금융위원회는 금융상품직접판매업자 또는 금융상품자문업자가 중요사항 설

---

41) 책임보험은 피보험자가 사고로 인하여 제3자에게 배상책임을 지게 됨으로써 발생하는 손해에 관하여 금전 및 그 밖의 급여를 지급할 것을 약속하고 대가를 수수하는 보험이다(표준사업방법서 부표 1). 자동차손해배상 책임보험이란 자동차보유자와 보험회사가 자동차의 운행으로 다른 사람이 사망하거나 부상한 경우 자동차손해배상 보장법에 따른 손해배상책임을 보장하는 내용을 약정하는 보험을 말한다(자동차손해배상 보장법2(5)). 자동차손해배상 책임보험은 영리를 목적으로 하는 민영손해보험회사가 담당하도록 하면서도 그 가입은 강제된다.

명의무 내용인 금융상품 유형별 중요사항, 연계·제휴서비스등에 관한 사항, 청약 철회의 기한·행사방법·효과에 관한 사항, 그리고 기타 금융소비자보호를 위한 사항(법19①)을 위반하여 중요한 사항을 설명하지 아니하거나 설명서 제공 및 확인의무(법19②) 규정을 위반하여 설명서를 제공하지 아니하거나 확인을 받지 아니한 경우 그 위반행위와 관련된 계약으로 얻은 수입 또는 이에 준하는 금액("수입등")의 50% 이내에서 과징금을 부과할 수 있다(법57① 본문). 다만, 위반행위를 한 자가 그 위반행위와 관련된 계약으로 얻은 수입등이 없거나 수입등의 산정이 곤란한 경우로서 대통령령으로 정하는 경우에는 10억원을 초과하지 아니하는 범위에서 과징금을 부과할 수 있다(법57① 단서).

### (2) 과태료

중요사항 설명의무 내용인 금융상품 유형별 중요사항, 연계·제휴서비스등에 관한 사항, 청약 철회의 기한·행사방법·효과에 관한 사항, 그리고 기타 금융소비자보호를 위한 사항(법19①)을 위반하여 중요한 사항을 설명하지 아니하거나 설명서 제공 및 확인의무(법19②) 규정을 위반하여 설명서를 제공하지 아니하거나 확인을 받지 아니한 자에게는 1억원 이하의 과태료를 부과한다(법69①(2)).

금융상품판매대리·중개업자가 금융상품계약체결등의 업무를 대리하거나 중개하게 한 금융상품판매대리·중개업자가 중요사항 설명의무 내용인 금융상품 유형별 중요사항, 연계·제휴서비스등에 관한 사항, 청약 철회의 기한·행사방법·효과에 관한 사항, 그리고 기타 금융소비자보호를 위한 사항(법19①)을 위반하여 중요한 사항을 설명하지 아니하거나 설명서 제공 및 확인의무(법19②) 규정을 위반하여 설명서를 제공하지 아니하거나 확인을 받지 아니한 경우에 그 업무를 대리하거나 중개하게 한 금융상품판매대리·중개업자에게는 1억원 이하의 과태료를 부과한다(법69①(6) 본문 가목). 다만, 업무를 대리하거나 중개하게 한 금융상품판매대리·중개업자로서 그 위반행위를 방지하기 위하여 해당 업무에 관하여 적절한 주의와 감독을 게을리하지 아니한 자는 제외한다(법69①(6) 단서).

## Ⅳ. 불공정영업행위의 금지

금융상품판매업자등은 금융소비자에 비해 우월적 지위에 있기 때문에 이러한 지위를 남용하게 되는 경우 금융소비자의 권익을 크게 해할 우려가 있다. 이에 금융소비자보호법은 금융상품판매업자등의 우월적 지위 남용행위를 엄격하게 금지하고 있다.

금융상품판매업자등은 우월적 지위를 이용하여 금융소비자의 권익을 침해하는 다음의 어느 하나에 해당하는 행위("불공정영업행위")를 해서는 아니 된다(법 20①).

## 1. 대출성 상품에 관한 구속성 금융상품 계약의 체결 금지

대출성 상품에 관한 계약체결과 관련하여 금융소비자의 의사에 반하여 다른 금융상품의 계약체결을 강요하는 행위는 금지된다(법20①(1)). 금융상품판매업자 등이 우월적 지위를 이용하여 거래를 강요하는 거래행태를 구속성 거래(은행의 경우 소위 "꺾기")라고 한다.

구속성 금융상품계약체결 금지규정은 적합성원칙, 적정성원칙, 설명의무와 달리 전문금융소비자와 일반금융소비자를 구별하지 않고 있다. 이는 실제 기업 여신과 관련하여 꺾기 등의 불공정영업행위가 많이 발생하고 있는 점을 고려한 규정이다.

### (1) 제3자 명의 계약체결 강요행위 금지

금융소비자에게 제3자의 명의를 사용하여 다른 금융상품의 계약을 체결할 것을 강요하는 행위는 금지된다(영15④(1) 가목).

### (2) 다른 직접판매업자를 통한 다른 상품의 계약체결 강요행위 금지

금융소비자에게 다른 금융상품직접판매업자를 통해 다른 금융상품에 관한 계약을 체결할 것을 강요하는 행위는 금지된다(영15④(1) 나목).

### (3) 중소기업의 대표자 · 임원 · 직원 등에 다른 상품의 계약체결 강요행위 금지

금융소비자가 중소기업기본법에 따른 중소기업인 경우 그 대표자 또는 관계인에게 다른 금융상품의 계약체결을 강요하는 행위는 금지된다(영15④(1) 다목). 여기서 중소기업의 대표자 또는 관계인이란 ⅰ) 통계청장이 고시하는 한국표준산업분류에 따른 금융업,[42] 보험 및 연금업,[43] 또는 금융 및 보험 관련 서비스

---

42) 자금을 여 · 수신하는 활동을 수행하는 각종 은행 및 저축기관, 증권 발행 및 신탁 등으로 모집한 자금을 자기계정으로 유가증권 및 기타 금융자산에 투자하는 기관, 금융리스 · 개발금융 · 신용카드 및 할부금융 등을 수행하는 여신전문금융기관, 그 외 공공기금 관리 · 운용기관과 지주회사 등이 수행하는 산업활동을 포함한다.

43) 장 · 단기에 발생할 수 있는 생명 또는 사고의 위험을 분산시킬 목적으로 기금을 조성 · 관

업[44])을 영위하는 중소기업, 또는 ⅱ) 은행법에 따른 주채무계열[45])에 속하는 중소기업에 해당하지 않는 중소기업의 대표자·임원·직원 및 그 가족인 배우자 및 직계혈족으로 한정한다(감독규정14③).

### (4) 금전제공계약의 최초 이행 전·후 1개월 내의 보장성·투자성·예금성 상품 계약금지

대출성 상품에 관한 계약("금전제공계약")을 체결하고 계약이 최초로 이행된 날 전·후 각각 1개월 내에 다음의 구분에 따른 계약을 체결하는 행위는 금지된다(영15④(1) 라목, 감독규정14④).

### (가) 보장성 상품 또는 투자성 상품에 관한 계약

대출성 상품에 관한 계약("금전제공계약")을 체결하고 계약이 최초로 이행된 날 전·후 각각 1개월 내에 보장성 상품 또는 투자성 상품에 관한 다음의 계약을 체결하는 행위는 금지된다. 여기서 보장성 상품 또는 투자성 상품은 집합투자증권, 금전에 대한 신탁계약, 투자일임계약 및 연계투자에 관한 계약으로 한정한다(감독규정14④(1)).

1) 중소기업 및 그 기업의 대표자 등의 금융소비자와의 계약

ⅰ) 중소기업 및 그 기업의 대표자, ⅱ) 개인신용평점이 하위 10%에 해당하는 사람, 또는 ⅲ) 피성년후견인 또는 피한정후견인에 해당하는 금융소비자와의 계약을 체결하는 행위는 금지된다(감독규정14④(1) 가목).

2) 중소기업 및 그 기업의 대표자 등 이외의 금융소비자와의 계약

가) 금지되는 계약

위의 ⅰ) 중소기업 및 그 기업의 대표자, ⅱ) 개인신용평점이 하위 10%에 해당하는 사람, 그리고 ⅲ) 피성년후견인 또는 피한정후견인에 해당하지 않는 금융소비자와의 계약을 체결하는 행위는 금지된다(감독규정14④(1) 나목).

즉 금융소비자(투자성 상품인 경우 개인인 금융소비자에 한정)가 계약에 따라 매월 금융상품직접판매업자에 지급해야 하는 금액("월지급액")이 금전제공계약에

---

리하는 보험업과 노후 또는 퇴직 후의 소득 보장기금을 조성하여 관리하는 개인 및 단체 공제사업 또는 연금사업을 포함한다.
44) 금융업 및 보험업의 원활한 수행을 위하여 제공되는 각종 관련 서비스활동을 포함한다.
45) 은행법에 따른 주채무계열이란 직전 사업연도말 총차입금이 전전년도 명목 국내총생산의 1,000분의 1 이상이고, 전년말 현재 금융기관으로부터의 신용공여 잔액이 전전년말 현재 금융기관의 전체 기업 신용공여잔액 대비 100,000분의 75 이상인 계열기업군을 말한다(은행업감독규정79①).

따라 금융소비자가 제공받거나 받을 금액의 1,000분의 10을 초과하는 경우에 해당하는 계약을 체결하는 행위는 금지된다(감독규정14④(1) 나목).

나) 월지급액: 월 단위로 환산한 금액

금융소비자(투자성 상품인 경우 개인인 금융소비자에 한정)가 계약에 따라 매월 금융상품직접판매업자에 지급해야 하는 금액인 월지급액이 "금융감독원장이 정한 바에 따라 산출한 금액"으로서 월 단위로 지급하는 방식이 아닌 경우에는 월 단위로 환산한 금액을 말한다(감독규정14④(1) 나목).

여기서 "금융감독원장이 정한 바에 따라 산출한 금액"이란 다음을 의미한다(금융소비자 보호에 관한 감독규정 시행세칙3 전단, 이하 "시행세칙"). 이 경우 금융소비자가 2개 이상의 계약을 체결한 경우에는 이를 합산한다(시행세칙3 후단).

ⅰ) 월납입식 계약인 경우에는 월 납입금액을 말한다(제1호).

ⅱ) 정기납입식 계약인 경우에는 월납 기준으로 환산한 금액을 말한다(제2호 본문). 다만 정기납 주기가 1년 이상인 경우에는 초회 납입금액을 제4호에 따른 일시납 계약의 일시에 수취하는 금액으로 간주하여 계산한다(제2호 단서).

ⅲ) 자유적립식 계약의 경우 금전제공일 1개월 전부터 금전제공일까지 납입된 금액과 금전제공일 후 1개월 이내에 납입된 금액 중 큰 금액을 말한다(제3호).

ⅳ) 일시납 계약의 경우 만기 또는 유효기간이 정해진 상품은 일시에 수취하는 금액을 만기 또는 유효기간까지의 개월수로 나눈 금액을 말한다(제4호 본문). 다만, 만기 또는 유효기간이 1년 이상인 계약, 또는 만기 또는 유효기간이 정하여지지 않은 계약에 해당하는 경우에는 일시납 금액을 12개월로 하여 나눈 금액을 적용한다(제4호 단서).

ⅴ) 일시납과 정기납 등이 혼합된 계약의 경우에는 제1호부터 제4호의 기준에 따라 각각 계산한 후 합산한다(제5호).

## (나) 예금성 상품에 관한 계약

대출성 상품에 관한 계약("금전제공계약")을 체결하고 계약이 최초로 이행된 날 전·후 각각 1개월 내에 예금성 상품(금융소비자가 입금과 출금을 수시로 할 수 있는 금융상품은 제외)에 관한 계약을 체결하는 행위는 금지된다. 즉 금융소비자(중소기업 및 그 기업의 대표자, 개인신용평점이 하위 10%에 해당하는 사람, 또는 피성년후견인 또는 피한정후견인에 한정)의 월지급액이 금전제공계약에 따라 금융소비자가 제공받거나 받을 금액의 1,000분의 10을 초과하는 경우는 금지된다(감독규정14④(2) 나목 본문). 다만, ⅰ) 월지급액이 10만원 이하인 경우, 또는 ⅱ) 계약에 따라 금융상품직접판매업자에 지급하는 금액이 총 100만원 이하인 경우는 제외한다(감독규정14④(2) 나목 단서).

### (다) 위 (가) 및 (나)의 상품에 관한 계약의 예외

다음의 어느 하나에 해당하는 경우에는 위 (가) 및 (나)의 보장성 상품 또는 투자성 상품에 관한 계약이나 예금성 상품에 관한 계약으로 보지 않는다(감독규정14⑤). 따라서 다음의 구분에 따른 계약은 허용된다.

#### 1) 지급보증 등에 관한 계약인 경우

금전제공계약이 ⅰ) 지급보증,[46] ⅱ) 보험약관에 따른 대출(보험업법105(6))[47]에 관한 계약, ⅲ) 신용카드 및 신용카드 회원에 대한 자금의 융통,[48] ⅳ) 자본시장법 제72조 제1항에 따른 신용공여[49]의 금융상품에 관한 계약인 경우에는 허용

---

[46] 지급보증은 은행 등의 금융기관 등이 상품으로 취급하는 보증계약을 말한다. 은행법 제2조 제1항 제6호는 "지급보증"이란 은행이 타인의 채무를 보증하거나 인수하는 것을 말한다고 규정한다. 지급보증은 민법 제428조의 보증채무를 지는 계약, 즉 보증계약의 일종으로서 보증인이 주채무자로부터 수수료 등의 대가를 받고(즉 상행위로서) 채권자와 체결한다는 특성을 갖는다.

[47] 약관대출(보험계약대출)은 보험회사가 자신과 보험계약을 체결한 금융소비자에게 대출원금 및 이자의 합계가 보험금 또는 해약환급금을 초과하지 않는 범위에서 체결하는 대출계약이다. 약관대출은 금융소비자가 장래에 받을 보험금 또는 해지환급금을 미리 지급받는 것으로 일반적인 대출과 그 성격이 다르다. 약관대출에서 이자는 금전사용에 대한 반대급부가 아니라 보험회사가 책임준비금을 운용하여 얻을 수 있는 이익에 대한 보상 내지 보험금 또는 해약환급금의 선급에 대한 반대급부이다. 따라서 이자율은 해약환급금 계산시 적용되는 이율에 보험회사가 정하는 이율이 가산된다. 또한 이자를 납입하지 않더라도 연체이자가 부과되지 않고, 미납이자를 대출원금에 합산한다.

[48] 신용카드업자는 신용카드회원(개인회원으로 한정됨)에 대한 자금의 융통이 허용되어 있다(여신전문금융업법13①, 여신전문금융업법 시행령6의5③). 법문의 규정만으로 보면 여신전문금융회사의 대출업무와 신용카드업자의 자금의 융통 업무 간 차이가 없다고 볼 수 있다. 그러나 여신전문금융회사의 대출업무는 신용카드회원 가입 여부에 관계없는 일반적인 대출업무이고, 신용카드업자의 자금융통은 신용카드회원이 신용카드를 활용하여 별도의 대출계약 체결 없이 자금을 융통받는 것으로 단기카드대출(현금서비스)과 장기카드대출(카드론)을 말한다. 단기카드대출(현금서비스)은 현금지급기에서 현금서비스를 받기 위한 신용카드의 사용이다. 장기카드대출(카드론)을 신용카드회원 본인의 신용도와 카드이용실적에 따라 카드사에서 대출해주는 장기(2개월 이상) 금융상품을 말한다.

[49] 자본시장법은 투자매매업자 및 투자중개업자의 신용공여(자본시장법72)를 허용하고 있다. 투자매매·중개업자의 신용공여는 일반적으로 "미수거래" 등으로 인식되고 있어 대출과 다른 것으로 인식되고 있지만, 그 본질은 대출이다. "신용공여"란 투자매매업자 또는 투자

된다(감독규정14⑤(1)).

　2) 주택담보노후연금보증에 의한 대출과 연계한 보험계약

　주택담보노후연금보증[50])에 의한 대출과 연계하여 상해보험,[51]) 질병보험,[52]) 또는 간병보험[53])(보험업법4①(3))에 해당하는 보험에 관한 계약을 체결한 경우에는 허용된다(감독규정14⑤(2)).

　3) 중소기업이 아닌 기업과의 퇴직보험 등에 관한 계약

　중소기업이 아닌 기업과 ⅰ) 자산관리업무에 관한 계약,[54]) ⅱ) 퇴직보험,[55])

---

중개업자가 증권에 관련하여 ⅰ) 모집·매출, 주권상장법인의 신주발행에 따른 주식을 청약하여 취득하는데 필요한 자금의 대출("청약자금대출")(가목), ⅱ) 증권시장에서의 매매거래(다자간매매체결회사에서의 매매거래를 포함)를 위하여 투자자(개인에 한한다)에게 제공하는 매수대금의 융자("신용거래융자") 또는 매도증권의 대여("신용거래대주")(나목), ⅲ) 투자자 소유의 전자등록주식등(전자증권법에 따른 전자등록주식등) 또는 예탁증권을 담보로 하는 금전의 융자("증권담보융자")(이 경우 매도되었거나 환매 청구된 전자등록주식등 또는 예탁증권을 포함)(다목) 방법으로 투자자에게 금전을 대출하거나 증권을 대여하는 것을 말한다(자본시장법 시행령69③, 금융투자업규정4-21(1)).

50) "주택담보노후연금보증"이란 주택소유자가 주택에 저당권 설정 또는 주택소유자와 공사가 체결하는 신탁계약(주택소유자 또는 주택소유자의 배우자를 수익자로 하되, 공사를 공동수익자로 하는 계약)에 따른 신탁을 등기하고 금융기관으로부터 대통령령으로 정하는 연금방식으로 노후생활자금을 대출받음으로써 부담하는 금전채무를 공사가 계정의 부담으로 보증하는 행위를 말한다. 이 경우 주택소유자 또는 주택소유자의 배우자가 대통령령으로 정하는 연령 이상이어야 하며, 그 연령은 공사의 보증을 받기 위하여 최초로 주택에 저당권 설정 등기 또는 신탁 등기를 하는 시점을 기준으로 한다(한국주택금융공사법2(8의2)).

51) 상해보험은 사람의 신체에 입은 상해에 대하여 치료에 소요되는 비용 및 상해의 결과에 따른 사망 등의 위험에 관하여 금전 및 그 밖의 급여를 지급할 것을 약속하고 대가를 수수하는 보험이다(보험업감독규정 별표 1).

52) 질병보험은 사람의 질병 또는 질병으로 인한 입원·수술 등의 위험(질병으로 인한 사망을 제외)에 관하여 금전 및 그 밖의 급여를 지급할 것을 약속하고 대가를 수수하는 보험이다(보험업감독규정 별표 1).

53) 간병보험은 치매 또는 일상생활장해 등 타인의 간병을 필요로 하는 상태 및 이로 인한 치료 등의 위험에 관하여 금전 및 그 밖의 급여를 지급할 것을 약속하고 대가를 수수하는 보험을 말한다(보험업감독규정 별표 1).

54) 퇴직연금제도를 설정한 사용자 또는 가입자는 ⅰ) 계좌의 설정 및 관리(제1호), ⅱ) 부담금의 수령(제2호), ⅲ) 적립금의 보관 및 관리(제3호), ⅳ) 운용관리업무를 수행하는 퇴직연금사업자가 전달하는 적립금 운용지시의 이행(제4호), ⅴ) 급여의 지급(제5호), ⅵ) 그 밖에 자산관리업무의 적절한 수행을 위하여 대통령령으로 정하는 업무의 수행을 내용으로 하는 계약을 퇴직연금사업자와 체결하여야 한다(퇴직급여법29①).

55) 퇴직급여법 부칙 제2조(퇴직보험등의 유효기간) ① 사용자가 근로자를 피보험자 또는 수익자로 하여 대통령령이 정하는 퇴직보험 또는 퇴직일시금신탁("퇴직보험등")에 가입하여 근로자의 퇴직시에 일시금 또는 연금으로 수령하게 하는 경우에는 제8조 제1항의 규정에 의한 퇴직금제도를 설정한 것으로 본다. 다만, 퇴직보험등에 의한 일시금의 액은 동조동항의 규정에 의한 퇴직금의 액보다 적어서는 아니 된다.

iii) 종업원의 복리후생을 목적으로 하는 보장성 상품(해당 보험료가 법인세법에 따른 복리후생비로 인정되는 경우에 한정)에 관한 계약을 체결한 경우에는 허용된다(감독규정14⑤(3)).

4) 일반손해보험 등 보장성 보험에 관한 계약

ⅰ) 단체가 그 단체의 구성원을 위하여 체결하는 보장성 보험(단체의 구성원이 보험료를 납입하는 경우에 한정), ⅱ) 일반손해보험[56], ⅲ) 장기손해보험[57]으로서 채권확보 및 자산보호를 목적으로 담보물건가액 기준에 의해 산정되는 장기화재보험 등 재물보험의 보장성 보험에 관한 계약을 체결한 경우에는 허용된다(감독규정14⑤(4)).

5) 금전제공계약 최초 이행 전·후 1개월 이내 해지한 예금성 상품 해지 관련 계약

금전제공계약이 최초로 이행된 날 전·후 1개월 이내에 해지한 예금성 상품에 대하여 해지 전의 금액 범위 내에서 다시 계약을 체결한 경우에는 허용된다(감독규정14⑤(5)).

6) 사회통념상 허용되는 계약

그 밖에 해당 계약을 사회통념상 대출성 상품에 관한 계약체결과 관련하여 금융소비자의 의사에 반하여 다른 금융상품의 계약체결을 강요하는 행위(법20①(1))로 보기 어렵거나 그러한 행위에 해당하지 않는다는 사실이 명백한 경우에는 허용된다(감독규정14⑤(6)). 이 경우 그 사실을 금융소비자가 서명, 기명날인, 녹취 각각에 준하여 안정성·신뢰성이 확보될 수 있는 전자적 확인방식으로 확인한 경우는 제외한다(감독규정14⑤(6)).

## 2. 대출성 상품에 관한 부당한 담보 및 보증요구 금지

대출성 상품에 관한 계약체결과 관련하여 부당하게 담보를 요구하거나 보증을 요구하는 행위는 금지된다(법20①(2)). 이에 따라 ⅰ) 담보 또는 보증이 필요 없음에도 이를 요구하는 행위, ⅱ) 해당 계약의 체결에 통상적으로 요구되는 일반적인 담보 또는 보증 범위보다 많은 담보 또는 보증을 요구하는 행위는 금지된다(영15④(2)).

---

56) "일반손해보험"이란 보험료를 산출시에 할인율을 적용하지 아니하고 순보험료가 위험보험료만으로 구성된 손해보험을 말한다(보험업감독규정1-2(11)).
57) "장기손해보험"이란 일반손해보험을 제외한 손해보험을 말한다(보험업감독규정1-2(12)).

## 3. 편익 요구ㆍ수령 행위 금지

금융상품판매업자등 또는 그 임직원이 업무와 관련하여 편익을 요구하거나 제공받는 행위는 금지된다(법20①(3)).

## 4. 대출상품의 금지행위

대출성 상품의 경우 다음의 행위는 금지된다(법20①(4)).

### (1) 특정 대출 상환방식 강요행위 금지

자기 또는 제3자의 이익을 위하여 금융소비자에게 특정 대출 상환방식을 강요하는 행위는 금지된다(법20①(4) 가목).

### (2) 중도상환수수료 부과행위 금지

금융소비자보호법은 중도상환수수료의 부과에 대하여 금융회사의 우월적 지위를 이용하여 금융소비자의 대출 상환을 제약하는 중도상환수수료의 부과는 원칙적으로 금지하고, 예외적으로 부과할 수 있도록 규정하고 있다.

#### (가) 원칙적 금지

수수료, 위약금 또는 그 밖에 어떤 명목이든 중도상환수수료를 부과하는 행위는 금지된다(법20①(4) 나목).

#### (나) 예외적 허용

다만 ⅰ) 대출계약이 성립한 날부터 3년 이내에 상환하는 경우, ⅱ) 다른 법령에 따라 중도상환수수료 부과가 허용되는 경우, ⅲ) 금융소비자가 여신전문금융업법에 따른 시설대여, 연불판매 또는 할부금융에 관한 계약을 해지한 경우로서 계약에 따른 재화를 인도받지 못한 경우와 인도받은 재화에 하자가 있어 정상적 사용이 어려운 경우(영15①)는 허용된다(법20①(4) 나목).

### (3) 제3자의 연대보증 요구행위 금지

개인에 대한 대출 등 대출상품의 계약과 관련하여 제3자의 연대보증을 요구하는 다음의 행위는 금지된다(법20①(4) 다목, 영15②).

#### (가) 개인인 금융소비자에 대한 대출

##### 1) 원칙적 금지

개인인 금융소비자에 대한 대출에 제3자의 연대보증을 요구하는 행위는 금지된다(영15②(1) 본문).

2) 예외적 허용

ⅰ) 사업자등록증상 대표자의 지위에서 대출을 받는 경우 해당 사업자등록
증에 기재된 다른 대표자와 ⅱ) 건축물분양법에 따른 분양대금을 지급하기 위해
대출을 받는 경우 건축물분양법에 따른 분양사업자 및 해당 건축물의 시공사에
대해서는 연대보증을 요구할 수 있다(영15②(1) 단서).

### (나) 법인인 금융소비자에 대한 대출

1) 원칙적 금지

법인인 금융소비자에 대한 대출에 제3자의 연대보증을 요구하는 행위는 금
지된다(영15②(2) 본문).

2) 예외적 허용

ⅰ) 해당 법인의 대표이사 또는 무한책임사원, ⅱ) 해당 법인에서 가장 많은
지분을 보유한 자, ⅲ) 해당 법인의 의결권 있는 발행 주식 총수의 30%(배우자·
4촌 이내의 혈족 및 인척이 보유한 의결권 있는 발행 주식을 합산)를 초과하여 보유한
자, ⅳ) 금융소비자와 같은 기업집단58)에 속한 회사, ⅴ) 자본시장법에 따른 프
로젝트금융(대출로 한정)59)에 관한 계약을 체결하는 경우에 그 프로젝트금융의
대상이 되는 사업에 따른 이익을 금융소비자와 공유하는 법인에 대해서는 연대
보증을 요구할 수 있다(영15②(2) 단서, 감독규정14①).

### (다) 조합·단체인 금융소비자에 대한 대출

1) 원칙적 금지

조합·단체인 금융소비자에 대한 대출에 제3자의 연대보증을 요구하는 행위
는 금지된다(영15②(3) 본문).

2) 예외적 허용

해당 조합·단체의 대표자에 대해서는 연대보증을 요구할 수 있다(영15②(3)

---

58) "기업집단"이라 함은 동일인이 다음의 구분에 따라 대통령령이 정하는 기준에 의하여 사
실상 그 사업내용을 지배하는 회사의 집단을 말한다(공정거래법2(2)).
  가. 동일인이 회사인 경우 그 동일인과 그 동일인이 지배하는 하나 이상의 회사의 집단
  나. 동일인이 회사가 아닌 경우 그 동일인이 지배하는 2 이상의 회사의 집단
59) 프로젝트금융이란 설비투자, 사회간접자본 시설투자, 자원개발, 그 밖에 상당한 기간과 자
금이 소요되는 프로젝트를 수주한 기업을 위하여 사업화 단계부터 특수목적기구(특정 프
로젝트를 사업으로 운영하고 그 수익을 주주 등에게 배분하는 목적으로 설립된 회사, 그
밖의 기구)에 대하여 신용공여, 출자, 그 밖의 자금지원을 하는 것을 말한다(자본시장법
71(3), 자본시장법 시행령68②(4의2)).

단서).

## 5. 연계·제휴서비스등의 부당 축소·변경행위 금지

### (1) 금지행위

연계·제휴서비스등이 있는 경우 연계·제휴서비스등을 부당하게 축소하거나 변경하는 행위로서 다음의 행위는 금지된다(법20①(5) 본문, 영15③).

#### (가) 축소·변경한다는 사실을 고지하지 않은 축소·변경행위 금지

연계·제휴서비스등을 축소·변경한다는 사실을 미리 알리지 않고 축소하거나 변경하는 행위는 금지된다(영15③(1)).

따라서 금융상품판매업자등은 연계·제휴서비스등을 축소·변경한다는 사실을 ⅰ) 서면 교부, ⅱ) 우편 또는 전자우편, ⅲ) 전화 또는 팩스, 또는 ⅳ) 휴대전화 문자메시지 또는 이에 준하는 전자적 의사표시 중 2개 이상의 방법으로 축소·변경하기 6개월 전부터 매월 고지해야 한다(감독규정14② 본문). 다만, 휴업·파산, 경영상의 위기 또는 연계·제휴서비스등을 제공하는 자의 일방적인 연계·제휴서비스등 제공 중단 등 6개월 전부터 고지하기 어려운 불가피한 사유가 있는 경우에는 해당 상황이 발생하는 즉시 고지해야 한다(감독규정14② 단서).

#### (나) 정당한 이유 없이 불리하게 축소·변경하는 행위 금지

##### 1) 원칙적 금지

연계·제휴서비스등을 정당한 이유 없이 금융소비자에게 불리하게 축소하거나 변경하는 행위는 금지된다(영15③(2) 본문).

##### 2) 예외적 허용

연계·제휴서비스등이 3년 이상 제공된 후 그 연계·제휴서비스등으로 인해 해당 금융상품의 수익성이 현저히 낮아진 경우는 제외한다(영15③(2) 단서).

### (2) 금지행위의 제외

연계·제휴서비스등을 불가피하게 축소하거나 변경하더라도 금융소비자에게 그에 상응하는 다른 연계·제휴서비스등을 제공하는 경우와 금융상품판매업자등의 휴업·파산·경영상의 위기 등에 따른 불가피한 경우는 제외한다(법20①(5) 단서).

## 6. 기타 우월적 지위를 이용한 권익 침해행위 금지

그 밖에 금융상품판매업자등이 우월적 지위를 이용하여 금융소비자의 권익을 침해하는 행위로서 다음의 행위는 금지된다(법20①(6), 영15④(3), 감독규정14⑥).

### (1) 계약의 변경·해지 요구에 금전 요구행위 등 금지

금융상품판매업자등이 우월적 지위를 이용하여 금융소비자의 계약의 변경·해지 요구 또는 계약의 변경·해지에 대해 정당한 사유 없이 금전을 요구하거나 그 밖의 불이익을 부과하는 행위는 금지된다(영15④(3) 가목).

### (2) 정당한 사유 없는 이자율·보험료 인하 요구 거절행위 등 금지

금융상품판매업자등이 우월적 지위를 이용하여 계약 또는 법령에 따른 금융소비자의 이자율·보험료 인하 요구에 대해 정당한 사유 없이 이를 거절하거나 그 처리를 지연하는 행위는 금지된다(영15④(3) 나목).

### (3) 정당한 사유 없는 소비자 정보의 이자율 등에 미반영 행위 금지

금융상품판매업자등이 우월적 지위를 이용하여 적합성원칙에서 금융상품 유형별 소비자 정보 파악·확인의무(법17②)에 따라 확인한 금융소비자의 정보를 이자율이나 대출 한도 등에 정당한 사유 없이 반영하지 않는 행위는 금지된다(영15④(3) 다목).

### (4) 계약의 최초 이행 전·후 1개월 내에 공제상품·상품권 계약체결 행위 금지

금융상품직접판매업자가 계약이 최초로 이행된 날 전·후 각각 1개월 내에 ⅰ) 중소기업협동조합법 제115조 제1항[60]에 따른 공제상품, ⅱ) 중소기업 인력지원 특별법 제35조의6 제1항[61]에 따른 공제상품, ⅲ) 상품권(권면금액에 상당하는 물품 또는 용역을 제공받을 수 있는 유가증권)(다만, 온누리상품권[62] 및 지방자치단체

---

60) ① 중앙회는 소기업과 소상공인이 폐업이나 노령 등의 생계위협으로부터 생활의 안정을 기하고 사업재기의 기회를 제공받을 수 있도록 소기업과 소상공인을 위한 공제사업("소기업·소상공인공제")을 관리·운용한다.

61) ① 중소벤처기업진흥공단은 공제사업을 하려면 공제규정을 제정하여 중소벤처기업부장관의 승인을 받아야 한다. 공제규정을 변경하려는 경우에도 또한 같다.

62) "온누리상품권"이란 그 소지자가 제13호 가목에 따른 개별가맹점(=온누리상품권을 사용한 거래에 의하여 물품의 판매 또는 용역의 제공을 하는 시장등의 상인)에게 이를 제시 또는 교부하거나 그 밖의 방법으로 사용함으로써 그 권면금액(券面金額)에 상당하는 물품

가 발행한 상품권은 제외)에 관한 계약을 체결하는 행위는 금지된다(감독규정14⑥(1) 전단). 이 경우 ⅰ) 중소기업협동조합법 제115조 제1항에 따른 공제상품, ⅱ) 중소기업 인력지원 특별법 제35조의6 제1항에 따른 공제상품은 금융소비자가 중소기업인 경우로서 금융소비자의 월지급액이 금전제공계약에 따라 금융소비자가 제공받거나 받을 금액의 1,000분의 10을 초과하는 경우로 한정한다(감독규정14⑥(1) 후단).

### (5) 보장성 상품 계약체결과 관련한 이자율 우대 등 특혜 제공 금지

금융상품판매업자가 보장성 상품(보험업법 시행령 별표 5 제1호에 따른 신용생명보험[63]은 제외)에 관한 계약체결을 위해 금융소비자에 금융상품에 관한 계약체결과 관련하여 이자율 우대 등 특혜를 제공하는 행위는 금지된다(감독규정14⑥(2)).

### (6) 금융상품판매업자 또는 그 임원·직원의 금전 등 부당 요구·수령행위 금지

금융상품판매업자 또는 그 임원·직원이 업무와 관련하여 직접적·간접적으로 금융소비자 또는 이해관계자로부터 금전, 물품 또는 편익 등을 부당하게 요구하거나 제공받는 행위는 금지된다(감독규정14⑥(3)).

### (7) 금전제공계약을 체결한 자의 의사에 반한 보험계약조건 변경행위 금지

금전제공계약을 체결한 자의 의사에 반하여 보험에 관한 계약조건 등을 변경하는 행위(은행만 해당)는 금지된다(감독규정14⑥(4)).

### (8) 계약 해지를 막기 위한 재산상 이익의 제공 등 금지

금융소비자가 계약 해지를 요구하는 경우에 계약 해지를 막기 위해 재산상 이익의 제공, 다른 금융상품으로의 대체 권유, 또는 해지 시 불이익에 대한 과장된 설명을 하는 행위는 금지된다(감독규정14⑥(5)).

---

또는 용역을 해당 개별가맹점으로부터 제공받을 수 있는 유가증권으로서 중소벤처기업부장관이 발행한 것을 말한다(전통시장 및 상점가 육성을 위한 특별법2(12)).

[63] "신용생명보험"이란 금융기관으로부터 대출을 받은 피보험자가 사망하였을 때 미상환액을 보상하는 보험을 말한다(보험업감독규정4-13①). 즉 신용생명보험은 대출이 있는 소비자가 질병, 상해, 사망 등의 우발적인 보험사고로 대출금 상환이 어려울 경우 보험회사가 남아있는 대출금을 대신 상환해 주는 보험상품이다.

### (9) 청약철회를 이유로 한 불이익 부과행위 금지

#### (가) 원칙적 금지

금융소비자가 청약을 철회(법46①)하였다는 이유로 금융상품에 관한 계약에 불이익을 부과하는 행위는 금지된다(감독규정14⑥(6) 본문).

#### (나) 예외적 허용

같은 금융상품직접판매업자에 같은 유형의 금융상품에 관한 계약에 대하여 1개월 내 2번 이상 청약의 철회의사를 표시한 경우는 제외한다(감독규정14⑥(6) 단서).

### (10) 정당한 사유 없는 예치금액 지급 거절 행위 금지

금융소비자가 금융상품에 관한 계약에 따라 예치한 금액을 돌려받으려 하는 경우에 그 금액을 정당한 사유 없이 지급하지 않는 행위는 금지된다(감독규정14 ⑥(7)).

### (11) 담보 · 보증의 대상이 되는 채무를 특정하지 않는 행위 등 금지

금융소비자 또는 제3자로부터 담보 또는 보증을 취득하는 계약과 관련된 ⅰ) 해당 계약서에 그 담보 또는 보증의 대상이 되는 채무를 특정하지 않는 행위, ⅱ) 해당 계약서상의 담보 또는 보증이 장래 다른 채무에도 적용된다는 내용으로 계약을 하는 행위는 금지된다(감독규정14⑥(8)).

### (12) 기존 계약 해지와 동일한 신규 계약체결 후 중도상환수수료 부과행위 등 금지

대출에 관한 계약("기존 계약")을 체결했던 금융소비자와 기존 계약을 해지하고 그 계약과 사실상 동일한 계약(기존 계약에 따라 금융소비자에 지급된 금전등을 상환받는 계약을 말한다. 이하 "신규 계약")을 체결한 후에 기존 계약의 유지기간과 신규 계약의 유지기간을 합하여 3년이 넘었음에도 대출계약이 성립한 날부터 3년 이내에 상환하는 경우[법20①(4) 나목1)]에 해당한다는 이유로 금융소비자의 계약해지에 대해 중도상환수수료를 부과하는 행위 등 계약의 변경 · 해지를 이유로 금융소비자에 수수료 등 금전의 지급을 부당하게 요구하는 행위는 금지된다(감독규정14⑥(9)).

### (13) 변제 후 근저당 설정 유지 여부를 확인하지 않은 행위 금지

근저당이 설정된 금전제공계약의 금융소비자가 채무를 모두 변제한 경우에 해당 담보를 제공한 자에 근저당 설정을 유지할 것인지를 확인하지 않는 행위는 금지된다(감독규정14⑥(10)).

### (14) 자기앞수표에 도난 등 사고 발생 신고 후 제시한 자에 지급행위 금지

#### (가) 원칙적 금지

수표법에 따른 지급제시기간 내 수표법에 따라 발행된 자기앞수표에 도난, 분실 등 사고가 발생했다는 신고가 접수되었음에도 불구하고 그 날부터 5영업일 이내에 신고를 한 자가 아닌 자기앞수표를 제시한 자에게 해당 금액을 지급하는 행위는 금지된다(감독규정14⑥(11) 본문).

#### (나) 예외적 허용

해당 기간 내 신고한 자가 민법 제521조[64])에 따른 공시최고의 절차를 신청하였다는 사실을 입증할 수 있는 서류를 제출하지 않은 경우는 제외한다(감독규정14⑥(11) 단서).

## 7. 위반시 제재

### (1) 과징금

금융위원회는 금융상품직접판매업자 또는 금융상품자문업자가 불공정영업행위의 금지(법20① 각 호) 규정의 어느 하나에 해당하는 행위를 한 경우(법57①(2)) 그 위반행위와 관련된 계약으로 얻은 수입 또는 이에 준하는 금액("수입등")의 50% 이내에서 과징금을 부과할 수 있다(법57① 본문). 다만, 위반행위를 한 자가 그 위반행위와 관련된 계약으로 얻은 수입등이 없거나 수입등의 산정이 곤란한 경우로서 대통령령으로 정하는 경우에는 10억원을 초과하지 아니하는 범위에서 과징금을 부과할 수 있다(법57① 단서).

### (2) 과태료

불공정영업행위의 금지(법20① 각 호) 규정의 어느 하나에 해당하는 행위를 한 자에게는 1억원 이하의 과태료를 부과한다(법69①(3)).

금융상품판매대리·중개업자가 금융상품계약체결등의 업무를 대리하거나 중개하게 한 금융상품판매대리·중개업자가 불공정영업행위의 금지(법20① 각 호) 규정의 어느 하나에 해당하는 행위를 한 경우에 그 업무를 대리하거나 중개하게 한 금융상품판매대리·중개업자에게는 1억원 이하의 과태료를 부과한다(법69①

---

64) 민법 제521조(공시최고절차에 의한 증서의 실효) 멸실한 증서나 소지인의 점유를 이탈한 증서는 공시최고의 절차에 의하여 무효로 할 수 있다.

(6) 본문 나목). 다만, 업무를 대리하거나 중개하게 한 금융상품판매대리·중개업자로서 그 위반행위를 방지하기 위하여 해당 업무에 관하여 적절한 주의와 감독을 게을리하지 아니한 자는 제외한다(법69①(6) 단서).

## Ⅴ. 부당권유행위 금지

부당권유행위 금지규정은 금융상품판매업자등이 계약체결을 권유하는 경우뿐만 아니라 금융상품자문업자가 자문행위를 하는 경우에도 동일하게 적용된다. 또한 전문금융소비자와 일반금융소비자를 구별하지 않고 모든 금융소비자에게 적용된다.

### 1. 금지행위 유형

금융상품판매업자등은 계약체결을 권유(금융상품자문업자가 자문에 응하는 것을 포함)하는 경우에 다음의 어느 하나에 해당하는 행위를 해서는 아니 된다(법21 본문).

#### (1) 단정적 판단 제공 금지 등

금융상품판매업자등은 계약체결을 권유(금융상품자문업자가 자문에 응하는 것을 포함)하는 경우 불확실한 사항에 대하여 단정적 판단을 제공하거나 확실하다고 오인하게 할 소지가 있는 내용을 알리는 행위를 해서는 아니 된다(법21(1)).

#### (2) 사실과 다른 내용 고지 금지

금융상품판매업자등은 계약체결을 권유(금융상품자문업자가 자문에 응하는 것을 포함)하는 경우 금융상품의 내용을 사실과 다르게 알리는 행위를 해서는 아니 된다(법21(2)).

#### (3) 중대한 사항 불고지 금지

금융상품판매업자등은 계약체결을 권유(금융상품자문업자가 자문에 응하는 것을 포함)하는 경우 금융상품의 가치에 중대한 영향을 미치는 사항을 미리 알고 있으면서 금융소비자에게 알리지 아니하는 행위를 해서는 아니 된다(법21(3)).

#### (4) 비교대상 및 기준 불명시 금지 등

금융상품판매업자등은 계약체결을 권유(금융상품자문업자가 자문에 응하는 것을 포함)하는 경우 금융상품 내용의 일부에 대하여 비교대상 및 기준을 밝히지

아니하거나 객관적인 근거 없이 다른 금융상품과 비교하여 해당 금융상품이 우
수하거나 유리하다고 알리는 행위를 해서는 아니 된다(법21(4)).

### (5) 보장성 상품의 중요사항 고지 방해 등 금지

보장성 상품의 경우, 금융상품판매업자등은 계약체결을 권유(금융상품자문업
자가 자문에 응하는 것을 포함)하는 경우 ⅰ) 금융소비자(보장성 상품의 계약에 따른
보장을 받는 자 포함)가 보장성 상품 계약의 중요한 사항을 금융상품직접판매업자
에게 알리는 것을 방해하거나 알리지 아니할 것을 권유하는 행위, ⅱ) 금융소비
자가 보장성 상품 계약의 중요한 사항에 대하여 부실하게 금융상품직접판매업자
에게 알릴 것을 권유하는 행위를 해서는 아니 된다(법21(5), 영16②).

### (6) 투자성 상품의 불초청 권유 및 재권유 금지

투자성 상품의 경우, 금융상품판매업자등은 계약체결을 권유(금융상품자문업
자가 자문에 응하는 것을 포함)하는 경우 ⅰ) 금융소비자로부터 계약의 체결권유를
해줄 것을 요청받지 아니하고 방문·전화 등 실시간 대화의 방법을 이용하는 행
위, ⅱ) 계약의 체결권유를 받은 금융소비자가 이를 거부하는 취지의 의사를 표
시하였는데도 계약의 체결권유를 계속하는 행위를 해서는 아니 된다(법21(6)).

### (7) 그 밖에 금융소비자 보호 또는 건전한 거래질서를 해칠 우려가 있는 행위 금지

금융상품판매업자등은 계약체결을 권유(금융상품자문업자가 자문에 응하는 것
을 포함)하는 경우 그 밖에 금융소비자 보호 또는 건전한 거래질서를 해칠 우려
가 있는 행위로서 다음의 행위를 하게 해서는 아니 된다(법21(7), 영16③, 감독규정
15④).

### (가) 직무수행 교육 미필자의 권유행위 금지

내부통제기준에 따른 직무수행 교육을 받지 않은 자로 하여금 계약체결 권
유와 관련된 업무를 하게 하는 행위를 하게 해서는 아니 된다(영16③(1)).

### (나) 소비자 정보 조작하는 권유행위 금지

적합성원칙상 소비자 정보 파악·확인의무(법17②)에 따른 일반금융소비자
의 정보를 조작하여 권유하는 행위를 하게 해서는 아니 된다(영16③(2)).

### (다) 투자성 상품 권유하면서 불요청 대출성 상품 안내행위 금지 등

투자성 상품에 관한 계약의 체결을 권유하면서 일반금융소비자가 요청하지
않은 다른 대출성 상품을 안내하거나 관련 정보를 제공하는 행위를 하게 해서는

아니 된다(영16③(3)).

### (라) 투자성 상품 가치에 영향 미치는 사항 불고지 후 매매 권유행위 금지

투자성 상품의 가치에 중대한 영향을 미치는 사항을 알면서 그 사실을 금융소비자에 알리지 않고 그 금융상품의 매수 또는 매도를 권유하는 행위를 하게 해서는 아니 된다(감독규정15④(1)).

### (마) 자기 또는 제3자 소유 투자성 상품의 가치 증대 위한 취득 권유행위 금지

자기 또는 제3자가 소유한 투자성 상품의 가치를 높이기 위해 금융소비자에게 해당 투자성 상품의 취득을 권유하는 행위를 하게 해서는 아니 된다(감독규정15④(2)).

### (바) 내부자거래 등 불공정거래 규제에 위반되는 매매 등 권유행위 금지

금융소비자가 자본시장법 제174조(미공개중요정보 이용행위 금지), 제176조(시세조종행위 등의 금지) 또는 제178조(부정거래행위 등의 금지)에 위반되는 매매, 그 밖의 거래를 하고자 한다는 사실을 알고 그 매매, 그 밖의 거래를 권유하는 행위를 하게 해서는 아니 된다(감독규정15④(3)).

### (사) 신용카드 회원의 동의 없는 카드 사용 유도 등 금지

금융소비자("신용카드 회원")의 사전 동의 없이 신용카드를 사용하도록 유도하거나 다른 대출성 상품을 권유하는 행위를 하게 해서는 아니 된다(감독규정15④(4)).

### (아) 적합성원칙을 적용받지 않는 권유행위 금지

적합성원칙(법17)을 적용받지 않고 권유하기 위해 일반금융소비자로부터 계약체결의 권유를 원하지 않는다는 의사를 서면 등으로 받는 행위를 하게 해서는 아니 된다(감독규정15④(5)).

## 2. 금지행위의 제외

금융상품판매업자등은 계약체결을 권유(금융상품자문업자가 자문에 응하는 것을 포함)하는 경우에 금융소비자 보호 및 건전한 거래질서를 해칠 우려가 없는 행위로서 다음의 행위를 할 수 있다(법21 단서, 영16①, 감독규정15③).

### (1) 증권 또는 장내파생상품에 대한 불초청권유 행위

증권 또는 장내파생상품에 대한 금융소비자로부터 계약의 체결권유를 해줄 것을 요청받지 아니하고 방문·전화 등 실시간 대화의 방법을 이용하는 행위(법

21(6) 가목)는 할 수 있다(영16①(1)).

## (2) 금융투자상품 등에 대한 권유 계속 행위

"금융위원회가 정하여 고시하는 다른 금융상품"에 대한 계약의 체결권유를 받은 금융소비자가 이를 거부하는 취지의 의사를 표시하였는데도 계약의 체결권유를 계속하는 행위(법21(6) 나목)는 할 수 있다(영16①(2)).

여기서 "금융위원회가 정하여 고시하는 다른 금융상품"과 관련하여 다음의 구분에 따른 금융상품, 즉 자본시장법에 따른 금융투자상품, 신탁계약, 투자자문계약 또는 투자일임계약은 각각 다른 유형의 금융상품으로 보는데, ⅰ) 금융투자상품에는 수익증권, 장내파생상품, 장외파생상품, 증권예탁증권, 지분증권, 채무증권, 투자계약증권, 파생결합증권이 해당하고(제1호), ⅱ) 신탁계약에는 금전신탁계약,[65] 증권신탁계약,[66] 금전채권신탁계약,[67] 동산신탁계약,[68] 부동산신탁계약,[69] 지상권, 전세권, 부동산임차권, 부동산소유권 이전등기청구권, 그 밖의 부동산 관련 권리에 관한 신탁계약,[70] 무체재산권(지식재산권을 포함)신탁계약[71]이 해당하며(제2호), ⅲ) 투자자문계약 또는 투자일임계약에는 장내파생상품에 관한 계약, 장외파생상품에 관한 계약, 증권에 관한 계약이 해당한다(감독규정15①).

---

65) 금전신탁은 위탁자로부터 금전을 수탁하여 증권의 매수, 금융기관 예치, 대출, CP의 매수 등으로 운용한 후 신탁기간 종료시 금전 또는 운용자산 그대로 수익자에게 교부하는 신탁이다. 금전신탁은 금전을 맡겨 자산운용을 통해 원본과 이익을 받는 것으로 적극적인 투자를 통한 재산증식을 목적으로 하는데, 오늘날 가장 많이 이용되고 있다.

66) 증권신탁은 고객으로부터 증권을 수탁하여 관리·운용하고 신탁만기시 신탁재산을 운용현상대로 교부하는 신탁으로서, 관리증권신탁과 운용증권신탁이 있다.

67) 금전채권신탁은 금전채권을 신탁재산으로 수탁하여 이를 관리 또는 추심하고 신탁만기시 수익자에게 지급하는 신탁으로서, 신탁재산으로는 대출채권, 신용카드채권, 리스채권 등이 있다. 금전채권신탁은 금전채권의 관리·추심을 목적으로 하는 신탁이지만, 수탁된 금전채권의 수익권을 제3자에게 양도하여 자금을 조달하는 수단으로 주로 이용된다.

68) 동산신탁은 선박, 항공기, 차량, 중기 등의 수용설비나 기계용 설비 등을 신탁받은 후 사업자에게 임대 운용하는 방식으로 신탁재산을 관리·운용하거나 처분하는 신탁으로 주로 신탁수익권 양도를 통한 자금조달수단으로 활용된다. 동산신탁의 신탁재산은 선박, 항공기, 자동차 등과 같이 등기 또는 등록할 수 있는 재산이어야 한다.

69) 부동산신탁은 부동산을 신탁의 목적물로 하는 신탁이다. 부동산신탁의 유형은 관리신탁, 처분신탁, 담보신탁, 토지신탁 등으로 나눌 수 있다.

70) 부동산 관련 권리의 신탁은 지상권, 전세권, 부동산임차권 등의 관리 및 활용을 목적으로 한다.

71) 무체재산권의 신탁은 저작권, 상표권, 특허권 등의 무체재산권의 관리 또는 처분을 목적으로 하는 신탁으로, 기업들의 특허권이나 영화, 음반 제작회사의 저작권 등을 신탁회사에 신탁하여 전문적인 관리가 가능하도록 하거나 신탁수익권의 양도를 통한 자금조달수단으로 활용된다.

그러나 ⅰ) 기초자산의 종류가 다른 장외파생상품, 또는 ⅱ) 금융상품의 구조(선도, 스왑, 옵션)가 다른 장외파생상품은 다른 유형의 금융상품으로 본다(감독규정15②).

### (3) 투자성 상품 권유 거부 1개월 후 권유 계속 행위

투자성 상품에 대한 계약의 체결권유를 받은 금융소비자가 이를 거부하는 취지의 의사를 표시한 후 1개월(감독규정15③)이 지난 경우에 해당 상품에 대한 계약의 체결권유를 받은 금융소비자가 이를 거부하는 취지의 의사를 표시하였는데도 계약의 체결권유를 계속하는 행위는 부당권유 금지행위에서 제외한다(영16①(3)).

## 3. 위반시 제재

### (1) 과징금

금융위원회는 금융상품직접판매업자 또는 금융상품자문업자가 부당권유행위 금지(법21 각 호)의 어느 하나에 해당하는 행위를 한 경우(법57①(3)) 그 위반행위와 관련된 계약으로 얻은 수입 또는 이에 준하는 금액("수입등")의 50% 이내에서 과징금을 부과할 수 있다(법57① 본문). 다만, 위반행위를 한 자가 그 위반행위와 관련된 계약으로 얻은 수입등이 없거나 수입등의 산정이 곤란한 경우로서 대통령령으로 정하는 경우에는 10억원을 초과하지 아니하는 범위에서 과징금을 부과할 수 있다(법57① 단서).

### (2) 과태료

부당권유행위 금지(법21 각 호) 규정의 어느 하나에 해당하는 행위를 한 자에게는 1억원 이하의 과태료를 부과한다(법69①(4)).

금융상품판매대리·중개업자가 금융상품계약체결등의 업무를 대리하거나 중개하게 한 금융상품판매대리·중개업자가 부당권유행위 금지(법21 각 호) 규정의 어느 하나에 해당하는 행위를 한 경우에 그 업무를 대리하거나 중개하게 한 금융상품판매대리·중개업자에게는 1억원 이하의 과태료를 부과한다(법69①(6) 본문 다목). 다만, 업무를 대리하거나 중개하게 한 금융상품판매대리·중개업자로서 그 위반행위를 방지하기 위하여 해당 업무에 관하여 적절한 주의와 감독을 게을리하지 아니한 자는 제외한다(법69①(6) 단서).

## Ⅵ. 금융상품등에 관한 광고 관련 준수사항: 광고규제

### 1. 금융상품 광고규제

#### (1) 의의

금융상품의 경우 정보비대칭이 심하여 성격상 금융소비자가 그 내용을 충분히 이해하고 계약을 체결한다고 보기 어렵다. 더구나 상품별로 내재된 특유의 복잡성은 상품에 대한 이해를 더욱 어렵게 한다. 금융소비자가 금융상품을 선택하고 계약체결에 이르는 과정에서 영향을 미치는 것은 비단 판매단계에 국한되지 않는다. 이미 그 이전단계에서부터 금융회사의 영향을 받기 때문이다. 대표적으로 TV나 신문·잡지·전단지 등을 통한 광고와 인터넷 사이트 등에 게시된 정보, 그리고 버스·지하철·택시에 부착된 다양한 광고 등을 통해 금융상품에 대한 일정한 이미지가 형성되기 때문이다. 이처럼 해당 금융상품에 관한 구체적인 정보를 적절하게 제공받기 전에 선행하는 이미지는 금융소비자의 상품 선택과 행동에 영향을 미친다.[72]

금융소비자의 입장에서 광고는 상품을 선택하는데 중요한 판단자료가 되며 유의한 정보를 제공한다. 따라서 금융상품의 판매 이전에 제공되는 광고는 금융소비자의 금융상품 구매에 관한 의사결정에 상당한 영향을 미칠 수 있어 판매절차의 일환으로 보고 규제와 감독이 행해지는 것이 일반적이다.

#### (2) 금융상품 광고규제의 기능

광고는 상품을 판매하기 위해 해당 상품에 대한 장점을 위주로 한 설명이 수반된다. 단점은 설명하지 않고 해당 상품만 소개하는 제한적 정보이기는 하지만 정보를 제공하는 기능을 수행한다. 따라서 금융상품의 부당·과장 광고는 금융소비자의 그릇된 의사결정으로 이어져 부당한 피해를 입을 수 있는 단초를 제공한다. 더구나 금융상품을 제대로 이해하기 위해서는 상대적으로 전문적 지식이 더 필요한 것으로 인식되고 있어, 금융에 대한 전문적 지식이 부족한 일반금융소비자의 경우 이러한 위험에 더욱 노출되어 있다. 또한 광고에 의해 전달되는 정보는 소비자에게 일방적으로 전달되고 소비자가 이에 대한 질의, 의견 등을 상품 제공자에게 전달하고 확인을 받기 어렵기 때문에 해석의 오류 등으로 정보의

---

72) 이상복(2020), 11-12쪽.

왜곡이 발생할 가능성은 더욱 높다. 일방향 정보전달의 왜곡 가능성, 불특정 다수인 금융소비자의 피해 가능성 등은 금융상품 광고규제에 대한 근거를 제공한다.[73]

## 2. 광고의 주체

### (1) 광고할 수 없는 자

금융상품판매업자등이 아닌 자 및 "투자성 상품에 관한 금융상품판매대리·중개업자 등 대통령령으로 정하는 금융상품판매업자등"은 금융상품판매업자등의 업무에 관한 광고[74] 또는 금융상품에 관한 광고("금융상품등에 관한 광고")를 해서는 아니 된다(법22① 본문).

여기서 "투자성 상품에 관한 금융상품판매대리·중개업자 등 대통령령으로 정하는 금융상품판매업자등"이란 다음의 구분에 따른 자를 말한다(영17①). 즉 ⅰ) 금융상품판매업자등의 업무에 관한 광고의 경우 투자성 상품을 취급하는 금융상품판매대리·중개업자를 말하고(제1호), ⅱ) 금융상품에 관한 광고의 경우 금융상품판매대리·중개업자를 말하는데, 이 경우 금융상품직접판매업자가 금융상품판매대리·중개업자에게 허용한 경우(투자성 상품을 취급하는 경우는 제외)는 제외한다(제2호). 금융상품직접판매업자는 금융상품판매대리·중개업자의 금융상품에 관한 광고("광고")를 허용하기 전에 그 광고가 법령에 위배되는지를 확인해야 한다(감독규정16).

### (2) 광고할 수 있는 자

다음의 어느 하나에 해당하는 기관("협회등"), 즉 ⅰ) 한국금융투자협회, ⅱ) 생명보험협회, ⅲ) 손해보험협회, ⅳ) 상호저축은행중앙회, ⅴ) 여신전문금융업협회, ⅵ) 대부업 및 대부중개업 협회, 전국은행연합회, 신용협동조합중앙회와, 그 밖에 금융상품판매업자등이 아닌 자로서 ⅰ) 금융상품판매업자등을 자회사 또는 손자회사로 하는 금융지주회사, ⅱ) 자본시장법에 따른 증권의 발행인[75]

---

73) 이상복(2020), 13쪽.
74) 업무광고 규제의 취지는 금융소비자가 업무광고로 인해 관련 금융상품을 오인하는 상황을 방지하는 데 있다. 업무광고는 다음과 같이 2개 유형으로 구분 가능하다. 즉 ⅰ) 금융상품자문업자의 자문서비스에 관한 광고, ⅱ) 금융상품판매업자가 금융상품 계약체결을 유인할 목적으로 소비자에 제공하는 서비스(예: 비대면 계약 이벤트 광고, 개인 재무설계 서비스 광고 등)에 관한 광고이다(금융위원회·금융감독원(2021a), 9쪽).
75) 발행인이란 증권을 발행하였거나 발행하고자 하는 자를 말한다(자본시장법9⑩ 본문). 즉

또는 매출인[76](해당 증권에 관한 광고를 하는 경우로 한정), iii) 주택도시기금법에
따른 주택도시보증공사, iv) 한국주택금융공사법에 따른 한국주택금융공사, ⅴ)
집합투자업자는 금융상품등에 관한 광고를 할 수 있다(법22① 단서, 영17③, 영17
②).

## 3. 금융상품 내용의 명확·공정한 전달의무

금융상품판매업자등(위의 광고를 할 수 있는 자를 포함)이 금융상품등에 관한
광고를 하는 경우에는 금융소비자가 금융상품의 내용을 오해하지 아니하도록 명
확하고 공정하게 전달하여야 한다(법22②).

## 4. 광고포함사항

금융상품판매업자등이 하는 금융상품등에 관한 광고에는 다음의 내용이 포
함되어야 한다(법22③ 본문). 다만, 전문투자형 사모집합투자기구의 집합투자증권
을 판매하는(법17⑤ 본문) 광고에 대해서는 그러하지 아니하다(법22③ 단서).

### (1) 설명서 및 약관 읽어 볼 것을 권유하는 내용

금융상품판매업자등이 하는 금융상품등에 관한 광고에는 금융상품에 관한
계약을 체결하기 전에 금융상품 설명서 및 약관을 읽어 볼 것을 권유하는 내용
이 포함되어야 한다(법22③(1)).

### (2) 금융상품판매업자등의 명칭과 금융상품의 내용

금융상품판매업자등이 하는 금융상품등에 관한 광고에는 ⅰ) 금융상품판매
업자등의 명칭, ⅱ) 금융상품의 명칭, ⅲ) 이자율(대부이자율[77] 및 연체이자율을 포
함), ⅳ) 수수료, ⅴ) 그 밖에 앞의 3가지 사항에 준하는 것으로서 일반금융소비
자가 해당 금융상품을 이해하는데 필요하다고 "금융위원회가 정하여 고시하는

---

발행시장에서 증권을 발행하여 자금을 조달하는 자로서 주식이나 회사채를 발행하는 주
식회사, 국공채를 발행하는 국가 및 지방자치단체, 특별법에 의하여 설립된 법인(특수법
인, 특수은행 등), 국내에서 증권을 발행하는 외국법인 등이 있다. 다만 증권예탁증권을
발행함에 있어서는 그 기초가 되는 증권을 발행하였거나 발행하고자 하는 자를 말한다(자
본시장법9⑩ 단서).

76) "매출인"이란 증권의 소유자로서 스스로 또는 인수인이나 주선인을 통하여 그 증권을 매
   출하였거나 매출하려는 자를 말한다(자본시장법9⑭).

77) 대부업자는 등록증, 대부이자율, 이자계산방법, 변제방법, 연체이자율, 그 밖에 대통령령
   으로 정하는 중요사항을 일반인이 알 수 있도록 영업소마다 게시하여야 한다(대부업법9
   ①).

사항"이 포함되어야 한다(법22③(2), 영18①(1)).

위 ⅳ)에서 금융상품등에 관한 광고에 포함되어야 하는 "금융위원회가 정하여 고시하는 사항"이란 다음의 구분에 따른 사항을 말한다(감독규정17①).

### (가) 보장성 상품: 보험금 지급제한 사유 등

보장성 상품의 광고에는 ⅰ) 보험금 지급제한 사유, ⅱ) 이자율의 범위 및 산출기준(피보험자가 생존 시 금융상품직접판매업자가 지급하는 보험금의 합계액이 일반금융소비자가 이미 납입한 보험료를 초과하는 보장성 상품으로서 일반금융소비자가 적용받을 수 있는 이자율이 고정되지 않는 계약에 한정)이 포함되어야 한다(감독규정17①(1)).

### (나) 투자성 상품: 연계투자 상품의 내용 등

투자성 상품의 광고에는 ⅰ) 연계투자계약의 경우 연계투자 상품의 내용,[78] ⅱ) 그 밖의 경우 이자·수익의 지급시기 및 지급제한 사유가 포함되어야 한다(감독규정17①(2)).

### (다) 예금성 상품: 이자율의 범위 및 산출기준

예금성 상품의 광고에는 ⅰ) 이자율·수익률 각각의 범위 및 산출기준, ⅱ) 이자·수익의 지급시기 및 지급제한 사유가 포함되어야 한다(감독규정17①(3)).

### (라) 대출성 상품: 연체율 등

대출성 상품의 광고에는 ⅰ) 신용카드는 연회비와 연체율이 포함되어야 하고, ⅱ) 시설대여·연불판매·할부금융은 연체율, 수수료, 금융소비자가 계약기간 중 금전·재화를 상환하는 경우 적용받는 조건이 포함되어야 하며, ⅲ) 그 밖의 대출성 상품은 이자율(연체이자율을 포함)의 범위 및 산출기준, 이자 부과시기, 금융소비자가 계약기간 중 금전·재화를 상환하는 경우 적용받는 조건이 포함되어야 한다(감독규정17①(4)).

### (3) 보장성 상품: 보험료등 인상 등

금융상품판매업자등이 하는 금융상품등에 관한 광고에는 보장성 상품의 경우 기존에 체결했던 계약을 해지하고 다른 계약을 체결하는 경우에는 계약체결

---

78) 온라인투자연계금융업자는 특정 연계투자 상품 또는 연계투자 조건에 관한 광고를 하는 경우에는 자신의 명칭, 연계투자 상품의 내용, 연계투자에 따른 위험, 그 밖에 대통령령으로 정하는 사항이 포함되도록 하여야 한다. 다만, 다른 매체를 이용하여 광고하는 경우에는 해당 연계투자 상품을 해당 매체의 운영자가 제공하는 것으로 오인하지 않도록 대통령령으로 정하는 사항을 준수하여야 한다(온라인투자연계금융업법19④).

의 거부 또는 보험료 등 금융소비자의 지급비용("보험료등")이 인상되거나 보장내용이 변경될 수 있다는 사항이 포함되어야 한다(법22③(3) 가목).

### (4) 투자성 상품: 투자에 따른 위험 등

금융상품판매업자등이 하는 금융상품등에 관한 광고에는 투자성 상품의 경우 ⅰ) "투자에 따른 위험", ⅱ) 과거 운용실적을 포함하여 광고를 하는 경우에는 그 운용실적이 미래의 수익률을 보장하는 것이 아니라는 사항이 포함되어야 한다(법22③(3) 나목). 여기서 "투자에 따른 위험"이란 ⅰ) 원금 손실 발생 가능성, ⅱ) 원금 손실에 대한 소비자의 책임을 말한다(영18①(2)).

### (5) 예금성 상품: 예시된 지급금 등이 미래의 수익을 보장하는 것이 아니라는 사항 등

금융상품판매업자등이 하는 금융상품등에 관한 광고에는 예금성 상품의 경우 만기지급금 등을 예시하여 광고하는 경우에는 해당 예시된 지급금 등이 미래의 수익을 보장하는 것이 아니라는 사항이 포함되어야 한다(법22③(3) 다목). 이 경우 포함되어야 하는 사항은 만기 시 지급금이 변동하는 예금성 상품으로서 기초자산의 가치에 따라 수익이 변동하는 예금성 상품의 경우에 한정된다(영18②).

### (6) 대출성 상품: 대출조건

금융상품판매업자등이 하는 금융상품등에 관한 광고에는 대출성 상품의 경우 대출조건이 포함되어야 한다(법22③(3) 라목). 여기서 "대출조건"이란 ⅰ) 갖춰야 할 신용 수준에 관한 사항, ⅱ) 원리금 상환방법을 말한다(영18①(3)).

### (7) 기타 금융소비자 보호를 위한 사항

### (가) 기타 광고 포함사항

금융상품판매업자등이 하는 금융상품등에 관한 광고에는 그 밖에 금융소비자 보호를 위하여 다음의 사항이 포함되어야 한다(법22③(4), 영18③).

1) 중요사항을 설명받을 수 있는 권리

금융상품판매업자등이 하는 금융상품등에 관한 광고에는 금융상품 유형별 중요사항(법19①)에 따른 설명을 받을 수 있는 권리가 포함되어야 한다(영18③(1)).

2) 법령 및 내부통제기준에 따른 준수사항

금융상품판매업자등이 하는 금융상품등에 관한 광고에는 법령 및 내부통제기준에 따른 광고 관련 절차의 준수에 관한 사항이 포함되어야 한다(영18③(2)).

3) 다른 법률에 따른 금융소비자의 보호 내용

금융상품판매업자등이 하는 금융상품등에 관한 광고에는 예금자보호법 등 다른 법률에 따른 금융소비자의 보호 내용(대출성 상품은 제외)이 포함되어야 한다(영18③(3)).

4) 판매대리ㆍ중개업자가 대리ㆍ중개하는 직접판매업자의 명칭 및 업무 내용 등

금융상품판매대리ㆍ중개업자가 하는 금융상품등에 관한 광고에는 ⅰ) 금융상품판매대리ㆍ중개업자가 대리ㆍ중개하는 금융상품직접판매업자의 명칭 및 업무 내용(법26①(1)), ⅱ) 하나의 금융상품직접판매업자만을 대리하거나 중개하는 금융상품판매대리ㆍ중개업자인지  여부(법26①(2)),  금융상품직접판매업자로부터 금융상품 계약체결권을 부여받지 아니한 금융상품판매대리ㆍ중개업자의 경우 자신이 금융상품계약을 체결할 권한이 없다는 사실(법26①(3))이 포함되어야 한다(영18③(4)).

5) 자문업자가 독립금융상품자문업자인지 여부 등

금융상품자문업자가 하는 금융상품등에 관한 광고에는 ⅰ) 독립금융상품자문업자인지 여부(법27③(1)), ⅱ) 금융상품판매업자로부터 자문과 관련한 재산상 이익을 제공받는 경우 그 재산상 이익의 종류 및 규모(다만, 경미한 재산상 이익으로서 20만원 이내의 범위에서 금융위원회가 정하여 고시하는 재산상 이익을 제공받은 경우는 제외)(법27③(2)), ⅲ) 금융상품판매업을 겸영하는 경우 자신과 금융상품계약체결등 업무의 위탁관계에 있는 금융상품판매업자의 명칭 및 위탁 내용(법27③(3)), ⅳ) 자문업무를 제공하는 금융상품의 범위(법27③(4))가 포함되어야 한다(영18③(5)).

6) 그 밖에 금융소비자의 계약체결이나 권리ㆍ의무에 중요한 영향을 미치는 사항

금융상품판매업자등이 하는 금융상품등에 관한 광고에는 그 밖에 금융소비자의 계약체결이나 권리ㆍ의무에 중요한 영향을 미치는 사항으로서 "금융위원회가 정하여 고시하는 사항"이 포함되어야 한다(영18③(6)).

여기서 "금융위원회가 정하여 고시하는 사항"이란 [별표 5]를 말한다(감독규정17②). 아래서는 [별표 5]의 광고 포함사항을 별도 목차로 나누어 살펴본다.

(나) 모든 금융상품 및 관련 업무: 광고 유효기간 등

금융상품판매업자등이 하는 모든 금융상품 및 관련 업무에는 ⅰ) 광고의 유효기간이 있는 경우 해당 유효기간, ⅱ) 통계수치나 도표 등을 인용하는 경우 해

당 자료의 출처, ⅲ) 연계·제휴서비스 등 부수되는 서비스를 받기 위해 충족해야 할 요건(연계·제휴서비스 등 부수되는 서비스를 광고하는 경우만 해당)이 포함되어야 한다(별표 5 제1호).

#### (다) 보장성 상품 및 관련 업무

금융상품판매업자등이 하는 보장성 상품 및 관련 업무에는 다음의 사항이 포함되어야 한다(별표 5 제2호).

1) 보험금 또는 해약환급금에 손실이 발생할 수 있다는 사실

보장성 상품 및 관련 업무에는 보험료 중 일부를 금융투자상품을 취득·처분하는데 사용하거나 그 밖의 방법으로 운용한 결과에 따라 보험금 또는 해약환급금에 손실이 발생할 수 있다는 사실이 포함되어야 한다(별표 5 제2호 가목). 이는 변액보험, 보험료 또는 공제료의 일부를 금융투자상품의 취득·처분 또는 그 밖의 방법으로 운용할 수 있도록 하는 보험 또는 공제만 해당한다(별표 5 제2호 가목).

2) 보험료·보험금에 관한 위험보장사항 등

보장성 상품 및 관련 업무에는 보험료·보험금에 관한 ⅰ) 주된 위험보장사항·부수적인 위험보장사항 및 각각의 보험료·보험금 예시, ⅱ) 특정 시점(계약 체결 후 1년, 3년 및 5년)에 해약을 하거나 만기에 이른 경우의 환급금 예시 및 산출근거, ⅲ) 해약환급금이 이미 납부한 보험료보다 적거나 없을 수 있다는 사실이 포함되어야 한다(별표 5 제2호 나목). 이는 보험료·보험금 각각의 예시를 광고에 포함하는 경우만 해당한다(별표 5 제2호 나목).

#### (라) 투자성 상품 및 관련 업무

금융상품판매업자등이 하는 투자성 상품 및 관련 업무에는 다음의 구분에 따른 사항(투자성 상품 관련 업무는 수수료 부과기준 및 절차만 해당)이 포함되어야 한다(별표 5 제3호).

1) 투자성 상품(연계투자는 제외): 수수료 부과기준 및 절차 등

금융상품판매업자등이 하는 투자성 상품(연계투자는 제외) 광고에는 ⅰ) 수수료 부과기준 및 절차, ⅱ) 손실이 발생할 수 있는 상황(최대 손실이 발생할 수 있는 상황을 포함) 및 그에 따른 손실 추정액. 이 경우 객관적·합리적인 근거를 포함해야 한다. ⅲ) 다른 기관·단체로부터 수상, 선정, 인증, 특허 등("수상등")을 받은 내용을 표기하는 경우 그 기관·단체의 명칭, 수상등의 시기 및 내용, ⅳ) 과거의

재무상태 또는 영업실적을 표기하는 경우 투자광고 시점(또는 기간) 및 미래에는 이와 다를 수 있다는 내용, ⅴ) 최소비용을 표기하는 경우 그 최대비용과 최대수익을 표기하는 경우 그 최소수익, ⅵ) 세제(稅制) 변경 등 새로운 제도가 시행되기 전에 그 제도와 관련된 금융상품을 광고하는 경우에는 그 제도의 시행 시점 및 금융소비자가 알아야 할 제도 관련 중요사항이 포함되어야 한다(별표 5 제3호 가목).

2) 연계투자: 연계투자에 따른 위험

금융상품판매업자등이 하는 연계투자 광고에는 연계투자에 따른 위험(온라인투자연계금융업법19④)이 포함되어야 한다(별표 5 제3호 가목).

### (마) 대출성 상품 및 관련 업무: 개인신용평점이 하락할 수 있다는 사실 등

금융상품판매업자등이 하는 대출성 상품 및 관련 업무 광고에는 ⅰ) 상환능력에 비해 대출금, 신용카드 사용액이 과도할 경우 개인신용평점이 하락할 수 있다는 사실 및 관련 경고문구, ⅱ) 개인신용평점 하락으로 금융거래와 관련된 불이익이 발생할 수 있다는 사실 및 관련 경고문구, ⅲ) 일정 기간 납부해야 할 원리금이 연체될 경우에 계약만료 기한이 도래하기 전에 모든 원리금을 변제해야 할 의무가 발생할 수 있다는 사실 및 관련 경고문구가 포함되어야 한다(별표 5 제4호).

### (바) 금융상품판매대리·중개업자: 직접판매업자의 명칭 및 업무 내용 등

금융상품판매대리·중개업자의 금융상품등에 관한 광고에는 ⅰ) 금융상품판매대리·중개업자가 대리·중개하는 금융상품직접판매업자의 명칭 및 업무 내용(법26①(1)), ⅱ) 하나의 금융상품직접판매업자만을 대리하거나 중개하는 금융상품판매대리·중개업자인지 여부(법26①(2)), ⅲ) 금융상품직접판매업자로부터 금융상품 계약체결권을 부여받지 아니한 금융상품판매대리·중개업자의 경우 자신이 금융상품계약을 체결할 권한이 없다는 사실(법26①(3)), ⅳ) 금융관계법률인 퇴직급여법, 농업협동조합법, 대부업법, 보험업법, 상호저축은행법, 수산업협동조합법, 신용협동조합법, 여신전문금융업법, 온라인투자연계금융업법, 은행법, 인터넷전문은행법, 자본시장법, 중소기업은행법, 한국산업은행법(법2(3), 영2③, 감독규정2③)에 따라 등록되어 있다는 사실이 포함되어야 한다(별표 5 제5호).

### (사) 금융상품자문업자: 독립금융상품자문업자인지 여부 등

금융상품자문업자의 금융상품등에 관한 광고에는 ⅰ) 독립금융상품자문업자인지 여부(법27③(1)), ⅱ) 금융상품판매업자로부터 자문과 관련한 재산상 이익을 제공받는 경우 그 재산상 이익의 종류 및 규모(다만, 경미한 재산상 이익으로서 20만원 이내의 범위에서 금융위원회가 정하여 고시하는 재산상 이익을 제공받은 경우는 제외)(법27③(2)), ⅲ) 금융상품판매업을 겸영하는 경우 자신과 금융상품계약체결 등 업무의 위탁관계에 있는 금융상품판매업자의 명칭 및 위탁 내용(법27③(3)), ⅳ) 자문업무를 제공하는 금융상품의 범위(법27③(4))가 포함되어야 한다(별표 5 제6호).

### (8) 기타 광고 포함사항의 제외

#### (가) 광고의 목적 등 제약

금융위원회는 금융상품등에 관한 광고의 목적, 광고매체의 특성, 광고시간의 제약 등에 따라 영 제18조 제3항 각 호의 기타 광고 포함사항을 금융상품등에 관한 광고에 모두 포함시키기 곤란하다고 인정하는 경우에는 일부 내용을 제외할 수 있다(영18④).

#### (나) 일부 내용 제외시 준수기준

금융상품판매업자등이 일부 내용을 제외할 경우 준수해야 할 기준은 다음의 구분에 따른다(감독규정17③).

1) 보장성 상품에 관한 광고

보장성 상품에 관한 광고의 경우 ⅰ) 금융상품의 편익, 금융상품에 적합한 금융소비자의 특성 또는 가입요건, 금융상품의 특성, 그리고 판매채널의 특징 및 상담 연락처의 전부 또는 일부만을 개괄적으로 알려야 하고(가목), ⅱ) 영상 또는 음성을 활용하는 광고인 경우에는 광고 시간이 2분 이내이어야(나목) 한다(감독규정17③(1)).

2) 그 밖의 금융상품에 관한 광고

그 밖의 금융상품에 관한 광고의 경우 광고에 영 제18조 제3항 각 호의 기타 광고 포함사항 중 일부를 제외함으로 인해 금융소비자의 합리적 의사결정이 저해되거나 건전한 시장질서가 훼손될 우려가 없어야 한다(감독규정17③(2)).

## 5. 광고의 방법 및 절차

### (1) 광고의 방법

금융상품판매업자등이 금융상품등에 관한 광고를 하는 경우에는 금융소비자가 광고의 내용을 쉽게 이해할 수 있도록 광고의 글자, 영상 및 음성 등 전달 방법에 관하여 광고에서 글자의 색깔·크기 또는 음성의 속도·크기 등이 해당 금융상품으로 인해 금융소비자가 받을 수 있는 혜택과 불이익을 균형 있게 전달하여야 한다(영19①, 감독규정18).

### (2) 준법감시인의 심의

금융상품판매업자등은 광고를 하려는 경우에 준법감시인(준법감시인이 없는 경우에는 감사 등 이에 준하는 자)의 심의를 받는 등 내부통제기준에 따른 절차를 거쳐야 한다(영19②).

### (3) 협회등, 그 밖에 금융상품판매업자등이 아닌 자의 광고

"협회등"에 해당하는 ⅰ) 한국금융투자협회, ⅱ) 생명보험협회, ⅲ) 손해보험협회, ⅳ) 상호저축은행중앙회, ⅴ) 여신전문금융업협회, ⅵ) 대부업 및 대부중개업 협회, 전국은행연합회, 신용협동조합중앙회가 광고를 하는 경우와, 그 밖에 금융상품판매업자등이 아닌 자로서 ⅰ) 금융상품판매업자등을 자회사 또는 손자회사로 하는 금융지주회사, ⅱ) 자본시장법에 따른 증권의 발행인 또는 매출인(해당 증권에 관한 광고를 하는 경우로 한정), ⅲ) 주택도시기금법에 따른 주택도시보증공사, ⅳ) 한국주택금융공사법에 따른 한국주택금융공사, ⅴ) 집합투자업자가 광고를 하는 경우(법22① 단서, 영17③, 영17②)도 위의 광고 방법과 준법감시인의 심의 규정이 그대로 해당한다(영19①).

## 6. 광고시 금지행위

금융상품판매업자등이 금융상품등에 관한 광고를 하는 경우 다음의 구분에 따른 행위를 해서는 아니 된다(법22④, 영20①, 감독규정19①).

### (1) 보장성 상품

보장성 상품의 경우 다음의 행위는 금지된다(법22④(1)).

### (가) 보장한도 등을 누락하는 행위 등

보장한도, 보장 제한 조건, 면책사항 또는 감액지급 사항 등을 빠뜨리거나 충분히 고지하지 아니하여 제한 없이 보장을 받을 수 있는 것으로 오인하게 하는 행위는 금지된다(법22④(1) 가목).

### (나) 보장내용이 큰 것으로 오인하게 하는 행위 등

보험금이 큰 특정 내용만을 강조하거나 고액 보장 사례 등을 소개하여 보장내용이 큰 것으로 오인하게 하는 행위는 금지된다(법22④(1) 나목).

### (다) 보험료등이 저렴한 것으로 오인하게 하는 행위 등

보험료를 일(日) 단위로 표시하거나 보험료의 산출기준을 불충분하게 설명하는 등 보험료등이 저렴한 것으로 오인하게 하는 행위는 금지된다(법22④(1) 다목).

### (라) 자동갱신 시 보험료등 인상의 불고지 행위

만기 시 자동갱신되는 보장성 상품의 경우 갱신 시 보험료등이 인상될 수 있음을 금융소비자가 인지할 수 있도록 충분히 고지하지 아니하는 행위는 금지된다(법22④(1) 라목).

### (마) 금리 및 투자실적에 따라 만기환급금의 확정 지급으로 오인하게 하는 행위

금리 및 투자실적에 따라 만기환급금이 변동될 수 있는 보장성 상품의 경우 만기환급금이 보장성 상품의 만기일에 확정적으로 지급되는 것으로 오인하게 하는 행위는 금지된다(법22④(1) 마목).

### (바) 이자율 및 투자실적에 따라 만기환급금의 확정 지급으로 오인하게 하는 행위

이자율 및 투자실적에 따라 만기환급금이 변동될 수 있는 보장성 상품의 경우 만기환급금이 보장성 상품의 만기일에 확정적으로 지급되는 것으로 오인하게 하는 행위는 금지된다(영20①(1)).

### (사) 금융소비자의 경제적 부담이 작아 보이도록 하는 행위 등

보험료를 일(日) 단위로 표시하는 등 금융소비자의 경제적 부담이 작아 보이도록 하거나 계약체결에 따른 이익을 크게 인지하도록 하여 금융상품을 오인하게끔 표현하는 행위는 금지된다(영20①(2)).

### (아) 비교대상 및 기준을 분명하게 밝히지 않는 행위 등

비교대상 및 기준을 분명하게 밝히지 않거나 객관적인 근거 없이 다른 금융상품등과 비교하는 행위는 금지된다(영20①(3)).

### (자) 단정적 판단 제공행위 등

불확실한 사항에 대해 단정적 판단을 제공하거나 확실하다고 오인하게 할 소지가 있는 내용을 알리는 행위는 금지된다(영20①(4)).

### (차) 권리·의무에 중대한 영향을 미치는 사항을 사실과 다르게 알리는 행위 등

계약체결 여부나 금융소비자의 권리·의무에 중대한 영향을 미치는 사항을 사실과 다르게 알리거나 분명하지 않게 표현하는 행위는 금지된다(영20①(5)).

#### (카) 거래조건의 오인 행위

금융소비자에 따라 달라질 수 있는 거래조건을 누구에게나 적용될 수 있는 것처럼 오인하게 만드는 행위는 금지된다(감독규정19①(1)).

#### (타) 보험금이 한꺼번에 지급되는 것처럼 오인하게 하는 행위

보험금 지급사유나 지급시점이 다름에도 불구하고 각각의 보험금이 한꺼번에 지급되는 것처럼 오인하게 만드는 행위는 금지된다(감독규정19①(2)).

#### (파) 한도 초과 금품 제공행위

금융상품에 관한 광고에 연계하여 보험업법 시행령 제46조[79]에서 정한 금액을 초과하는 금품을 금융소비자에 제공하는 행위는 금지된다(감독규정19①(3)).

#### (하) 보장성 상품에 관한 광고 관련 행위 금지

보장성 상품에 관한 광고의 경우 ⅰ) 금융상품의 편익, 금융상품에 적합한 금융소비자의 특성 또는 가입요건, 금융상품의 특성, 그리고 판매채널의 특징 및 상담 연락처의 전부 또는 일부만을 개괄적으로 알려야 하고(가목), ⅱ) 영상 또는 음성을 활용하는 광고인 경우에는 광고 시간이 2분 이내이어야(나목) 한다(감독규정17③(1))는 기준을 모두 충족하는 광고로서 다음의 행위는 금지된다(감독규정19①(4)).

##### 1) 보장성 상품의 가격 등을 안내하는 방법이 동일하지 않은 광고 금지

광고 시 ⅰ) 보장성 상품의 가격, 보장내용 및 만기에 지급받는 환급금 등의 특징, ⅱ) 앞의 ⅰ)의 이행조건을 안내하는 방법(음성 또는 자막 등)이 동일하지 않은 광고는 금지된다(감독규정19①(4) 가목).

##### 2) 금융상품의 특징을 3회 이상 연속·반복하는 광고 금지

광고 시 금융상품의 주요 특징을 유사한 단어로 3회 이상 연속 또는 반복하여 음성으로 안내하는 광고는 금지된다(감독규정19①(4) 나목).

#### (거) 직접판매업자를 올바르게 인지하는 것을 방해하는 행위

광고에서 금융상품과 관련하여 해당 광고매체 또는 금융상품판매대리·중개업자의 상호를 부각시키는 등 금융소비자가 금융상품직접판매업자를 올바르게 인지하는 것을 방해하는 행위는 금지된다(감독규정19①(5)).

---

79) 보험계약 체결 시부터 최초 1년간 납입되는 보험료의 10%와 3만원 중 적은 금액을 말한다(보험업법 시행령 46).

## (2) 투자성 상품

투자성 상품의 경우 다음의 행위는 금지된다(법22④(2), 영20④, 감독규정19③).

### (가) 손실보전 또는 이익보장 오인행위 금지

손실보전(損失補塡) 또는 이익보장이 되는 것으로 오인하게 하는 행위는 금지된다(법22④(2) 가목 본문). 다만, 금융소비자를 오인하게 할 우려가 없는 경우로서 자본시장법 시행령 제104조 제1항 단서[80])에 따라 손실을 보전하거나 이익을 보장하는 경우(영20②)는 제외한다(법22④(2) 가목 단서).

### (나) 집합투자증권에 대한 광고 금지 사항

집합투자증권(영20③)에 대하여 해당 투자성 상품의 특성을 고려하여 "다음의 사항" 외의 사항을 광고에 사용하는 행위는 금지된다(법22④(2) 나목).

따라서 "다음의 사항"에 한하여 광고에 사용할 수 있다(영20③, 감독규정19②). 즉 ⅰ) 집합투자증권을 발행한 자의 명칭, 소재지 및 연락처, ⅱ) 집합투자증권을 발행한 자의 조직 및 집합투자재산 운용 인력, ⅲ) 집합투자재산 운용 실적, ⅳ) 집합투자증권의 환매, ⅴ) 금융상품 유형별 중요사항 설명의무, 연계·제휴서비스등에 관한 사항, 청약 철회의 기한·행사방법·효과에 관한 사항, 기타 금융소비자보호를 위한 사항(법19① 각 호의 사항), ⅵ) 집합투자재산은 신탁업자의 고유재산과 분리하여 안전하게 보관·관리된다는 사실, ⅶ) 금융회사지배구조법에 따른 준법감시인 및 외부감사법에 따른 감사인이 집합투자재산이 적법하게 운용되는지를 감시한다는 사실, ⅷ) 집합투자기구의 투자목적에 적합한 금융소비자에 관한 사항, ⅸ) 집합투자기구의 수익구조, ⅹ) 자본시장법에 따른 집합투자기구평가회사 등의 평가결과, ⅺ) 일반적인 경제상황에 대한 정보, ⅻ) 투자금의 한도 및 적립방법, ⅹⅲ) 비교하는 방식의 광고를 하는 경우에는 그 비교의 대상이 되는 다른 집합투자업자 및 집합투자기구의 유형, 운용기간, 운용실적 및 그 밖에 비교의 기준 일자 등에 관한 사항, ⅹⅳ) 광고의 특성상 필요한 표제·부제는 광고에 사용할 수 있다.

---

80) 연금이나 퇴직금의 지급을 목적으로 하는 신탁으로서 금융위원회가 정하여 고시하는 경우에는 손실의 보전이나 이익의 보장을 할 수 있다(자본시장법 시행령104① 단서).

### (다) 수익률이나 운용실적이 좋은 기간의 수익률이나 운용실적만을 표시하는 행위

수익률이나 운용실적을 표시하는 경우 수익률이나 운용실적이 좋은 기간의 수익률이나 운용실적만을 표시하는 행위는 금지된다(법22④(2) 다목).

### (라) 금융소비자의 경제적 부담이 작아 보이도록 하는 행위

보험료를 일(日) 단위로 표시하는 등 금융소비자의 경제적 부담이 작아 보이도록 하거나 계약체결에 따른 이익을 크게 인지하도록 하여 금융상품을 오인하게끔 표현하는 행위는 금지된다(법22④(2) 다목, 영20④(1), 영20①(2)).

### (마) 비교대상 및 기준을 분명하게 밝히지 않는 행위 등

비교대상 및 기준을 분명하게 밝히지 않거나 객관적인 근거 없이 다른 금융상품등과 비교하는 행위는 금지된다(영20④(1), 영20①(3)).

### (바) 단정적 판단 제공 행위 등

불확실한 사항에 대해 단정적 판단을 제공하거나 확실하다고 오인하게 할 소지가 있는 내용을 알리는 행위는 금지된다(영20④(1), 영20①(4)).

### (사) 권리·의무에 중대한 영향을 미치는 사항을 사실과 다르게 알리는 행위 등

계약체결 여부나 금융소비자의 권리·의무에 중대한 영향을 미치는 사항을 사실과 다르게 알리거나 분명하지 않게 표현하는 행위는 금지된다(영20④(1), 영20①(5)).

### (아) 투자성 상품의 수익률 등이 좋은 기간의 수익률 등만을 표시하는 행위

투자성 상품의 수익률이나 운용실적을 표시하는 경우 수익률이나 운용실적이 좋은 기간의 수익률이나 운용실적만을 표시하는 행위는 금지된다(영20④(2)).

### (자) 거래조건의 오인행위

금융소비자에 따라 달라질 수 있는 거래조건을 누구에게나 적용될 수 있는 것처럼 오인하게 만드는 행위는 금지된다(영20④(3), 감독규정19③(1)).

### (차) 경영실태 및 위험에 대한 평가결과를 비교하여 광고하는 행위

경영실태 및 위험에 대한 평가(자본시장법31③)의 결과(관련 세부내용을 포함)를 다른 금융상품직접판매업자와 비교하여 광고하는 행위(투자성 상품만 해당)는 금지된다(영20④(3), 감독규정19③(2)).

### (3) 예금성 상품

예금성 상품의 경우 다음의 행위는 금지된다(법22④(3), 영20④, 감독규정19

③).

### (가) 이자율의 범위 · 산정방법 등을 오인하게 하는 행위

이자율의 범위 · 산정방법, 이자의 지급 · 부과 시기 및 부수적 혜택 · 비용을 명확히 표시하지 아니하여 금융소비자가 오인하게 하는 행위는 금지된다(법22④ (3) 가목).

### (나) 금융소비자의 경제적 부담이 작아 보이도록 하는 행위

보험료를 일(日) 단위로 표시하는 등 금융소비자의 경제적 부담이 작아 보이도록 하거나 계약체결에 따른 이익을 크게 인지하도록 하여 금융상품을 오인하게끔 표현하는 행위는 금지된다(영20④(1), 영20①(2)).

### (다) 비교대상 및 기준을 분명하게 밝히지 않는 행위 등

비교대상 및 기준을 분명하게 밝히지 않거나 객관적인 근거 없이 다른 금융상품등과 비교하는 행위는 금지된다(영20④(1), 영20①(3)).

### (라) 단정적 판단 제공 금지 등

불확실한 사항에 대해 단정적 판단을 제공하거나 확실하다고 오인하게 할 소지가 있는 내용을 알리는 행위는 금지된다(영20④(1), 영20①(4)).

### (마) 권리 · 의무에 중대한 영향을 미치는 사항을 사실과 다르게 알리는 행위 등

계약체결 여부나 금융소비자의 권리 · 의무에 중대한 영향을 미치는 사항을 사실과 다르게 알리거나 분명하지 않게 표현하는 행위는 금지된다(영20④(1), 영20①(5)).

### (바) 예금성 상품의 수익률 등이 좋은 기간의 수익률 등만을 표시하는 행위

투자성 상품 또는 예금성 상품의 수익률이나 운용실적을 표시하는 경우 수익률이나 운용실적이 좋은 기간의 수익률이나 운용실적만을 표시하는 행위는 금지된다(영22④(2)).

### (사) 거래조건의 오인행위

금융소비자에 따라 달라질 수 있는 거래조건을 누구에게나 적용될 수 있는 것처럼 오인하게 만드는 행위는 금지된다(영20④(3), 감독규정19③(1)).

### (4) 대출성 상품

예금성 상품의 경우 다음의 행위는 금지된다(법22④(4), 영20④, 감독규정19 ③).

### (가) 이자율의 범위·산정방법 등을 오인하게 하는 행위

대출이자율의 범위·산정방법, 대출이자의 지급·부과 시기 및 부수적 혜택·비용을 명확히 표시하지 아니하여 금융소비자가 오인하게 하는 행위는 금지된다(영20④(4) 가목).

### (나) 금융소비자의 경제적 부담이 작아 보이도록 하는 행위

보험료를 일(日) 단위로 표시하는 등 금융소비자의 경제적 부담이 작아 보이도록 하거나 계약체결에 따른 이익을 크게 인지하도록 하여 금융상품을 오인하게끔 표현하는 행위는 금지된다(영20④(1), 영20①(2)).

### (다) 비교대상 및 기준을 분명하게 밝히지 않는 행위 등

비교대상 및 기준을 분명하게 밝히지 않거나 객관적인 근거 없이 다른 금융상품등과 비교하는 행위는 금지된다(영20④(1), 영20①(3)).

### (라) 단정적 판단 제공행위 등

불확실한 사항에 대해 단정적 판단을 제공하거나 확실하다고 오인하게 할 소지가 있는 내용을 알리는 행위는 금지된다(영20④(1), 영20①(4)).

### (마) 권리·의무에 중대한 영향을 미치는 사항을 사실과 다르게 알리는 행위 등

계약체결 여부나 금융소비자의 권리·의무에 중대한 영향을 미치는 사항을 사실과 다르게 알리거나 분명하지 않게 표현하는 행위는 금지된다(영20④(1), 영20①(5)),

### (바) 거래조건의 오인행위

금융소비자에 따라 달라질 수 있는 거래조건을 누구에게나 적용될 수 있는 것처럼 오인하게 만드는 행위는 금지된다(영20④(3), 감독규정19③(1)).

## 7. 표시광고법 적용

금융상품등에 관한 광고를 할 때 표시광고법 제4조 제1항에 따른 표시·광고사항이 있는 경우에는 표시광고법에서 정하는 바에 따른다(법22⑤). 따라서 금융상품등에 관한 광고를 할 때 ⅰ) 표시·광고를 하지 아니하여 소비자 피해가 자주 발생하는 사항, ⅱ) 표시·광고를 하지 아니하면 ㉠ 소비자가 상품등의 중대한 결함이나 기능상의 한계 등을 정확히 알지 못하여 구매 선택을 하는 데에 결정적인 영향을 미치게 되는 경우, ㉡ 소비자의 생명·신체 또는 재산에 위해(危害)를 끼칠 가능성이 있는 경우, 또는 ㉢ 그 밖에 소비자의 합리적인 선택을 현저

히 그르칠 가능성이 있거나 공정한 거래질서를 현저히 해치는 경우가 생길 우려
가 있는 사항(표시광고법4①)이 있는 경우에는 표시광고법에서 정하는 바에 따른
다(법22⑤).

### 8. 협회등 광고심의 등

#### (1) 광고 관련 기준 준수 확인 및 통보

협회등은 금융상품판매업자등의 금융상품등에 관한 광고와 관련하여 광고
의 주체(법22①), 금융상품 내용의 명확·공정한 전달의무(법22②), 광고포함사항
(법22③), 금융상품에 관한 광고를 하는 경우 금지행위(법22④)의 광고 관련 기준
을 준수하는지를 확인하고 그 결과에 대한 의견을 해당 금융상품판매업자등에게
통보할 수 있다(법22⑥).

#### (2) 광고 관련 기준 준수 확인 대상

협회등("협회등")이 금융상품등에 관한 광고 관련 기준을 준수하는지를 확인
하는 경우에는 소속 회원사인 금융상품판매업자등(금융상품판매업자와 위탁계약을
체결한 금융상품판매대리·중개업자를 포함)을 그 대상으로 한다(영21①). 여기서 기
준은 다음의 사항을 말한다(감독규정20②). 즉 ⅰ) 보통의 주의력을 가진 일반적
인 금융소비자의 관점에서 금융상품등에 관한 광고와 관련하여 광고의 주체(법22
①), 금융상품 내용의 명확·공정한 전달의무(법22②), 광고포함사항(법22③), 금융
상품에 관한 광고를 하는 경우 금지행위(법22④)의 광고 관련 기준이 지켜졌는지
를 확인하여야 하고, ⅱ) 광고심의 대상을 선정하는 기준은 금융상품의 특성 및
민원빈도, 광고매체의 파급효과 등을 종합적으로 고려하여야 한다.

#### (3) 광고심의

#### (가) 여신전문금융업협회 및 한국금융투자협회의 광고심의 대상

여신전문금융업협회 및 한국금융투자협회가 금융상품등에 관한 광고와 관
련하여 광고의 주체(법22①), 금융상품 내용의 명확·공정한 전달의무(법22②), 광
고포함사항(법22③), 금융상품에 관한 광고를 하는 경우 금지행위(법22④)의 광고
관련 기준을 준수하는지를 확인("광고심의")할 수 있는 대상은 ⅰ) 여신전문금융
업협회는 여신전문금융회사(겸영여신업자를 포함) 및 여신전문금융회사가 취급하
는 대출성 상품에 관한 금융상품판매대리·중개업을 영위하는 자의 광고이고,
ⅱ) 한국금융투자협회는 금융투자업자(겸영금융투자업자를 포함)의 광고이다(감독

규정20①).

### (나) 광고심의시 준수사항

광고심의를 하는 경우에 다음의 절차를 준수하여야 한다(감독규정20③). 즉 ⅰ) 광고가 이루어지기 전에 확인하여야 한다(제1호 본문). 다만, 광고기 생방송으로 이루어지는 경우에는 협회등이 달리 정할 수 있다(제1호 단서). ⅱ) 광고심의가 종료된 후에 그 결과(광고에 수정이 필요한 경우에 구체적인 사유를 포함)를 지체 없이 해당 금융상품판매업자(금융상품판매대리·중개업자가 하나의 금융상품직접판매업자가 취급하는 금융상품에 관한 계약의 체결만 대리·중개하는 것을 영업으로 하는 경우에는 해당 금융상품직접판매업자)에 통보하여야 한다(제2호). ⅲ) 광고심의 결과에 대한 이의신청 절차를 마련하여야 한다(제3호).

### (다) 광고심의 기준 및 절차 제정

광고심의에 관한 기준 및 절차는 협회등이 정할 수 있다(감독규정20④).

### (4) 자료 또는 의견 제출 요청

협회등이 금융상품판매업자등이 금융상품 등에 관한 광고 관련 기준을 준수하는지를 확인하기 위해 필요한 경우에는 관련 기관·단체 또는 전문가 등에게 자료 또는 의견의 제출을 요청할 수 있다(영21②).

### (5) 협회등의 의견 통보

협회등이 금융상품판매업자등에게 그 의견을 통보하는 경우에는 문서로 해야 한다(영21③ 전단). 이 경우 금융상품판매업자등의 법 위반사실이 있는 때에는 그 사실을 금융위원회에 알릴 수 있다(영21③ 후단).

## 9. 위반시 제재

### (1) 과징금

금융위원회는 금융상품직접판매업자 또는 금융상품자문업자가 광고 포함사항(법22③) 또는 광고시 금지행위(법22④) 규정을 위반하여 금융상품등에 관한 광고를 한 경우(법57①(4)) 그 위반행위와 관련된 계약으로 얻은 수입 또는 이에 준하는 금액("수입등")의 50% 이내에서 과징금을 부과할 수 있다(법57① 본문). 다만, 위반행위를 한 자가 그 위반행위와 관련된 계약으로 얻은 수입등이 없거나 수입등의 산정이 곤란한 경우로서 대통령령으로 정하는 경우에는 10억원을 초과하지 아니하는 범위에서 과징금을 부과할 수 있다(법57① 단서).

## (2) 과태료

광고의 주체(법22①), 광고 포함사항(법22③) 또는 광고시 금지행위(법22④) 규정을 위반하여 금융상품등에 관한 광고를 한 자에게는 1억원 이하의 과태료를 부과한다(법69①(5)).

금융상품판매대리·중개업자가 금융상품계약체결등의 업무를 대리하거나 중개하게 한 금융상품판매대리·중개업자가 광고포함사항(법22③) 또는 금융상품에 관한 광고를 하는 경우 금지행위(법22④) 규정을 위반하여 금융상품등에 관한 광고를 한 경우에 그 업무를 대리하거나 중개하게 한 금융상품판매대리·중개업자에게는 1억원 이하의 과태료를 부과한다(법69①(6) 본문 라목). 다만, 업무를 대리하거나 중개하게 한 금융상품판매대리·중개업자로서 그 위반행위를 방지하기 위하여 해당 업무에 관하여 적절한 주의와 감독을 게을리하지 아니한 자는 제외한다(법69①(6) 단서).

# Ⅶ. 계약서류의 제공의무

계약서류의 제공의무는 금융소비자의 금융상품에 대한 이해를 도모하고 금융분쟁이 발생한 경우 증거자료로 활용할 수 있다.

## 1. 금융상품 유형별 제공의무

금융상품직접판매업자 및 금융상품자문업자는 금융소비자와 금융상품 또는 금융상품자문에 관한 계약을 체결하는 경우 금융상품의 유형별로 계약서류인 ⅰ) 금융상품 계약서, ⅱ) 금융상품의 약관, ⅲ) 금융상품 설명서(금융상품판매업자만 해당), ⅳ) 상법에 따른 보험증권(보장성 상품 중 보험만 해당)을 금융소비자에게 지체 없이 제공하여야 한다(법23① 본문).

## 2. 금융상품 유형별 제공의무의 예외

계약내용 등이 금융소비자 보호를 해칠 우려가 없는 경우로서 대부업법, 자본시장법(온라인소액투자중개업자만 해당), 온라인투자연계금융업법에 따라 계약서류가 제공된 경우에는 계약서류를 제공하지 아니할 수 있다(법23① 단서, 영22②).

## 3. 계약서류 제공 방법 및 절차

금융상품직접판매업자 및 금융상품자문업자가 계약서류를 제공하는 때에는 ⅰ) 서면 교부, ⅱ) 우편 또는 전자우편, ⅲ) 휴대전화 문자메시지 또는 이에 준하는 전자적 의사표시의 방법으로 제공한다(영22③ 본문). 다만, 금융소비자가 앞의 방법 중 특정 방법으로 제공해 줄 것을 요청하는 경우에는 그 방법으로 제공해야 한다(영22③ 단서).

금융상품판매업자등은 계약서류를 전자우편 또는 이에 준하는 전자적 의사표시로 교부하는 경우에 금융소비자가 전자금융거래법에 따른 전자적 장치를 통해 계약서류를 확인하는데 필요한 소프트웨어 및 안내자료를 제공해야 한다(감독규정21).

## 4. 계약서류 제공시 준수사항

금융상품직접판매업자 및 금융상품자문업자는 계약서류를 제공하는 경우 다음의 사항을 준수해야 한다(영22④). 즉 ⅰ) 해당 계약서류가 법령 및 내부통제기준에 따른 절차를 거쳐 제공된다는 사실을 해당 계약서류에 적어야 하고(제1호), ⅱ) 계약서류를 전자우편, 휴대전화 문자메시지 또는 이에 준하는 전자적 의사표시의 방법으로 제공하는 경우에는 해당 계약서류가 위조·변조되지 않도록 기술적 조치를 취해야 한다(제2호).

## 5. 계약서류 제공사실의 증명책임

계약서류의 제공 사실에 관하여 금융소비자와 다툼이 있는 경우에는 금융상품직접판매업자 및 금융상품자문업자가 이를 증명하여야 한다(법23②).

## 6. 위반시 제재

금융상품 유형별로 계약서류를 제공해야 하는 의무(법23①) 규정을 위반하여 금융소비자에게 계약서류를 제공하지 아니한 자에게는 1억원 이하의 과태료를 부과한다(법69①(7)).

# 제3절 금융상품판매업자등의 업종별 영업행위 준수사항

## Ⅰ. 미등록자를 통한 금융상품판매 대리 · 중개 금지

금융소비자보호법은 불완전판매로 인한 금융소비자의 피해방지를 위해 금융상품판매업자가 금융상품판매대리 · 중개업자 아닌 자에 대한 금융상품계약체결등의 위탁을 금지하고 있다. 즉 금융상품판매업자는 금융상품판매대리 · 중개업자가 아닌 자에게 금융상품계약체결등을 대리하거나 중개하게 해서는 아니 된다(법24).

## Ⅱ. 금융상품판매대리 · 중개업자의 금지행위

### 1. 급부 수령 · 대가제공 금지 등

금융상품판매대리 · 중개업자는 다음의 어느 하나에 해당하는 행위를 해서는 아니 된다(법25①).

### (1) 급부수령 금지

### (가) 원칙적 금지

금융상품판매대리 · 중개업자는 금융소비자로부터 투자금, 보험료 등 계약의 이행으로서 급부를 받는 행위를 할 수 없다(법25①(1) 본문). 금융상품판매대리 · 중개업자로 하여금 금융소비자로부터 급부 수령을 금지하는 이유는 금융상품에 대한 계약체결 권한을 갖는 자는 금융상품직접판매업자인데, 금융상품판매대리 · 중개업자가 계약의 이행으로서 급부를 받는 경우 계약체결의 상대방으로 오인되어 금융소비자의 피해가 발생할 우려가 있기 때문이다.

### (나) 예외적 허용

금융상품판매대리 · 중개업자가 금융상품직접판매업자로부터 급부 수령에 관한 권한을 부여받은 경우로서 보장성 상품에 관한 계약과 관련하여 보험료 또는 공제료를 수령하는 행위는 제외한다(법25①(1) 단서, 영23①).

## (2) 재위탁 및 대가 지급 금지

### (가) 원칙적 금지

금융상품판매대리·중개업자가 대리·중개하는 업무를 제3자에게 하게 하거나 그러한 행위에 관하여 수수료·보수나 그 밖의 대가를 지급하는 행위는 금지된다(법25①(2) 본문). 이는 제3자에게 위탁하여 문제가 발생하는 경우 책임소재가 불명확해지고 이에 따라 금융소비자의 피해가 발생할 염려가 있기 때문이다.

### (나) 예외적 허용

금융상품직접판매업자의 이익과 상충되지 아니하고 금융소비자 보호를 해치지 아니하는 경우로서 다음의 행위는 제외한다(법25①(2) 단서). 여기서 제외되는 다음의 행위란 다음의 구분에 따른 행위를 말한다(영23②).

1) 보험설계사·보험대리점·보험중개사가 위탁계약을 체결한 경우

다음의 위탁계약을 체결한 경우, 즉 i) 보험설계사가 같은 보험회사·보험대리점 또는 보험중개사에 소속된 다른 보험설계사와 위탁계약을 체결한 경우(가목), ii) 보험대리점이 소속 보험설계사 또는 같은 보험회사의 다른 보험대리점과 위탁계약을 체결한 경우(나목 본문). 다만, 같은 보험회사의 다른 보험대리점과 위탁계약을 체결하는 경우에는 금융상품직접판매업자로부터 그 계약의 내용에 대해 사전동의를 받아야 한다(나목 단서). iii) 보험중개사가 소속 보험설계사 또는 다른 보험중개사와 위탁계약을 체결한 경우(다목) 수탁자로 하여금 보장성 상품에 관한 계약의 체결을 대리·중개하는 업무를 하게 하거나 그러한 행위에 관하여 위탁자가 수수료·보수나 그 밖의 대가를 지급하는 행위는 제외한다(영23②(1)).

2) 법인인 판매대리·중개업자의 예금성·대출성 상품의 대리·중개업무

법인인 금융상품판매대리·중개업자가 개인인 금융상품판매대리·중개업자에게 예금성 상품 또는 대출성 상품에 관한 계약의 체결을 대리·중개하는 업무를 하게 하거나 그러한 행위에 관하여 수수료·보수나 그 밖의 대가를 지급하는 행위는 제외한다(영23②(2)).

## (3) 이해상충행위 금지

금융상품판매대리·중개업자는 금융소비자 보호 또는 건전한 거래질서를 해칠 우려가 있는 행위로서 다음의 이해상충행위를 할 수 없다(법25①(3), 영23③, 감독규정22).

### (가) 직접판매업자를 대신하여 계약을 체결하는 행위 금지

금융상품직접판매업자를 대신하여 계약을 체결하는 행위는 금지된다(영23③ (1) 본문). 다만, 보험대리점이 해당 금융상품직접판매업자로부터 계약에 관한 의사표시를 할 수 있는 권한을 받은 경우는 제외된다(영23③(1) 단서).

### (나) 소비자를 대신하여 계약을 체결하는 행위 금지

금융소비자를 대신하여 계약을 체결하는 행위는 금지된다(영23③(2)).

### (다) 오인할 수 있는 상호를 광고나 영업에 사용하는 행위 금지

금융소비자로 하여금 금융상품직접판매업자 또는 금융상품자문업자로 오인할 수 있는 상호를 광고나 영업에 사용하는 행위는 금지된다(영23③(3)).

### (라) 자신에게만 대리·중개 업무를 위탁하는 행위 등 금지

금융상품직접판매업자에게 자신에게만 대리·중개 업무를 위탁하거나 다른 금융상품판매대리·중개업자에게 위탁하지 않도록 강요하는 행위는 금지된다(영23③(4)).

### (마) 다른 금융상품판매대리·중개업자의 명의사용 행위 등 금지

다른 금융상품판매대리·중개업자의 명의를 사용하거나 다른 금융상품판매대리·중개업자가 자신의 명의를 사용하도록 하는 행위는 금지된다(영23③(5)).

### (바) 2개 이상의 직접판매업자를 위한 대리·중개 행위 금지

1) 원칙적 금지(1사 전속의무)

같은 상품유형의 금융상품에 대하여 2개 이상의 금융상품직접판매업자를 위해 금융상품에 관한 계약의 체결을 대리·중개하는 행위는 금지된다(영23③(6), 감독규정22(1) 본문). 동일인이 다수의 금융상품판매대리·중개업자에 각각 사실상 영향력을 행사하는 경우에 해당 법인들은 모두 하나의 금융상품판매대리·중개업자로 본다(감독규정22(1) 본문).

따라서 투자권유대행인, 대출모집인의 2개 이상 직접판매업자를 위한 대리·중개 행위는 금지된다. 대출모집인에는 대부중개업자, 온라인 전용 대출모집법인, 신용협동조합 대출상품 대리중개업자가 포함되고, 리스·할부모집 행위, 방문판매업법상 전화권유판매 전용 대리·중개 행위도 금지된다.

2) 예외적 허용

다음의 행위는 예외적으로 허용된다(감독규정22(1) 단서).

가) 보장성 상품을 취급하는 판매대리 · 중개업자의 대리 · 중개 행위

보장성 상품을 취급하는 금융상품판매대리 · 중개업자가 둘 이상의 금융상품
직접판매업자를 위해 보장성 상품에 관한 계약의 체결을 대리 · 중개하는 행위는
허용된다(감독규정22(1) 가목).

나) 대출성 상품을 취급하는 직접판매업자의 대리 · 중개 행위

대출성 상품을 취급하는 금융상품직접판매업자가 다른 금융상품직접판매업
자의 대출성 상품에 관한 계약의 체결을 대리 · 중개하는 행위는 허용된다(감독규
정22(1) 나목).

다) 신용카드 · 시설대여 · 연불판매 · 할부계약의 대리 · 중개자의 대출 대리 · 중
개 행위

신용카드, 시설대여, 연불판매 또는 할부계약에 관한 계약의 체결을 대리 ·
중개하는 자가 다른 하나의 금융상품직접판매업자를 위해 대출 계약의 체결을
대리 · 중개하는 행위는 허용된다(감독규정22(1) 다목).

라) 신용카드 · 연불판매 · 할부계약의 대리 · 중개자의 신용카드 계약 대리 · 중개
행위

시설대여, 연불판매 또는 할부계약에 관한 계약의 체결을 대리 · 중개하는
자가 다른 하나의 금융상품직접판매업자를 위해 신용카드에 관한 계약의 체결을
대리 · 중개하는 행위는 허용된다(감독규정22(1) 라목).

마) 대부중개업자 등의 대출성 상품에 관한 계약 대리 · 중개 행위

ⅰ) 대부중개업자, ⅱ) 대출성 상품에 관한 금융상품판매대리 · 중개업을 전
자금융거래 방식으로만 영위하는 법인, 그리고 ⅲ) 신용협동조합이 취급하는 대
출성 상품에 관한 계약의 체결만 대리 · 중개하는 금융상품판매대리 · 중개업자가
둘 이상의 금융상품직접판매업자를 위해 대출성 상품에 관한 계약의 체결을 대
리 · 중개하는 행위는 허용된다(감독규정22(1) 마목).

바) 시설대여 · 연불판매 · 할부금융 등의 계약 대리 · 중개 행위

시설대여 · 연불판매 · 할부금융 또는 이와 유사한 금융상품에 관한 계약의
체결을 대리 · 중개하는 행위는 허용된다(감독규정22(1) 바목).

사) 전화권유판매로만 하는 대출성 상품에 관한 계약 대리 · 중개 행위

방문판매법에 따른 전화권유판매로만 대출성 상품에 관한 계약의 체결을 대
리 · 중개하는 행위는 허용된다(감독규정22(1) 사목).

## (사) 대출성 상품 계약체결 대리·중개자의 행위

대출성 상품에 관한 계약의 체결을 대리하거나 중개하는 자의 다음의 행위는 금지된다(감독규정22(2)).

### 1) 대부업·대부중개업 금지

대출성 상품에 관한 계약의 체결을 대리하거나 중개하는 자는 대부업법에 따른 대부업·대부중개업을 할 수 없다(감독규정22(2) 가목). 이 경우는 대부업자 및 대부중개업자에 적용하지 않는다(감독규정22(2) 가목).

"대부업"이란 금전의 대부(어음할인·양도담보, 그 밖에 이와 비슷한 방법을 통한 금전의 교부를 포함)를 업(業)으로 하거나 ⅰ) 대부업자, 또는 ⅱ) 여신금융기관[81]으로부터 대부계약에 따른 채권을 양도받아 이를 추심("대부채권매입추심")하는 것을 업으로 하는 것을 말한다(대부업법2(1) 본문). "대부중개업"이란 대부중개를 업으로 하는 것을 말한다(대부업법2(2)).

### 2) 다단계판매업 금지

대출성 상품에 관한 계약의 체결을 대리하거나 중개하는 자는 방문판매법에 따른 다단계판매업을 할 수 없다(감독규정22(2) 나목).

"다단계판매업"이란 다단계판매를 업으로 하는 것을 말한다(방문판매법2(5)). "다단계판매"란 ⅰ) 판매업자에 속한 판매원이 특정인을 해당 판매원의 하위 판매원으로 가입하도록 권유하는 모집방식이 있어야 하고(가목), ⅱ) 판매원의 가입이 3단계(다른 판매원의 권유를 통하지 아니하고 가입한 판매원을 1단계 판매원으로 한다) 이상 단계적으로 이루어져야 하고(다만, 판매원의 단계가 2단계 이하라고 하더라도 사실상 3단계 이상으로 관리·운영되는 경우로서 대통령령으로 정하는 경우[82])를 포

---

81) "여신금융기관"이란 은행법, 중소기업은행법, 한국산업은행법, 한국수출입은행법, 한국은행법, 자본시장법, 상호저축은행법, 농업협동조합법, 수산업협동조합법, 신용협동조합법, 산림조합법, 새마을금고법, 보험업법, 여신전문금융업법, 자산유동화법, 우체국예금법, 중소기업창업 지원법, 온라인투자연계금융업법에 따라 인가 또는 허가 등을 받아 대부업을 하는 금융기관을 말한다(대부업법2(4). 대부업법 시행령2의2).

82) "대통령령으로 정하는 경우"란 다음의 어느 하나에 해당하는 경우를 말한다(방문판매법 시행령2).
  1. 판매원에 대한 후원수당의 지급방법이 사실상 판매원의 단계가 3단계 이상인 경우와 같거나 유사한 경우
  2. 다른 자로부터 판매 또는 조직관리를 위탁받은 자(다단계판매업자 또는 후원방문판매업자로 등록한 자는 제외)가 자신의 하위판매원을 모집하여 관리·운영하는 경우로서 위탁한 자와 위탁받은 자의 하위판매조직을 하나의 판매조직으로 볼 때 사실상 3단계 이상인 판매조직이거나 이와 유사하게 관리·운영되는 경우

함), iii) 판매업자가 판매원에게 판매원의 수당에 영향을 미치는 다른 판매원들의 재화등의 거래실적 또는 판매원의 수당에 영향을 미치는 다른 판매원들의 조직관리 및 교육훈련 실적에 해당하는 후원수당을 지급하는 방식을 가지고 있어야 한다(방문판매법2(5)).

### 3) 사행산업 금지

대출성 상품에 관한 계약의 체결을 대리하거나 중개하는 자는 사행산업통합감독위원회법에 따른 사행산업을 할 수 없다(감독규정22(2) 다목).

"사행산업"이라 함은 ⅰ) 카지노업: 관광진흥법과 「폐광지역개발 지원에 관한 특별법」의 규정에 따른 카지노업,[83] ⅱ) 경마: 한국마사회법의 규정에 따른 경마,[84] ⅲ) 경륜·경정: 경륜·경정법의 규정에 따른 경륜과 경정,[85] ⅳ) 복권: 「복권 및 복권기금법」의 규정에 따른 복권,[86] ⅴ) 체육진흥투표권: 국민체육진흥

---

83) 카지노업이란 전문 영업장을 갖추고 주사위·트럼프·슬롯머신 등 특정한 기구 등을 이용하여 우연의 결과에 따라 특정인에게 재산상의 이익을 주고 다른 참가자에게 손실을 주는 행위 등을 하는 업을 말한다(관광진흥법3①(5)).

84) "경마"란 기수가 기승(騎乘)한 말의 경주에 대하여 승마투표권(勝馬投票券)을 발매(發賣)하고, 승마투표 적중자에게 환급금을 지급하는 행위를 말한다(한국마사회법2(1)).

85) "경륜"이란 자전거 경주에 대한 승자투표권(勝者投票券)을 발매하고 경주 결과를 맞힌 사람에게 환급금을 내주는 행위를 말하고(경륜·경정법2(1)), "경정"이란 모터보트 경주에 대한 승자투표권을 발매하고 경주 결과를 맞힌 사람에게 환급금을 내주는 행위를 말한다(경륜·경정법2(2)).

86) "복권"이란 다수인으로부터 금전을 모아 추첨 등의 방법으로 결정된 당첨자에게 당첨금을 지급하기 위하여 발행하는 표권(票券)으로서 다음의 것을 말한다(복권 및 복권기금법2(1)). 즉 ⅰ) 추첨식 인쇄복권: 복권면에 추첨용 번호를 미리 인쇄한 후에 추첨으로 당첨번호를 결정하는 복권, ⅱ) 즉석식 인쇄복권: 당첨방식을 미리 정한 후 복권면에 당첨방식에 관한 내용을 인쇄하여 복권의 최종 구매자가 구입하는 즉시 당첨 여부를 확인할 수 있는 복권, ⅲ) 추첨식 전자복권: 정보통신망(정보통신망법2①(1))을 통하여 발행 및 판매가 이루어지는 전자적 형태의 복권으로서 복권면에 추첨용 번호를 미리 정하여 두거나 최종 구매자가 번호를 선택할 수 있도록 한 후에 추첨으로 당첨번호를 결정하는 복권, ⅳ) 즉석식 전자복권: 정보통신망을 통하여 발행 및 판매가 이루어지는 전자적 형태의 복권으로서 당첨방식을 미리 정한 후 복권면에 당첨방식에 관한 내용을 표시하고 복권의 최종 구매자가 구입하는 즉시 당첨 여부를 확인할 수 있는 복권, ⅴ) 온라인복권: 복권의 최종 구매자가 직접 번호를 선택하거나 전산에 의하여 자동으로 번호를 받은 후에 추첨으로 당첨번호를 결정하는 복권으로서 복권발행시스템을 갖춘 중앙전산센터와 정보통신망으로 연결된 복권의 발매단말기를 통하여 출력된 복권 또는 복권발행시스템을 갖춘 중앙전산센터와 연결된 정보통신망을 통하여 발행 및 판매가 이루어지는 전자적 형태의 복권, ⅵ) 추첨식 인쇄·전자결합복권: 추첨식 인쇄복권과 추첨식 전자복권을 혼합한 형태의 복권을 말한다(복권 및 복권기금법2(1)). 추첨식 인쇄·전자결합복권의 추첨은 컴퓨터프로그램 등 정보처리능력을 가진 장치를 제외한 추첨기기에 의한 방법으로 한다(복권 및 복권기금법 시행령1의2).

법의 규정에 따른 체육진흥투표권,[87] vi) 소싸움경기: 「전통 소싸움경기에 관한 법률」에 따른 소싸움경기[88]를 말한다(사행산업통합감독위원회법2(1)).

4) 단란주점영업 및 유흥주점영업 금지

대출성 상품에 관한 계약의 체결을 대리하거나 중개하는 자는 식품위생법 시행령에 따른 단란주점영업 및 유흥주점영업을 할 수 없다(감독규정22(2) 라목).

"단란주점영업"이란 주로 주류를 조리·판매하는 영업으로서 손님이 노래를 부르는 행위가 허용되는 영업을 말하고(식품위생법 시행령21(8) 다목), "유흥주점영업"이란 주로 주류를 조리·판매하는 영업으로서 유흥종사자를 두거나 유흥시설을 설치할 수 있고 손님이 노래를 부르거나 춤을 추는 행위가 허용되는 영업을 말한다(식품위생법 시행령21(8) 라목).

### (아) 투자성 상품 계약체결 대리·중개자의 행위

투자성 상품에 관한 계약의 체결을 대리하거나 중개하는 행위로서 다음의 행위는 금지된다(감독규정22(3)).

1) 투자일임재산·신탁재산을 집합운용하는 것처럼 대리·중개·광고 행위 금지

자본시장법에 따른 투자일임재산이나 신탁재산을 각각의 금융소비자별 또는 재산별로 운용하지 않고 모아서 운용하는 것처럼 투자일임계약이나 신탁계약의 계약체결등(계약의 체결 또는 계약체결의 권유를 하거나 청약을 받는 것)을 대리·중개하거나 광고하는 행위는 금지된다(감독규정22(3) 가목).

2) 금융투자상품을 매매할 수 있는 권한을 위임받는 행위 금지

금융소비자로부터 금융투자상품을 매매할 수 있는 권한을 위임받는 행위는 금지된다(감독규정22(3) 나목).

3) 제3자가 금융소비자에 금전을 대여하도록 대리·중개하는 행위 금지

투자성 상품에 관한 계약의 체결과 관련하여 제3자가 금융소비자에 금전을 대여하도록 대리·중개하는 행위는 금지된다(감독규정22(3) 다목).

---

87) "체육진흥투표권"이란 운동경기 결과를 적중시킨 자에게 환급금을 내주는 표권(票券)으로서 투표 방법과 금액이 적혀 있는 것을 말한다(국민체육진흥법2(12)).
88) "소싸움경기"란 소싸움에 대하여 소싸움경기 투표권을 발매(發賣)하고, 소싸움경기 투표 적중자에게 환급금을 지급하는 행위를 말한다(전통소싸움법2(2)). 여기서 "소싸움"이란 소싸움경기장에서 싸움소 간의 힘겨루기를 말하며(전통소싸움법2(1)), "환급금"이란 소싸움경기에서 그 경기의 결과가 확정되었을 때 소싸움경기 시행자가 소싸움경기 투표권 발매금액 중에서 발매수득금 및 각종 세금을 공제한 후 소싸움경기 투표권을 구매하고 그 결과를 적중시킨 사람에게 지급하는 금액을 말한다(전통소싸움법2(8)).

4) 보험설계사의 위탁계약을 체결하지 않은 투자성 상품의 대리 · 중개 행위 금지

보험업법에 따른 보험설계사가 위탁계약을 체결하지 않은 보험업법에 따른 보험회사의 투자성 상품에 관한 계약의 체결을 대리 · 중개하는 행위는 금지된다 (감독규정22(3) 라목).

### (자) 금융소비자 정보 이용행위 금지

업무수행 과정에서 알게 된 금융소비자의 정보를 자기 또는 제3자의 이익을 위해 이용하는 행위는 금지된다(감독규정22(4)).

### (차) 위탁계약을 체결한 직접판매업자 발행 주식의 매매 권유행위 금지

위탁계약을 체결한 금융상품직접판매업자가 발행한 주식의 매수 또는 매도를 권유하는 행위는 금지된다(감독규정22(5)).

### (카) 방송채널사용사업을 승인받은 판매대리 · 중개업자의 금지행위

상품소개와 판매에 관한 전문편성을 행하는 방송채널사용사업을 승인(방송법9⑤)받은 금융상품판매대리 · 중개업자(보장성 상품을 취급하는 자에 한정)가 보장성 상품에 관한 금융상품판매대리 · 중개업을 영위할 수 없는 개인으로 하여금 방송(방송법2(1))[89]을 통해 그 금융상품을 설명하게 하는 행위는 금지된다(감독규정22(6)).

### (타) 보장성 상품을 취급하는 판매대리 · 중개업자의 비대면 설명행위 금지

1) 원칙적 금지

보장성 상품을 취급하는 금융상품판매대리 · 중개업자(전화를 이용하여 모집하는 자 및 사이버몰[90]을 이용하여 모집하는 자는 제외)가 일반금융소비자와 만나지 않고 설명의무(법19)에 따른 설명을 하는 행위는 금지된다(감독규정22(7) 본문).

---

89) 1. "방송"이라 함은 방송프로그램을 기획 · 편성 또는 제작하여 이를 공중(개별계약에 의한 수신자를 포함하며, 이하 "시청자"라 한다)에게 전기통신설비에 의하여 송신하는 것으로서 다음의 것을 말한다.
　　가. 텔레비전방송: 정지 또는 이동하는 사물의 순간적 영상과 이에 따르는 음성 · 음향 등으로 이루어진 방송프로그램을 송신하는 방송
　　나. 라디오방송: 음성 · 음향 등으로 이루어진 방송프로그램을 송신하는 방송
　　다. 데이터방송: 방송사업자의 채널을 이용하여 데이터(문자 · 숫자 · 도형 · 도표 · 이미지 그 밖의 정보체계)를 위주로 하여 이에 따르는 영상 · 음성 · 음향 및 이들의 조합으로 이루어진 방송프로그램을 송신하는 방송(인터넷 등 통신망을 통하여 제공하거나 매개하는 경우는 제외)
　　라. 이동멀티미디어방송: 이동중 수신을 주목적으로 다채널을 이용하여 텔레비전방송 · 라디오방송 및 데이터방송을 복합적으로 송신하는 방송
90) 사이버몰은 인터넷 홈페이지, 컴퓨터통신이라고도 한다.

### 2) 예외적 허용

ⅰ) 표준상품설명대본(보험업감독규정4-36⑥)[91])에 따라 설명하여야 하고, ⅱ) 해당 금융상품을 취급하는 금융상품직접판매업자가 앞의 설명내용이 녹취된 전자파일을 통해 해당 설명내용이 표준상품설명대본과 일치하는지를 확인하고 그 전자파일을 보관하는 경우는 제외한다(감독규정22(7) 단서).

## 2. 수수료 외의 재산상 이익 요구·수령 금지

금융상품판매대리·중개업자는 금융상품판매 대리·중개 업무를 수행할 때 금융상품직접판매업자로부터 정해진 수수료 외의 금품, 그 밖의 재산상 이익을 요구하거나 받아서는 아니 된다(법25②). 여기서 재산상 이익의 구체적 내용은 ⅰ) 금전등의 지급 또는 대여, ⅱ) 금융상품판매대리·중개업 수행시 발생하는 비용 또는 손해의 보전, ⅲ) 금융상품직접판매업자가 취급하는 금융상품에 대한 계약체결시 우대 혜택 등이다(영23④).

이는 금융상품의 제조와 판매 분리로 판매조직의 영향력이 증대되어 판매조직이 그 영향력을 행사하여 과도한 수수료를 받거나 부당한 이익을 받는 행위를 금지하기 위함이다.

## 3. 위반시 제재

금융상품직접판매업자가 금융상품계약체결등의 업무를 대리하거나 중개하게 한 금융상품판매대리·중개업자가 대리·중개하는 업무를 제3자에게 하게 하거나 그러한 행위에 관하여 수수료·보수나 그 밖의 대가를 지급하는 행위(법25①(2))를 한 경우에 그 업무를 대리하거나 중개하게 한 금융상품직접판매업자에게

---

91) ⑥ 보험회사는 전화를 이용한 보험모집시 준수해야 할 상품별 표준상품설명대본을 작성하고 모집종사자가 표준상품설명대본에 따라 통신판매가 이루어지도록 하여야 한다. 다만, 보험계약자의 동의를 얻은 경우에는 다음의 사항에 대하여 전자문서, 문자메시지 등 전자적 방법으로 알리고 보험계약 체결 이전에 다음의 사항에 대하여 안내를 받았다는 사실을 확인하는 방법으로 표준상품설명대본을 통한 설명을 대신할 수 있다.
1. 제4-35조의2 제1항 제10호의 보험설계사 등의 모집에 관한 경력 및 그 조회에 관한 사항
2. 영 제42조의2 제1항 제10호의 분쟁조정절차에 관한 사항
3. 기존보험계약이 소멸된 날부터 6개월 이내에 새로운 보험계약을 청약하게 하거나 새로운 보험계 약을 청약하게 한 날부터 6개월 이내에 기존보험계약을 소멸하게 하는 경우 영 제44조 제1항 각 호에 따라 기존보험계약과 새로운 보험계약 비교하여 안내하는 사항

는 1억원 이하의 과태료를 부과한다(법69①(8) 본문). 다만, 업무를 대리하거나 중개하게 한 금융상품직접판매업자로서 그 위반행위를 방지하기 위하여 해당 업무에 관하여 적절한 주의와 감독을 게을리하지 아니한 자는 제외한다(법69①(8) 단서).

급부 수령·대가제공 금지 등(법25① 가 호)의 규정을 위반하는 행위를 한 자(제5호), 수수료 외의 재산상 이익 요구·수령 금지(법25②) 규정을 위반하여 수수료 외의 금품, 그 밖의 재산상 이익을 요구하거나 받은 자(제6호)에게는 3천만원 이하의 과태료를 부과한다(법69②(5)(6)).

## Ⅲ. 금융상품판매대리·중개업자의 고지의무

### 1. 고지사항

금융상품판매대리·중개업자는 금융상품판매 대리·중개 업무를 수행할 때 금융소비자에게 다음의 사항 모두를 미리 알려야 한다(법26①, 영24①, 감독규정23①). 설명의무(법19) 이외에 별도의 고지의무를 인정하는 것은 계약체결 전 정보제공 기능을 강화하고 계약의 상대방이 누구인지 명확히 하여 분쟁을 미연에 방지하기 위함이다.

#### (1) 직접판매업자의 명칭 및 업무 내용

금융상품판매대리·중개업자는 자신이 대리·중개하는 금융상품직접판매업자의 명칭 및 업무 내용을 금융소비자에게 미리 알려야 한다(법26①(1)).

#### (2) 1개의 직접판매업자만을 대리·중개하는지 여부(전속 여부)

금융상품판매대리·중개업자는 자신이 하나의 금융상품직접판매업자만을 대리하거나 중개하는 금융상품판매대리·중개업자인지 여부를 금융소비자에게 미리 알려야 한다(법26①(2)).

#### (3) 계약체결 권한의 유무

금융상품판매대리·중개업자는 자신이 금융상품직접판매업자로부터 금융상품 계약체결권을 부여받지 아니한 금융상품판매대리·중개업자의 경우 자신이 금융상품계약을 체결할 권한이 없다는 사실을 금융소비자에게 미리 알려야 한다(법26①(3)).

### (4) 손해배상책임에 관한 사항

금융상품판매대리 · 중개업자는 금융상품판매업자등의 손해배상책임(법44)과 금융상품직접판매업자의 손해배상책임(법45)에 관한 사항을 금융소비자에게 미리 알려야 한다(법26①(4)).

### (5) 계약의 이행으로 급부를 받을 수 있는지 여부

금융상품판매대리 · 중개업자는 자신이 금융소비자로부터 투자금, 보험료 등 계약의 이행으로서 급부를 받는 행위(법25①(1) 본문)에 따라 급부를 받을 수 있는지 여부를 금융소비자에게 미리 알려야 한다(영24①(1)).

### (6) 보험설계사 등의 위탁받은 업무 관련 판매대리 · 중개업자의 명의와 업무내용

금융상품판매대리 · 중개업자는 ⅰ) 보험설계사가 같은 보험회사 · 보험대리점 또는 보험중개사에 소속된 다른 보험설계사와 위탁계약을 체결한 경우(영23②(1) 가목), ⅱ) 보험대리점이 소속 보험설계사 또는 같은 보험회사의 다른 보험대리점과 위탁계약을 체결한 경우(다만, 같은 보험회사의 다른 보험대리점과 위탁계약을 체결하는 경우에는 금융상품직접판매업자로부터 그 계약의 내용에 대해 사전동의를 받아야 한다)(영23②(1) 나목), 그리고 ⅲ) 보험중개사가 소속 보험설계사 또는 다른 보험중개사와 위탁계약을 체결한 경우(영23②(1) 다목) 각각 그 업무를 위탁한 금융상품판매대리 · 중개업자의 명의와 위탁받은 업무 내용을 금융소비자에게 미리 알려야 한다(영24①(2)).

### (7) 직접판매업자의 소비자 신용정보 등 보유 · 관리 사실

금융상품판매대리 · 중개업자는 금융소비자가 제공한 신용정보 또는 개인정보 등은 금융상품직접판매업자가 보유 · 관리한다는 사실(보험중개사의 경우는 제외)을 금융소비자에게 미리 알려야 한다(영24①(3)).

### (8) 수수료 외의 재산상 이익 요구 · 수령 금지 등

금융상품판매대리 · 중개업자는 금융상품판매 대리 · 중개 업무를 수행할 때 금융상품직접판매업자로부터 정해진 수수료 외의 금품, 그 밖의 재산상 이익을 요구하거나 받아서는 아니 된다(법25②)는 내용 및 다음의 구분에 따른 사항을 금융소비자에게 미리 알려야 한다(감독규정23①).

### (가) 투자성 상품의 대신 매매 금지 사실

금융상품판매대리 · 중개업자는 투자성 상품의 경우 금융소비자의 금융상품 매매를 대신할 수 없다는 사실을 미리 알려야 한다(감독규정23①(1)).

### (나) 보장성 상품 중 보험의 경우 보험설계사 이력 등

보장성 상품 중 보험의 경우 ⅰ) 보험업법에 따른 보험설계사의 이력(위탁계약을 체결했던 법인 및 그 법인과의 계약기간을 포함), ⅱ) 보험업법에 따른 영업정지, 등록취소 또는 과태료 처분을 받은 경우 그 이력과 보험사기행위(보험사기방지 특별법2(1))[92]에 대한 3개월 이상의 업무정지 조치를 받은 경우 그 이력, ⅲ) 불완전판매비율 및 계약 유지율(보험업감독규정9-4의2(7))[93]을 전자적 장치로 확인할 수 있다는 사실 및 확인방법을 미리 알려야 한다(감독규정23①(2)).

### 2. 표지 게시 또는 증표 제시

금융상품판매대리·중개업자는 금융상품판매 대리·중개 업무를 수행할 때 자신이 금융상품판매대리·중개업자라는 사실을 나타내는 표지를 게시하거나 증표를 금융소비자에게 보여 주어야 한다(법26②). 이에 따른 표지 게시 및 증표 제시는 ⅰ) 권한 있는 기관이 발급한 표지나 증표를 사용하여야 하고, ⅱ) 표지는 사업장 및 인터넷 홈페이지(홈페이지가 있는 경우만 해당)에 항상 게시하여야 한다(영24②).

### 3. 위반시 제재

고지사항의 사전고지의무(법26①) 규정을 위반하여 고지사항 모두를 미리 금융소비자에게 알리지 아니한 자 또는 표지 게시 또는 증표 제시 의무(법26②) 규정을 위반하여 표지를 게시하지 아니하거나 증표를 보여 주지 아니한 자(제7호)에게는 3천만원 이하의 과태료를 부과한다(법69②(7)).

## Ⅳ. 금융상품자문업자의 영업행위준칙 등

### 1. 선관주의의무 및 충실의무

금융상품자문업자는 금융소비자에 대하여 선량한 관리자의 주의로 자문에 응하여야 하고(법27①), 금융소비자의 이익을 보호하기 위하여 자문업무를 충실

---

92) 1. "보험사기행위"란 보험사고의 발생, 원인 또는 내용에 관하여 보험자를 기망하여 보험금을 청구하는 행위를 말한다.
93) 7. 감독원장이 정하는 산식에 따른 불완전판매비율 및 계약 유지율(원계약 기준)

하게 수행하여야 한다(법27②).

## 2. 고지사항의 사전고지 등

금융상품자문업자는 자문업무를 수행하는 과정에서 다음의 사항을 금융소비자에게 알려야 하며, 자신이 금융상품자문업자라는 사실을 나타내는 표지를 게시하거나 증표를 금융소비자에게 내보여야 한다(법27③, 영25②). 설명의무(법19) 이외에 별도의 고지의무를 부가하는 것은 계약체결 전 정보제공 기능을 강화한 것이다.

### (1) 독립금융상품자문업자인지 여부

금융상품자문업자는 자문업무를 수행하는 과정에서 자신이 독립금융상품자문업자인지 여부를 금융소비자에게 알려야 한다(법27③(1)). 즉 독립금융상품자문업자는 앞서 살펴본 ⅰ) 금융투자업 및 신용사업 또는 공제사업 겸영 금지 요건: 금융상품판매업자와 이해관계를 갖지 않는 자로서 금융상품판매업(투자일임업은 제외)과 금융투자업, 농업협동조합법, 산림조합법, 새마을금고법 또는 수산업협동조합법에 따른 신용사업 또는 공제사업을 겸영하지 아니하여야 하고(법12②(6) 가목, 영5⑤), ⅱ) 계열회사등 제외 요건: 금융상품판매업자와 이해관계를 갖지 않는 자로서 금융상품판매업자(투자일임업자는 제외)와 계열회사 또는 관계회사("계열회사등")가 아니어야 하며(법12②(6) 나목, 영5⑥), ⅲ) 겸직 또는 파견 금지 요건: 금융상품판매업자와 이해관계를 갖지 않는 자로서 임직원이 금융상품판매업자의 임직원 직위를 겸직하거나 그로부터 파견받은 자가 아니어야 한다(법12②(6) 다목).

### (2) 재산상 이익을 제공받는 경우 그 재산상 이익의 종류 및 규모

금융상품자문업자는 자문업무를 수행하는 과정에서 금융상품판매업자로부터 자문과 관련한 재산상 이익을 제공받는 경우 그 재산상 이익의 종류 및 규모를 금융소비자에게 알려야 한다(법27③(2) 본문). 다만, 20만원 이내의 범위에서 금융위원회가 정하여 고시하는 재산상 이익을 제공받은 경우(영25①)는 제외한다(법27③(2) 단서).

### (3) 금융상품판매업을 겸영하는 경우 자신과 위탁관계에 있는 판매업자의 명칭 등

금융상품자문업자는 자문업무를 수행하는 과정에서 금융상품판매업을 겸영하는 경우 자신과 금융상품계약체결등 업무의 위탁관계에 있는 금융상품판매업자의 명칭 및 위탁내용을 금융소비자에게 알려야 한다(법27③(3)).

### (4) 자문업무를 제공하는 금융상품의 범위

금융상품자문업자는 자문업무를 수행하는 과정에서 자문업무를 제공히는 금융상품의 범위를 금융소비자에게 알려야 한다(법27③(4)).

### (5) 자문업무의 제공 절차

금융상품자문업자는 자문업무를 수행하는 과정에서 자문업무의 제공 절차를 금융소비자에게 알려야 한다(법27③(5)).

### (6) 자문업무에 따른 보수 및 그 결정 기준

금융상품자문업자는 자문업무를 수행하는 과정에서 자문업무에 따른 보수 및 그 결정 기준을 금융소비자에게 알려야 한다(영25②(1)).

### (7) 보수 외에 추가로 금전등을 요구하지 않는다는 사실

금융상품자문업자는 자문업무를 수행하는 과정에서 보수 외에 추가로 금전등을 요구하지 않는다는 사실을 금융소비자에게 알려야 한다(영25②(2)).

### (8) 금융상품 취득·처분에 따른 손실에 대해 책임을 지지 않는다는 사실

금융상품자문업자는 자문업무를 수행하는 과정에서 금융소비자의 금융상품 취득·처분에 따른 손실에 대해 책임을 지지 않는다는 사실을 금융소비자에게 알려야 한다(영25②(3)).

## 3. 독립금융상품자문업자 아닌 자의 독립문자 사용금지

독립금융상품자문업자가 아닌 자는 "독립"이라는 문자 또는 이와 같은 의미를 가지고 있는 외국어 문자로서 "독립문자"를 명칭이나 광고에 사용할 수 없다(법27④). 여기서 "독립문자란 영어·프랑스어·스페인어·일본어·중국어의 외국어로 쓰여진 문자를 말한다(영25③).

## 4. 독립금융상품자문업자의 금지행위

직접판매업자로부터 "독립"된 자문업자의 경우 일반 자문업자보다 엄격한 규제를 하고 있다. 독립금융상품자문업자는 다음의 행위를 해서는 아니 된다(법27⑤, 영25⑤, 감독규정24).

**(1) 자문에 대한 응답과 관련하여 판매업자로부터 재산상 이익을 받는 행위**

독립금융상품자문업자는 금융소비자의 자문에 대한 응답과 관련하여 금융상품판매업자(임직원을 포함)로부터 재산상 이익을 받는 행위를 해서는 아니 된다(법27⑤(1) 본문). 다만, 금융상품직접판매업자의 자문에 응하여 그 대가를 받는 경우는 제외한다(법27⑤(1) 단서, 영25④).

**(2) 특정 직접판매업자의 상품에 한정하여 자문에 응하는 행위**

독립금융상품자문업자는 특정 금융상품직접판매업자의 금융상품으로 한정하여 자문에 응하는 행위를 해서는 아니 된다(영25⑤(1)).

**(3) 소비자의 개인정보 등을 자신 또는 제3자 이익을 위해 사용하는 행위**

독립금융상품자문업자는 금융소비자의 개인정보 및 신용정보 등을 자신 또는 제3자의 이익을 위해 사용하는 행위를 해서는 아니 된다(영25⑤(2)).

**(4) 특정 금융상품판매업자 또는 특정 금융상품을 광고하는 행위**

독립금융상품자문업자는 특정 금융상품판매업자 또는 특정 금융상품을 광고하는 행위를 해서는 아니 된다(영25⑤(3)).

**(5) 계약체결 후 소비자의 동의 없이 자문업무를 위탁하는 행위**

독립금융상품자문업자는 자문업무에 관한 계약을 체결한 이후에 그 금융소비자의 동의 없이 자문업무를 제3자에게 위탁하는 행위를 해서는 아니 된다(영25⑤(4)).

**(6) 투자성 상품에 관한 자문업을 영위하는 경우**

독립금융상품자문업자는 투자성 상품에 관한 금융상품자문업을 영위하는 경우로서 다음의 어느 하나에 해당하는 행위를 해서는 아니 된다(영25⑤(5), 감독규정24).

**(가) 임직원이 자기계산으로 금융상품을 매매하는 행위(자기매매)**

독립금융상품자문업자의 임원·직원은 자본시장법 제63조(임직원의 금융투자상품 매매) 제1항 각 호의 방법을 준수하지 않고 자기의 계산으로 자본시장법 시행령 제64조(임직원의 금융투자상품 매매) 제2항 각 호의 어느 하나에 해당하는 금융상품을 매매하는 행위를 해서는 아니 된다(감독규정24(1)).

따라서 독립금융상품자문업자의 임원·직원은 자기의 계산으로 금융투자상품(자본시장법 시행령64② 각 호)[94]을 매매하는 경우에는 다음의 방법에 따라야 한다(자본시장법법63①).

1. 자기의 명의로 매매할 것
2. 투자중개업자 중 하나의 회사(투자중개업자의 임직원의 경우에는 그가 소속
   된 투자중개업자에 한하되, 그 투자중개업자가 그 임직원이 매매하려는 금융
   투자상품을 취급하지 아니하는 경우에는 다른 투자중개업자를 이용할 수 있
   다)를 선택하여 하나의 계좌를 통하여 매매할 것. 다만, 금융투자상품의 종
   류, 계좌의 성격 등을 고려하여 대통령령으로 정하는 경우95)에는 둘 이상의

---

94) 1. 증권시장에 상장된 지분증권(장외거래 방법에 의하여 매매가 이루어지는 주권을 포함).
      다만, 다음의 어느 하나에 해당하는 것은 제외한다.
      가. 투자회사의 주권과 투자유한회사·투자합자회사·투자유한책임회사·투자합자조
          합·투자익명조합의 지분증권
      나. 우리사주조합 명의로 취득하는 우리사주조합이 설립된 회사의 주식
   2. 증권시장에 상장된 증권예탁증권(제1호에 따른 지분증권과 관련된 증권예탁증권만
      해당)
   3. 주권 관련 사채권(제68조 제4항에 따른 주권 관련 사채권)으로서 제1호에 따른 지분증
      권이나 제2호에 따른 증권예탁증권과 관련된 것
   4. 제1호에 따른 지분증권, 제2호에 따른 증권예탁증권이나 이들을 기초로 하는 지수의
      변동과 연계된 파생결합증권. 다만, 불공정행위 또는 투자자와의 이해상충 가능성이
      크지 아니한 경우로서 금융위원회가 정하여 고시하는 파생결합증권은 제외한다.
   5. 장내파생상품
   6. 제1호에 따른 지분증권, 제2호에 따른 증권예탁증권이나 이들을 기초로 하는 지수의
      변동과 연계된 장외파생상품
      위 제4호에서 "금융위원회가 정하여 고시하는 파생결합증권"이란 영 제64조 제2항 제
      1호 또는 제2호의 증권이 30종목 이상 편입된 지수의 변동과 연계된 파생결합증권을
      말한다(금융투자업규정 4-16①).
95) "대통령령으로 정하는 경우"란 다음의 어느 하나에 해당하는 경우를 말한다(자본시장법
    시행령64③).
    1. 둘 이상의 회사를 통하여 매매할 수 있는 경우: 다음의 어느 하나에 해당하는 경우
       가. 금융투자업자의 임직원이 거래하고 있는 투자중개업자가 그 금융투자업자의 임직
           원이 매매하려는 금융투자상품을 취급하지 아니하는 경우
       나. 모집·매출의 방법으로 발행되거나 매매되는 증권을 청약하는 경우
       다. 그 밖에 금융위원회가 정하여 고시하는 경우
    2. 둘 이상의 계좌를 통하여 매매할 수 있는 경우: 다음의 어느 하나에 해당하는 경우
       가. 투자중개업자가 금융투자상품별로 계좌를 구분·설정하도록 함에 따라 둘 이상의
           계좌를 개설하는 경우
       나. 조세특례제한법에 따라 조세특례를 받기 위하여 따로 계좌를 개설하는 경우
       다. 그 밖에 금융위원회가 정하여 고시하는 경우
    [금융투자업규정] 제4-16조(임직원 금융투자상품 매매의 예외)
    ② 영 제64조 제3항 제1호 다목에서 "금융위원회가 정하여 고시하는 경우"란 다음의 어느
    하나에 해당하는 경우를 말한다.
    1. 상속, 증여(유증을 포함), 담보권의 행사, 그 밖에 대물변제의 수령 등으로 취득한 금융
       투자 상품을 매도하는 경우
    2. 당해 금융투자업자의 임직원이 되기 전에 취득한 금융투자상품을 매도하는 경우
    ③ 영 제64조 제3항 제2호 다목에서 "금융위원회가 정하여 고시하는 경우"란 제2항 제1호

회사 또는 둘 이상의 계좌를 통하여 매매할 수 있다.

3. 매매명세를 분기별(투자권유자문인력, 제286조 제1항 제3호 나목의 조사분석인력 및 투자운용인력의 경우에는 월별로 한다. 이하 이 조에서 같다)로 소속 금융투자업자에게 통지할 것

4. 그 밖에 불공정행위의 방지 또는 투자자와의 이해상충의 방지를 위하여 대통령령으로 정하는 방법 및 절차를 준수할 것[96]

### (나) 임직원의 투자성 상품 매매내역 확인 기준 및 절차 미준수행위

독립금융상품자문업자는 분기별로 임원·직원의 투자성 상품을 매매한 내역을 확인하는 경우에 자본시장법 제63조 제2항[97]에 따른 기준 및 절차를 준수하지 않는 행위를 해서는 아니 된다(감독규정24(2)).

### (다) 자기의 계산으로 매매하거나 제3자에게 매매를 권유하는 행위

독립금융상품자문업자는 투자자문에 응하거나 투자일임재산을 운용하는 경우 금융투자상품등의 가격에 중대한 영향을 미칠 수 있는 투자판단에 관한 자문 또는 매매 의사를 결정한 후 이를 실행하기 전에 그 금융투자상품등을 자기의 계산으로 매매하거나 제3자에게 매매를 권유하는 행위(자본시장법98①(5))를 해서는 아니 된다(감독규정24(3)).

### (라) 운용실적과 연동된 성과보수의 제한

독립금융상품자문업자는 투자자문과 관련한 투자결과 또는 투자일임재산의 운용실적과 연동된 성과보수를 받는 행위(자본시장법98의2①)를 해서는 아니 된나(감독규정24(4)).

---

에 해당하는 경우를 말한다.

96) 금융투자업자의 임직원은 자기의 계산으로 제2항 각 호의 어느 하나에 해당하는 금융투자상품을 매매하는 경우에는 자본시장법 제63조 제1항 제4호에 따라 다음의 방법과 절차를 준수하여야 한다(자본시장법 시행령64④).
   1. 금융투자상품을 매매하기 위한 계좌를 개설하는 경우에는 소속 금융투자업자의 준법감시인(준법감시인이 없는 경우에는 감사 등 이에 준하는 자)에게 신고할 것
   2. 소속 금융투자업자의 준법감시인이 매매, 그 밖의 거래에 관한 소명을 요구하는 경우에는 이에 따를 것
   3. 소속 금융투자업자의 내부통제기준으로 정하는 사항을 준수할 것
   4. 그 밖에 금융위원회가 정하여 고시하는 방법과 절차를 준수할 것

97) ② 금융투자업자는 그 임직원의 자기계산에 의한 금융투자상품 매매와 관련하여 불공정행위의 방지 또는 투자자와의 이해상충의 방지를 위하여 그 금융투자업자의 임직원이 따라야 할 적절한 기준 및 절차를 정하여야 한다.

## 5. 위반시 제재

고지사항의 사전고지의무(법27③) 규정을 위반하여 고지사항을 금융소비자에게 알리지 아니한 자 또는 표지를 게시하지 아니하거나 증표를 내보이지 아니한 자(제9호), 독립금융상품자문업자가 아닌 자의 독립문자 사용금지(법27④) 규정을 위반하여 독립문자를 명칭에 사용하거나 광고에 사용한 자(제10호), 독립금융상품자문업자의 금지행위(법27⑤) 중 어느 하나에 해당하는 행위를 한 자(제11호)에게는 1억원 이하의 과태료를 부과한다(법69①(9)(10)(11)).

# Ⅴ. 자료의 기록 및 유지 · 관리 등

## 1. 자료의 기록 및 유지 · 관리의무

금융상품판매업자등은 금융상품판매업등의 업무와 관련한 자료로서 대통령령으로 정하는 자료를(기록 자료) 기록하여야 하며, 자료의 종류별로 대통령령으로 정하는 기간(자료의 유지 · 관리 기간) 동안 유지 · 관리하여야 한다(법28①).

### (1) 기록 자료의 범위

기록 자료는 ⅰ) 계약체결에 관한 자료, ⅱ) 계약의 이행에 관한 자료, ⅲ) 금융상품등에 관한 광고 자료, ⅳ) 금융소비자의 권리행사에 관한 금융소비자의 자료 열람 연기 · 제한 및 거절에 관한 자료, 청약의 철회에 관한 자료, 위법계약의 해지에 관한 자료, ⅴ) 내부통제기준의 제정 및 운영 등에 관한 자료, ⅵ) 업무 위탁에 관한 자료를 말한다(영26①).

### (2) 자료의 유지 · 관리 기간

자료의 유지 · 관리 기간은 10년이다(영26② 본문). 다만, ⅰ) 계약체결에 관한 자료 및 계약의 이행에 관한 자료(보장기간이 10년을 초과하는 보장성 상품만 해당)는 해당 보장성 상품의 보장기간, ⅱ) 내부통제기준의 제정 및 운영 등에 관한 자료는 5년(감독규정25①)으로 한다(영26② 단서).

## 2. 자료의 유지 · 관리 대책 수립 · 시행의무

금융상품판매업자등은 기록 및 유지 · 관리하여야 하는 자료가 멸실 또는 위

조되거나 변조되지 아니하도록 적절한 대책을 수립·시행하여야 한다(법28②).[98]

## 3. 자료 열람 요구권

### (1) 권리구제 목적

금융소비자보호법은 금융소비자의 권리구제가 용이하도록 관련 자료 열람을 보장함으로써 금융상품판매업자등의 보관자료에 대한 소비자의 접근권을 규정하고 있다. 다만, 접근권의 남용을 막기 위하여 분쟁조정 또는 소송의 수행 등 권리구제 목적으로 제한하였다.

금융소비자는 분쟁조정 또는 소송의 수행 등 권리구제를 위한 목적으로 금융상품판매업자등이 기록 및 유지·관리하는 자료의 열람(사본의 제공 또는 청취를 포함)을 요구할 수 있다(법28③).

### (2) 열람요구서 제출

금융소비자가 자료의 열람을 요구하려는 경우에는 열람요구서를 금융상품판매업자등에게 제출해야 한다(영26③ 전단). 열람요구서란 ⅰ) 열람의 목적: 분쟁조정 신청내역 또는 소송제기 내역, ⅱ) 열람의 범위: 열람하고자 하는 자료의 내용 및 해당 자료와 열람의 목적 간의 관계, ⅲ) 열람의 방법이 포함된 서류를 말한다(감독규정25②). 이 경우 열람요구서에는 열람의 목적, 범위 및 방법 등에 관한 사항이 포함되어야 한다(영26③ 후단).

## 4. 자료 열람 제공의무

금융상품판매업자등은 자료의 열람을 요구받았을 때에는 해당 자료의 유형에 따라 요구받은 날부터 8일 이내에 금융소비자가 해당 자료를 열람할 수 있도록 하여야 한다(법28④ 전단, 영26④). 이 경우 해당 기간 내에 열람할 수 없는 정당한 사유가 있을 때에는 금융소비자에게 그 사유를 알리고 열람을 연기할 수 있으며, 그 사유가 소멸하면 지체 없이 열람하게 하여야 한다(법28④ 후단).

---

[98] 부칙 제2조(자료의 기록 및 유지·관리 등에 관한 적용례) 제28조는 이 법 시행 이후 금융상품 또는 금융상품자문에 관한 계약의 체결을 권유(금융상품자문업자가 자문에 응하는 경우를 포함)하거나 계약을 체결하는 경우부터 적용한다.

## 5. 자료 열람 제한 · 거절

금융상품판매업자등은 ⅰ) 법령에 따라 열람을 제한하거나 거절할 수 있는 경우, ⅱ) 다른 사람의 생명 · 신체를 해칠 우려가 있거나 다른 사람의 재산과 그 밖의 이익을 부당하게 침해할 우려가 있는 경우, ⅲ) 영업비밀99)을 현저히 침해할 우려가 있는 경우, ⅳ) 개인정보의 공개로 인해 사생활의 비밀 또는 자유를 부당하게 침해할 우려가 있는 경우, ⅴ) 열람하려는 자료가 열람목적과 관련이 없다는 사실이 명백한 경우에는 금융소비자에게 그 사유를 알리고 열람을 제한하거나 거절할 수 있다(법28⑤, 영26⑥).

## 6. 자료의 열람, 열람의 연기 및 열람의 제한 · 거절의 통지와 방법

### (1) 문서에 의한 통지

금융상품판매업자등은 자료의 열람, 열람의 연기 및 열람의 제한 · 거절을 알리는 경우에는 문서로 해야 한다(영26⑤ 본문). 문서로 알리는 경우에 해당 문서에 기재해야 할 사항은 다음의 구분에 따른다(감독규정25③).

### (가) 열람이 가능한 경우

열람이 가능한 경우 ⅰ) 열람이 가능한 자료의 목록, ⅱ) 열람이 가능한 날짜 및 시간, ⅲ) 열람 방법을 해당 문서에 기재해야 한다(감독규정25③(1)).

### (나) 열람을 요구한 자료 중 일부만 열람이 가능한 경우

열람을 요구한 자료 중 일부만 열람이 가능한 경우 ⅰ) 열람이 가능한 자료의 목록, ⅱ) 열람이 가능한 날짜 및 시간, ⅲ) 열람 방법, ⅳ) 열람을 요구한 자료 중 일부만 열람이 가능한 이유, ⅴ) 이의제기 방법을 해당 문서에 기재해야 한다(감독규정25③(2)).

### (다) 열람이 불가한 경우

열람이 불가한 경우 ⅰ) 열람이 불가한 사유, ⅱ) 이의제기 방법을 해당 문서에 기재해야 한다(감독규정25③(3)).

---

99) "영업비밀"이란 공공연히 알려져 있지 아니하고 독립된 경제적 가치를 가지는 것으로서, 비밀로 관리된 생산방법, 판매방법, 그 밖에 영업활동에 유용한 기술상 또는 경영상의 정보를 말한다(부정경쟁방지법2(2)).

## (2) 열람 통지의 예외

열람을 알리는 경우에는 전화, 팩스, 전자우편 또는 휴대전화 문자메시지 등의 방법으로 이를 알릴 수 있다(영26⑤ 단서).

## 7. 열람 수수료와 우송료 청구

금융상품판매업자등은 금융소비자가 열람을 요구하는 경우 수수료와 우송료(사본의 우송을 청구하는 경우만 해당)를 청구할 수 있는데(법28⑥), 이 경우에는 실비를 기준으로 한 금액을 청구해야 한다(영26⑦ 전단). 이 경우 열람업무의 효율적인 운영을 위해 필요한 경우에는 미리 수수료 또는 우송료를 청구할 수 있다(영26⑦ 후단).

## 8. 위반시 제재

금융상품판매업자등의 자료의 기록 및 유지·관리의무(법28①) 규정을 위반하여 자료를 기록하지 아니하거나 자료의 종류별로 유지·관리하지 아니한 자에게는 1억원 이하의 과태료를 부과한다(법69①(12)).

# 제3편

# 금융소비자 보호

# 제1장

# 금융소비자정책 수립 및 금융교육 등

## 제1절 금융소비자보호와 금융교육

### Ⅰ. 금융소비자보호

금융위원회는 금융소비자의 권익 보호와 금융상품판매업등의 건전한 시장 질서 구축을 위하여 금융소비자정책을 수립하여야 하며(법29①), 금융소비자의 권익 증진, 건전한 금융생활 지원 및 금융소비자의 금융역량 향상을 위하여 노력하여야 한다(법29②).

### Ⅱ. 금융교육

#### 1. 금융복지를 위한 지원

금융위원회는 금융교육을 통하여 금융소비자가 금융에 관한 높은 이해력을 바탕으로 합리적인 의사결정을 내리고 이를 기반으로 하여 장기적으로 금융복지를 누릴 수 있도록 노력하여야 하며, 예산의 범위에서 이에 필요한 지원을 할 수 있다(법30①).

## 2. 교육프로그램 개발

금융위원회는 금융환경 변화에 따라 금융소비자의 금융역량 향상을 위한 교육프로그램을 개발하여야 한다(법30②).

## 3. 금융교육시책의 수립·시행

금융위원회는 금융교육과 학교교육·평생교육을 연계하여 금융교육의 효과를 높이기 위한 시책을 수립·시행하여야 한다(법30③).

## 4. 금융소비자의 금융역량 조사와 금융교육정책

금융위원회는 3년마다 금융소비자의 금융역량에 관한 조사를 하고, 그 결과를 금융교육에 관한 정책 수립에 반영하여야 한다(법30④).[1]

# Ⅲ. 금융교육에 관한 업무의 위탁

금융위원회는 금융교육에 관한 업무를 금융감독원장 또는 금융교육 관련 기관·단체에 위탁할 수 있다(법30⑤).

## 1. 금융감독원에 대한 위탁업무

금융위원회는 금융감독원장에 ⅰ) 교육프로그램의 개발, ⅱ) 금융교육시책의 시행, ⅲ) 금융소비자의 금융역량 조사 업무를 위탁한다(영27①, 감독규정26①).

## 2. 수탁자 및 수탁내용 등에 관한 사항의 게시

금융위원회는 금융교육에 관한 업무를 위탁한 경우에는 그 수탁자 및 수탁내용 등에 관한 사항을 금융위원회 인터넷 홈페이지에 게시해야 한다(영27②).

---

[1] 부칙 제3조(금융소비자의 금융역량에 관한 조사에 관한 적용례) 제30조 제4항에 따라 최초로 실시하는 금융소비자의 금융역량에 관한 조사는 이 법 시행일 이후 3년 이내에 한다.

## 3. 수탁자의 업무수행계획 및 업무추진실적 등의 보고

금융교육에 관한 위탁업무를 위탁받아 수행한 자는 업무수행계획 및 업무추진실적 등을 ⅰ) 연간 위탁업무 수행계획은 직전연도 12월말까지, ⅱ) 수행계획 연간실적은 다음 연도 6월말까지, ⅲ) 수행계획 중 개별 업무의 수행결과는 해당 업무가 종료되는 즉시(금융위원회가 수행결과에 대한 보고를 요청한 경우만 해당) 금융위원회에 보고해야 한다(영27③, 감독규정26② 전단). 이 경우 ⅰ) 연간 위탁업무 수행계획과, ⅱ) 수행계획 연간실적은 금융교육협의회를 거쳐 금융위원회에 보고해야 한다(감독규정26② 후단).

## Ⅳ. 금융교육협의회

### 1. 설치 및 구성

금융교육에 대한 정책을 심의·의결하기 위하여 금융위원회에 금융교육협의회("협의회")를 둔다(법31①). 협의회는 의장 1명을 포함하여 25명 이내의 위원으로 구성하며(법31③), 협의회의 의장은 금융위원회 부위원장이 된다(법31④). 협의회의 위원은 금융위원회, 공정거래위원회, 기획재정부, 교육부, 행정안전부, 고용노동부, 여성가족부의 고위공무원단에 속하는 공무원으로서 소속기관의 장이 지명하는 사람, 금융소비자보호 업무를 담당하는 금융감독원의 부원장이 된다(법31⑤, 영28①).

### 2. 회의와 의결

협의회의 회의("회의")는 정기회의는 매년 2회 개최하고, 임시회의는 의장이 필요하다고 인정하는 경우에 개최한다(영28②). 회의는 위원 과반수의 출석으로 개의(開議)하며, 출석 위원 과반수의 찬성으로 의결한다(영28③ 본문). 다만, 위원을 소집할 수 없는 불가피한 사정이 있는 때에는 서면으로 의결할 수 있다(영28③ 단서).

협의회는 안건의 효율적인 심의를 위해 필요하다고 인정하는 경우에는 관계기관·단체 또는 전문가 등을 회의에 참석시켜 의견을 듣거나 자료의 제출을 요구할 수 있다(영28④). 협의회의 운영에 필요한 세부 사항은 협의회의 의결을 거쳐 의장이 정한다(영28⑤).

### 3. 심의 · 의결사항

협의회는 ⅰ) 금융교육의 종합적 추진에 관한 사항, ⅱ) 금융소비자 교육과 관련한 평가, 제도개선 및 부처 간 협력에 관한 사항, ⅲ) 그 밖에 의장이 금융소비자의 금융역량 강화를 위하여 토의에 부치는 사항을 심의 · 의결한다(법31②).

### 4. 관련 자료 제출요구권

협의회는 심의 · 의결을 위하여 필요한 경우 관련 자료의 제출을 위의 협의회 위원인 기관에 요구할 수 있다(법31⑥).


# 제2절 금융상품 비교공시


## Ⅰ. 서설

### 1. 금융상품 비교공시의 의의

금융위원회는 금융소비자가 금융상품의 주요 내용을 알기 쉽게 비교할 수 있도록 금융상품의 유형별로 금융상품의 주요 내용을 비교하여 공시할 수 있다(법32①). 금융상품의 유형별로 금융상품의 주요 내용을 비교하여 공시할 수 있도록 한 것은 계약체결 전 정보제공 기능을 강화한 것이다.

금융상품 공시제도는 금융상품 정보를 공개하여 금융소비자의 합리적인 금융상품 선택을 돕고 공시내용대로 법률효과를 부여하여 금융소비자를 보호하고자 하는 제도이다. 금융상품 비교공시는 해당 금융권역에 속한 전체 금융기관의 금융상품 정보를 일목요연하게 비교하여 공시하는 것이다. 금융상품 비교공시는 정보 비대칭을 해소하여 금융소비자의 상품선택권을 강화하고 금융기관들 간의 경쟁을 유도하기 위한 목적을 가지고 있다. 금융상품 비교공시는 금융소비자의 합리적인 상품선택을 위해 중요하며, 스스로 합리적인 상품을 선택하려고 노력하는 금융소비자에게 정보를 제공하기 때문에 금융소비자보호 측면에서도 중요하다.[2]

## 2. 비교공시 대상 금융상품의 범위

금융위원회가 비교하여 공시("비교공시")할 수 있는 금융상품의 범위는 ⅰ) 예금, ⅱ) 대출, ⅲ) 집합투자증권, ⅳ) 보험, ⅴ) 적금, ⅵ) 연금저축계좌,[3] ⅶ) 퇴직연금제도[4]이다(영29①, 감독규정27①).

# Ⅱ. 비교공시의 내용

## 1. 비교공시의 내용 포함사항

금융상품의 비교공시에는 ⅰ) 이자율, ⅱ) 보험료, ⅲ) 수수료, ⅳ) 중도상환수수료율, 위험등급 등 금융소비자가 유의해야 할 사항, ⅴ) 비교공시된 정보에 관한 해당 정보를 제공한 금융상품직접판매업자의 담당부서 및 연락처와 비교공시 시점, ⅵ) 그 밖에 금융소비자 보호를 위해 비교공시가 필요한 사항으로서 "금융감독원장이 정하는 사항"이 포함되어야 한다(영29②, 감독규정27②).

---

2) 이상복(2020), 8쪽.
3) 연금저축계좌란 ⅰ) 신탁업자와 체결하는 신탁계약(연금저축신탁), ⅱ) 투자중개업자와 체결하는 집합투자증권 중개계약(연금저축펀드), ⅲ) 보험계약을 취급하는 기관과 체결하는 보험계약(연금저축보험)에 따라 연금저축이라는 명칭으로 설정하는 계좌를 말한다(소득세법 시행령40의2①(1)). 여기서 보험계약은 ⅰ) 생명보험계약 또는 손해보험계약, ⅱ) 수산업협동조합중앙회 및 조합, 신용협동조합중앙회, 또는 새마을금고중앙회가 영위하는 생명공제계약 또는 손해공제계약, ⅲ) 우체국보험계약을 말한다(소득세법 시행령25②).
4) "퇴직연금제도"란 확정급여형퇴직연금제도, 확정기여형퇴직연금제도 및 개인형퇴직연금제도를 말한다(퇴직급여법2(7)). 여기서 ⅰ) 확정급여형퇴직연금제도(DB형)란 근로자가 받을 급여의 수준이 사전에 결정되어 있는 퇴직연금제도를 말하고(퇴직급여법2(8)), ⅱ) 확정기여형퇴직연금제도(DC형)란 급여의 지급을 위하여 사용자가 부담하여야 할 부담금의 수준이 사전에 결정되어 있는 퇴직연금제도를 말하며(퇴직급여법2(9)), ⅲ) 개인형퇴직연금제도(IRP형)란 가입자의 선택에 따라 가입자가 납입한 일시금이나 사용자 또는 가입자가 납입한 부담금을 적립·운용하기 위하여 설정한 퇴직연금제도로서 급여의 수준이나 부담금의 수준이 확정되지 아니한 퇴직연금제도를 말한다(퇴직급여법2(10)).

## 2. 금융감독원장이 정하는 사항

### (1) 비교공시의 내용

"금융감독원장이 정하는 사항"이란 다음의 구분에 따른 시항을 말한다(시행세칙4①).

#### (가) 예금

예금(영29①(1))은 i) 계약기간별 이자율, ii) 이자 계산방식, iii) 만기 후 이자율, 가입방법, 우대조건 등을 말한다(시행세칙4①(1)).

#### (나) 적금

적금(감독규정27①(1))은 i) 적립유형, ii) 계약기간별 이자율, iii) 이자 계산방식, iv) 만기 후 이자율, 적립방식, 가입방법, 우대조건 등을 말한다(시행세칙4①(2)).

#### (다) 대출

대출(영29①(2))의 경우 1) 주택담보대출은 i) 주택종류, ii) 상환방식, iii) 이자 계산방식, iv) 이자율 구간, v) 전월취급 평균 이자율, vi) 대출부대비용, 중도상환수수료, 연체이자율, 대출한도, 가입방법 등을 말한다(시행세칙4①(3) 가목). 2) 전세자금대출은 i) 이자 계산방식, ii) 상환방식, iii) 이자율 구간, iv) 전월취급 평균 이자율, v) 대출부대비용, 중도상환수수료, 연체이자율, 대출한도, 가입방법 등을 말한다(시행세칙4①(3) 나목). 3) 개인신용대출은 개인신용평점 구간별 이자율 및 평균이자율 등을 말한다(시행세칙4①(3) 다목).

#### (라) 연금저축계좌

연금저축계좌(감독규정27①(2))는 i) 판매개시일 또는 설정일, ii) 수익률, iii) 공시이율·최저보증이율(연금저축보험에 한함), iv) 수수료율, v) 납입원금, vi) 적립금, vii) 그 밖의 연금저축상품정보 등을 말한다(시행세칙4①(4)).

#### (마) 퇴직연금제도

퇴직연금제도(감독규정27①(3))의 비교공시 사항은 「퇴직연금감독규정시행세칙」 제7조(비교공시)에서 정한 바에 따른다(시행세칙4①(5)). 「퇴직연금감독규정시행세칙」 제7조를 살펴보면 다음과 같다.

##### 1) 공시항목

퇴직연금사업자는 i) 퇴직연금제도별 원리금 보장상품과 원리금 비보장상품의 적립금 운용금액(제1호), ⅱ) 퇴직연금제도별 원리금 보장상품과 원리금 비보장상품의 최근 1년, 3년, 5년, 7년, 10년간 적립금 운용수익률(제2호), ⅲ) 총비용 부담률(제3호), ⅳ) 퇴직연금 수수료율(제4호), ⅴ) 퇴직연금사업자가 제시하는 원리금 보장상품(제5호), ⅵ) 다른 퇴직연금사업자에 대한 원리금보장상품 제공현황(제6호)을 협회 인터넷 홈페이지에 비교공시하여야 하며, 이에 필요한 정보를 각 협회에 제공하여야 한다(퇴직연금감독규정시행세칙7①).

2) 공시항목 작성기준

위 각 호의 공시항목 작성기준은 [별표 2]와 같이 정한다(퇴직연금감독규정시행세칙7②).

3) 공시시기

위 각 호의 공시시기는 ⅰ) 매월 1일부터 5영업일 이내: 퇴직연금사업자가 제시하는 원리금 보장상품(위의 제5호), ⅱ) 매분기말 부터 10영업일 이내: 적립금 운용금액(위 제1호), 최근 1년간 적립금 운용수익률(위 제2호), 다른 퇴직연금사업자에 대한 원리금보장상품 제공 현황(위 제6호), ⅲ) 매연도말부터 1개월 이내: 최근 3년, 5년, 7년, 10년간 적립금 운용수익률(위 제2호) 및 총비용 부담률(제3호), 총비용 부담률(제3호), ⅳ) 변경 후 5영업일 이내: 퇴직연금 수수료율(제4호)이다(퇴직연금감독규정시행세칙7③).

(2) 고려사항

금융감독원장은 금융상품을 금융상품직접판매업자의 판매비중, 금융소비자 입장에서의 정보 효용성, 비교공시 용이성 등을 고려하여 정할 수 있다(시행세칙4②).

(3) 협회등이 운영하는 전산처리시스템을 통한 비교공시 관련 정보제공

금융감독원장은 금융소비자의 편의를 위하여 협회등이 비교공시를 하기 위해 운영하는 전산처리시스템("협회등이 운영하는 전산처리시스템")에 연결하여 비교공시 관련 정보를 제공할 수 있다(시행세칙4③).

(4) 추가적인 정보의 비교공시 항목 포함

금융감독원장은 제1항에서 정한 사항 외에도 금융소비자에게 유용하다고 판단하는 추가적인 정보를 비교공시 항목에 포함할 수 있다(시행세칙4④).

(5) 금융감독원장이 운영하는 전산처리시스템에 공시되는 금융상품의 정보 등

금융감독원장이 운영하는 비교공시 전산처리시스템("금융감독원장이 운영하는

전산처리시스템")에 공시되는 금융상품의 정보 및 비교공시 작성방법은 [별표 1] 및 [별표 2]와 같다(시행세칙4⑤).

## Ⅲ. 비교공시 내용의 준수사항

비교공시의 내용은 다음의 사항을 갖춰야 한다(감독규정27③). 즉 ⅰ) 금융소비자가 필요로 하는 정보를 간단명료하게 전달하여야 하고(제1호), ⅱ) 보통의 주의력을 가진 일반적인 금융소비자가 알기 쉽도록 하여야 하며(제2호), ⅲ) 내용의 정확성·중립성·적시성을 유지하여야 하고(제3호), ⅳ) 일관되고 통일된 기준에 따라 산출된 정보이어야 하며(제4호), ⅴ) 협회등의 공시 내용과 차이가 없어야 한다(제5호).

## Ⅳ. 비교공시의 절차

### 1. 중앙행정기관 등에 대한 의견진술 또는 자료제출 요청

금융위원회는 비교공시의 효율적 운영을 위해 필요하다고 인정하는 경우 관계 중앙행정기관, 지방자치단체, 금융 관련 기관·단체 또는 전문가의 의견을 듣거나 자료의 제출을 요청할 수 있다(영29③)

### 2. 협회등에 자료제출 요청

금융위원회는 협회등에 비교공시에 필요한 자료를 주기적으로 제출할 것을 요청할 수 있다(감독규정27④ 전단). 이 경우 ⅰ) 비교공시를 위해 협회등이 금융감독원장에 제출할 필요가 있는 자료, ⅱ) 자료의 제출 시기 및 제출 방법, ⅲ) 자료의 작성방법, ⅳ) 자료가 비교공시 내용의 준수사항을 갖추도록 하는데 "협회등 또는 금융상품직접판매업자의 협조가 필요한 사항"에 대해 협회등과 사전에 협의해야 한다(감독규정27④ 후단).

위에서 "협회등 또는 금융상품판매업자의 협조가 필요한 사항"이란 ⅰ) 협회등이 운영하는 전산처리시스템의 세부내용 및 비교항목 작성방법, ⅱ) 협회등이 운영하는 전산처리시스템의 운영절차, ⅲ) 비교공시 대상 금융상품 및 비교항목의 정합성 확인방법, ⅳ) 금융감독원장이 운영하는 전산처리시스템 및 협회등이 운영하는 전산처리시스템의 개선 필요사항, ⅴ) 기타 금융감독원장이 협회등과 협의가 필요하다고 인정한 사항을 말한다(시행세칙5).

## Ⅴ. 비교공시의 게시

금융위원회가 비교공시를 하는 때에는 금융위원회 인터넷 홈페이지 또는 금융위원회가 정하여 고시하는 방법에 따라 그 내용을 게시한다(영29④).

## Ⅵ. 일반금융소비자의 만족도 조사

### 1. 전산시스템이 제공하는 공시정보의 만족도 조사

금융감독원장은 매년 ⅰ) 금융감독원장이 운영하는 비교공시 전산처리시스템, ⅱ) 협회등이 비교공시 대상 금융상품에 대한 정보를 공시하기 위해 운영하는 전산처리시스템이 제공하는 공시정보에 대한 일반금융소비자의 만족도를 조사해야 한다(감독규정27⑤).[5]

### 2. 개선조치와 협회등의 조치결과 확인

금융감독원장은 일반금융소비자의 만족도 조사의 결과에 따라 금융소비자의 편익을 제고하기 위해 개선이 필요한 사항은 지체 없이 조치해야 한다(감독규정27⑥ 전단). 이 경우 그 조사결과와 관련하여 협회등의 조치결과도 확인해야 한다(감독규정27⑥ 후단).

### 3. 조사결과 및 조치결과 게시

금융감독원장은 조사의 결과 및 조치의 결과(확인한 협회등의 조치결과를 포함)를 홈페이지에 게시해야 한다(감독규정27⑦).

---

5) 감독규정 부칙 제1조(시행일) 감독규정 제27조 제5항은 2022년 1월 1일부터 시행한다(제 2호).

# 제3절 금융소비자 보호실태

## Ⅰ. 실태평가

### 1. 실태평가의 평가대상 등

#### (1) 실태평가의 대상

금융감독원장은 금융소비자 보호실태를 평가할 수 있는데(법32②), 실태평가의 대상은 금융감독원장이 ⅰ) 영업의 규모 및 시장점유율, ⅱ) 취급하는 금융상품의 종류 및 성격, ⅲ) 감독 및 검사 결과, ⅳ) 해당 금융상품에 대한 민원 또는 분쟁 현황, ⅴ) 자율진단 결과, ⅵ) 실태평가 결과에 따른 금융상품판매업자등의 개선계획 또는 조치내용, ⅶ) 그 밖에 실태평가 대상을 선별하는데 고려해야 할 중요한 사항으로서 금융감독원장이 정하는 사항을 고려하여 매년 지정하는 금융상품판매업자등을 말한다(영30①, 감독규정28②).

#### (2) 실태 평가대상 및 자율진단 요청 대상 지정

금융감독원장은 금융상품판매업자등에 대하여 동일 업종 내 "영업규모" 및 민원 비중, "자산규모" 등을 고려하여 금융소비자보호실태 평가대상("평가대상") 및 자율진단 요청 대상(규정 제28조 제1항 제3호 나목에 따른 자를 말하며, 이하 "자율진단 대상")을 지정할 수 있다(시행세칙6① 본문). 다만, ⅰ) 최초 영업을 개시한 후 2년이 경과하지 않은 자, ⅱ) 채무자회생법에서 정하는 회생절차개시 신청이나 파산신청을 한 자, ⅲ) 그 밖에 금융소비자보호실태평가 실익이 적은 자로서 금융감독원장이 정하는 자는 예외로 한다(시행세칙6① 단서).

"영업규모" 산정방식은 [별표 3]과 같으며(시행세칙6④), "자산규모"는 최근 사업연도 말 또는 분기말 현재 자산총액을 말한다(시행세칙6⑤).

#### (3) 자율진단 대상에 자율진단 지원

금융감독원장은 자율진단 대상에 자율진단기준, 자율진단업무 매뉴얼 등을 제공하여 자율진단이 원활하게 진행되도록 지원할 수 있다(시행세칙6②).

#### (4) 자율진단 대상의 신청과 평가대상 포함

금융감독원장은 자율진단 대상이 신청하는 경우 전년도 자율진단 결과를 고려하여 평가대상에 포함할 수 있다(시행세칙6③).

## 2. 실태평가의 대상 지정시 준수사항

금융감독원장은 실태평가의 대상을 지정하는 경우에 다음의 사항을 지켜야 한다(감독규정28① 본문). 즉 ⅰ) 실태평가의 대상을 지정하기 위해 필요한 기준 및 절차를 마련하여야 하고(제1호), ⅱ) 금융상품판매업자등의 실태평가 주기를 사전에 금융위원회와 협의하여 정하고, 그 주기에 따라 실태평가를 실시하여야 하며(제2호), ⅲ) 직전연도에 실태평가를 받은 자는 실태평가 대상에서 제외하고, 해당연도에 금융감독원장의 요청으로 자율진단(금융상품판매업자등이 스스로 내부통제기준의 운영에 관한 사항과 금융소비자보호기준의 운영에 관한 사항을 금융감독원장이 정하는 바에 따라 실시하는 평가)을 실시하고 그 결과를 금융감독원장에 제공한 자는 제외한다. 이 경우 금융감독원장은 대상을 정하여 자율진단을 요청해야 한다(제3호).

다만, 금융소비자 보호를 위해 실태평가가 불가피한 경우에는 위 제2호 또는 제3호와 달리 지정할 수 있다(감독규정28① 단서).

## 3. 실태평가의 실효성 확보수단

금융감독원장은 실태평가의 실효성 확보를 위해 ⅰ) 실태평가 종료 후 2개월 이내에 실태평가 결과에 따른 해당 금융상품판매업자등의 개선계획을 확인하여야 하고, ⅱ) 개선계획을 확인한 후 1년 이내에 해당 금융상품판매업자등의 개선계획에 따른 조치결과를 확인하여야 한다(감독규정28③).

## Ⅱ. 금융소비자 보호실태의 내용

금융소비자 보호실태의 내용은 ⅰ) 내부통제기준의 운영에 관한 사항, ⅱ) 금융소비자보호기준의 운영에 관한 사항이다(영30②).

## Ⅲ. 금융소비자 보호실태의 평가·공표

### 1. 연차 평가·공표 및 수시 평가·공표

금융감독원장은 매년 금융소비자 보호실태를 평가·공표해야 한다(영30③ 본문). 다만, 금융소비자 보호 및 건전한 거래질서를 위해 필요하다고 인정하는 경우에는 수시로 평가·공표할 수 있다(영30③ 단서)

### 2. 평가시 준수사항

금융감독원장은 금융소비자 보호실태를 평가하는 경우 ⅰ) 신뢰성과 타당성이 있는 평가지표를 사용하여야 하고, ⅱ) 금융상품의 유형별 특성을 반영하여야하며, ⅲ) 평가결과에 대한 객관적인 근거를 확보하여야 하고, ⅳ) 평가 대상자의 의견을 확인하여야 한다(영30④).

### 3. 실태평가 평가방법 등

#### (1) 현장평가와 서면평가

금융소비자보호실태평가는 현장평가를 원칙으로 한다(시행세칙7① 본문). 다만, 국가적 재난상황 등 현장평가가 곤란한 경우에는 서면평가 등 다른 평가방식으로 변경할 수 있다(시행세칙7① 단서).

#### (2) 현장평가의 통지

금융감독원장은 현장평가를 실시하는 경우 실시 1개월 전까지 평가대상에 평가기간, 평가일정, 평가방식, 평가항목, 평가담당자를 서면, 전자문서, 전자우편, 팩스 등을 통해 알려야 한다(시행세칙7②).

#### (3) 평가대상에 대한 자료제출요구

금융감독원장은 평가대상에 금융소비자보호실태평가를 위해 필요한 자료의 제출을 요구할 수 있다(시행세칙7③).

#### (4) 실태평가 실시계획 수립

금융감독원장은 매년 평가대상, 평가시기, 평가대상 기간, 평가방법, 평가인원 등이 포함된 금융소비자보호실태평가 실시계획을 수립할 수 있다(시행세칙7④).

## 4. 실태평가 평가항목 및 평가지표

### (1) 평가지표

금융소비자보호실태평가 평가항목 및 평가항목별 평가지표는 [별표 4]와 같다(시행세칙8①).

### (2) 평가지표의 조정

금융감독원장은 금융시장상황 및 금융상품판매업자등의 영업형태 등을 고려하여 일부 평가항목 및 평가지표 적용이 불합리하다고 판단되는 경우에는 이를 조정하여 적용할 수 있다(시행세칙8②).

## 5. 평가 기간, 내용 및 평가 책임자 등에 관한 사항의 통지

금융감독원장은 금융소비자 보호실태를 평가하는 경우 해당 금융상품판매업자등에게 평가 기간, 방법, 내용 및 평가 책임자 등에 관한 사항을 미리 서면으로 알려야 한다(영30⑤).

## 6. 의견청취 또는 자료제출 요청

금융감독원장은 금융소비자 보호실태의 평가·공표를 위해 필요하다고 인정하는 경우 금융 관련 기관·단체 또는 전문가의 의견을 듣거나 자료의 제출을 요청할 수 있다(영30⑥).

## 7. 실태평가 평가결과 등

### (1) 평가결과의 구분

금융소비자보호실태평가 평가결과는 부문평가결과와 종합평가결과로 구분한다(시행세칙9①).

### (2) 부문평가결과와 종합평가결과

부문평가결과는 평가항목별 평가한 결과를 말하며, 종합평가결과는 부문평가결과를 감안하여 평가한 결과를 말한다(시행세칙9②).

### (3) 부문평가결과와 종합평가결과의 등급

부문평가결과와 종합평가결과는 1등급(우수), 2등급(양호), 3등급(보통), 4등급(미흡), 5등급(취약) 등 5단계 등급으로 구분(자율진단의 경우는 적정, 미흡 등 2단계 등급으로 구분)하며, 각 평가등급별 정의는 [별표 5]와 같다(시행세칙9③).

### (4) 종합등급의 하향조정

평가대상에 ⅰ) 소비자보호와 관련한 금융관계법령 위반으로 기관경고 및 임원 문책경고 이상의 조치가 확정된 경우, ⅱ) 소비자보호와 관련한 중대한 금융사고가 발생하거나 사회적 물의를 야기한 경우, ⅲ) 금융소비자보호실태평가를 정당한 사유 없이 거부·방해하거나, 허위의 부실자료를 제출한 경우 금융감독원장은 종합등급을 하향조정할 수 있다(시행세칙9④).

## 8. 평가결과의 공표

### (1) 평가결과 공표의 게시

금융감독원장은 금융소비자 보호실태의 평가 결과를 공표하는 경우에는 금융감독원 및 관련 협회등의 인터넷 홈페이지에 지체 없이 이를 게시해야 한다(영 30⑦).

### (2) 평가대상의 평가결과 공시

평가대상은 부문평가결과와 종합평가결과를 평가대상이 운영·관리하는 인터넷 홈페이지에 게시하고, 관련 협회등 홈페이지에 연동하여 함께 공시될 수 있도록 하여야 한다(시행세칙11①).

### (3) 협회등의 평가결과 공시

관련 협회등은 홈페이지에서 평가대상의 부문평가결과와 종합평가결과를 모두 조회할 수 있도록 공시하여야 한다(시행세칙11②).

### (4) 평가대상 및 관련 협회등의 공표

평가대상 및 관련 협회등은 평가등급 및 평가등급 정의를 금융소비자가 명확하게 알 수 있도록 작성하여 공표하여야 한다(시행세칙11③).

# Ⅳ. 실태평가 평가결과 사후처리

## 1. 평가대상의 평가결과 내부 보고의무

평가대상은 평가결과를 이사회 또는 대표이사를 포함한 회사 내부의 부문별 업무집행임원이 참석하는 내부 의사결정기구인 경영위원회(명칭 불문) 등에 보고하여야 한다(시행세칙10①).

## 2. 개선계획의 제출

부문평가결과 및 종합평가결과가 미흡 이하인 평가대상은 평가결과를 통지 받은 후 2개월 이내에 내부 보고 절차를 거쳐 구체적인 개선계획을 금융감독원 장에게 제출하여야 한다(시행세칙10②).

## 3. 개선계획의 재요구

금융감독원장은 제2항에 따른 개선계획을 확인하여 부적정 또는 미흡한 경 우 적절한 기한을 정하여 개선계획을 다시 요구할 수 있다(시행세칙10③).

# 제4절 금융소비자보호기준

# Ⅰ. 금융소비자보호기준 제정

## 1. 금융소비자보호기준 제정의무

"내부통제기준을 마련해야 하는 금융상품판매업자등"은 금융소비자 불만 예 방 및 신속한 사후구제를 통하여 금융소비자를 보호하기 위하여 그 임직원이 직 무를 수행할 때 준수하여야 할 기본적인 절차와 기준("금융소비자보호기준")을 정 하여야 한다(법32③, 영31①).

## 2. 금융소비자보호기준 제정의무 대상 금융상품판매업자등

### (1) 법인인 금융상품판매업자등

"내부통제기준을 마련해야 하는 금융상품판매업자등"은 법인인 금융상품판 매업자등(법16②, 영10①)을 말한다. 따라서 법인인 금융상품판매업자등은 금융소 비자보호기준을 마련해야 한다.

**(2) 금융소비자보호기준 마련의무 제외대상 금융상품판매업자등**

내부통제기준 마련의무 제외대상 금융상품판매업자등은 내부통제기준 마련의무에서 제외된다(법16②, 영10①). 따라서 이들 금융상품판매업자등은 금융소비자보호기준을 마련할 필요가 없다.

즉 ⅰ) 상호저축은행중앙회, ⅱ) 온라인소액투자중개업자, ⅲ) 대부업자 및 대부중개업자, ⅳ) 온라인투자연계금융업자, ⅴ) 겸영여신업자, ⅵ) 겸영금융투자업자, ⅶ) 금융상품직접판매업자 및 금융상품자문업자의 경우 상시근로자가 5명 미만인 경우에 해당하는 법인, ⅷ) 금융상품판매대리·중개업자의 경우 ㉠ 하나의 금융상품직접판매업자가 취급하는 금융상품에 관한 계약의 체결만 대리·중개하는 것을 영업으로 하는 경우에 해당하는 법인, 또는 ㉡ 소속된 개인 금융상품판매대리·중개업자가 5명 미만(직전 분기의 일평균을 기준으로 한다)인 경우(전자금융거래 방식만으로 금융상품판매업등을 영위하는 법인은 상시근로자가 3명 미만인 경우)에 해당하는 법인은 금융소비자보호기준을 마련할 필요가 없다(영10①, 감독규정9①).

## Ⅱ. 금융소비자보호기준 포함사항

금융소비자보호기준에는 ⅰ) 금융소비자의 권리, ⅱ) 민원·분쟁 발생시 업무처리 절차, ⅲ) 금융소비자보호기준의 운영을 위한 조직·인력, ⅳ) 금융소비자보호기준 준수 여부에 대한 점검·조치 및 평가, ⅴ) 민원·분쟁 대응 관련 교육·훈련, ⅵ) 금융소비자보호기준의 제정·변경 절차, ⅶ) 금융소비자의 민원상황 및 처리결과와 금융소비자와의 분쟁조정·소송 진행상황 및 결과를 효율적·체계적으로 관리하기 위한 전산처리시스템의 구축, ⅷ) 금융소비자의 자료열람 요구에 대한 대응, ⅸ) 일반금융소비자의 청약 철회에 대한 대응, ⅹ) 위법계약의 해지 요구에 대한 대응, ⅺ) 법령 및 약관상 금융소비자의 권리를 안내하는 방법, ⅻ) 계약체결 후 금융소비자 보호를 위해 필요한 사항 점검 및 관련 제도 개선에 관한 사항이 포함되어야 한다(영31②, 감독규정29①).

## Ⅲ. 금융소비자보호기준 신설 · 변경 절차

금융소비자보호기준의 제정 · 변경 절차에 관하여는 시행령 제10조 제3항 및 제4항을 준용한다(영31③). 이에 관해 살펴본다.

### 1. 금융소비자보호기준 제정 · 변경과 이사회 승인

#### (1) 이사회 승인

금융상품판매업자등은 금융소비자보호기준을 제정 · 변경하는 경우 이사회의 승인을 받아야 한다(영10③ 본문).

#### (2) 경미사항과 대표자 승인

경미한 사항을 변경하는 경우에는 대표자의 승인으로 갈음할 수 있다(영10③ 단서). 여기서 경미한 사항이란 ⅰ) 법령 또는 관련 규정의 제정 · 개정에 연동되어 변경해야 하는 사항(제1호), ⅱ) 이사회가 의결한 사항에 대한 후속조치(제2호), ⅲ) 그 밖에 제1호 및 제2호에 준하는 사항(제3호)을 말한다(감독규정9③).

### 2. 금융소비자보호기준 제정 · 변경의 공지

금융상품판매업자등은 금융소비자보호기준을 제정 · 변경한 경우에는 그 사실을 공지해야 한다(영10④). 따라서 금융상품판매업자등은 금융소비자보호기준을 제정 · 개정한 경우에 제정 · 개정 사실 및 주요 현황을 인터넷 홈페이지에 게시해야 한다(감독규정9④).

# 제2장

# 금융분쟁의 조정

## 제1절 분쟁조정기구설치

### Ⅰ. 금융분쟁조정위원회 설치

조정대상기관, 금융소비자 및 그 밖의 이해관계인 사이에 발생하는 금융 관련 분쟁의 조정에 관한 사항을 심의·의결하기 위하여 금융감독원에 금융분쟁조정위원회("조정위원회")를 둔다(법33).

### Ⅱ. 용어의 정의

#### 1. 신청인과 피신청인, 당사자

신청인이라 함은 금융감독원장("원장")에게 금융관련분쟁의 조정을 신청한 자를 말하고(금융분쟁조정세칙3(1)), 피신청인이라 함은 신청인의 상대방을 말한다(금융분쟁조정세칙3(2)). 당사자라 함은 당사자 일방(신청인 또는 피신청인) 또는 당사자 쌍방(신청인 및 피신청인)을 말한다(금융분쟁조정세칙3(3)).

## 2. 조정대상기관

조정대상기관이라 함은 금융감독원의 검사를 받는 검사대상기관(금융위원회법38)을 말한다(금융분쟁조정세칙3(4)). 따라서 조정대상기관은 은행, 금융투자업자, 증권금융회사, 종합금융회사 및 명의개서대행회사, 보험회사, 상호저축은행과 그 중앙회, 신용협동조합 및 그 중앙회, 여신전문금융회사 및 겸영여신업자, 농협은행, 수협은행, 다른 법령에서 금융감독원이 검사를 하도록 규정한 기관을 말한다(금융위원회법38).

## 3. 금융분쟁

금융분쟁이라 함은 조정대상기관, 금융소비자 및 그 밖의 이해관계인이 조정대상기관의 금융업무 등과 관련하여 권리의무 또는 이해관계가 발생함에 따라 조정대상기관을 상대로 제기하는 분쟁을 말한다(금융분쟁조정세칙3(5)).

# 제2절 조정위원회의 구성 및 위원의 지명철회 · 위촉해제

# Ⅰ. 조정위원회의 구성

## 1. 위원장과 위원

금융분쟁조정위원회("조정위원회")는 위원장 1명을 포함하여 35명 이내의 위원으로 구성한다(법34①). 조정위원회 위원장은 금융감독원장이 소속 부원장 중에서 지명한다(법34②). 위원장이 부득이한 사유로 직무를 수행할 수 없을 때에는 금융감독원장이 지명하는 조정위원회 위원이 직무를 대행한다(법34⑤). 조정위원회의 위원 중 공무원이 아닌 위원은 형법 제129조부터 제132조[1]까지의 규정을 적용할 때에는 공무원으로 본다(법34⑥). 위원의 임기는 2년으로 한다(법34④).

---

1) 제129조(수뢰, 사전수뢰), 제130조(제삼자뇌물제공), 제131조(수뢰후부정처사, 사후수뢰), 제132조(알선수뢰).

## 2. 위원의 자격

### (1) 자격요건

조정위원회 위원은 금융감독원장이 소속 부원장보 중에서 지명하는 사람 및 ⅰ) 판사·검사 또는 변호사 자격이 있는 사람(제1호), ⅱ) 소비자기본법에 따른 한국소비자원 및 소비자기본법에 따라 등록한 소비자단체의 임원, 임원으로 재직하였던 사람 또는 15년 이상 근무한 경력이 있는 사람(제2호), ⅲ) 조정대상기관 또는 금융 관계 기관·단체에서 15년 이상 근무한 경력이 있는 사람(제3호), ⅳ) 금융 또는 소비자 분야에 관한 학식과 경험이 있는 사람(제4호), ⅴ) 전문의 (專門醫) 자격이 있는 의사(제5호), ⅵ) 그 밖에 분쟁조정과 관련하여 금융감독원장이 필요하다고 인정하는 사람(제6호) 중에서 성별을 고려하여 금융감독원장이 위촉한 사람으로 한다(법34③).

### (2) 위원의 추천

조정위원회의 위원(위 제6호의 위원은 제외)을 위촉하려는 경우 다음의 구분에 따른 기관·단체의 장으로부터 위촉하려는 인원의 2배수 이상을 추천받아야 한다(영32). 즉 ⅰ) 판사·검사 또는 변호사 자격이 있는 사람(제1호)은 법무부, 법원행정처, 대한법률구조공단, 대한변호사협회, ⅱ) 소비자기본법에 따른 한국소비자원 및 같은 법에 따라 등록한 소비자단체의 임원, 임원으로 재직하였던 사람 또는 15년 이상 근무한 경력이 있는 사람(제2호)은 서민금융진흥원 또는 신용회복위원회, 한국소비자원, 소비자기본법에 따라 공정거래위원회에 등록된 전국적 규모의 소비자단체, ⅲ) 조정대상기관 또는 금융 관계 기관·단체에서 15년 이상 근무한 경력이 있는 사람(제3호)은 협회등, ⅳ) 금융 또는 소비자 분야에 관한 학식과 경험이 있는 사람(제4호)은 한국소비자원, 협회등, ⅴ) 전문의(專門醫) 자격이 있는 의사(제5호)는 의사회, 대한민국의학한림원으로부터 위촉하려는 인원의 2배수 이상을 추천받아야 한다(영32).

## Ⅱ. 위원의 지명철회·위촉해제

금융감독원장은 조정위원회 위원이 ⅰ) 심신장애로 인하여 직무를 수행할 수 없게 된 경우(제1호), ⅱ) 직무와 관련된 비위사실이 있는 경우(제2호), ⅲ) 직무태만, 품위손상이나 그 밖의 사유로 위원에 적합하지 아니하다고 인정되는 경우(제3호), ⅳ) 제척사유 중 어느 하나에 해당함에도 불구하고 회피하지 아니한 경우(제4호), ⅴ) 위원 스스로 직무를 수행하기 어렵다는 의사를 밝히는 경우(제5호)에는 해당 위원의 지명을 철회하거나 해당 위원의 위촉을 해제할 수 있다(법35).

## Ⅲ. 위원의 제척 · 기피 및 회피

### 1. 제척

조정위원회 위원은 ⅰ) 위원이나 그 배우자 또는 배우자였던 사람이 해당 사건의 당사자(당사자가 법인·단체 등인 경우에는 그 임원을 포함)가 되거나 그 사건의 당사자와 공동권리자 또는 공동의무자인 경우, ⅱ) 위원이 해당 사건의 당사자(당사자가 법인·단체 등인 경우에는 그 임원을 포함)와 친족이거나 친족이었던 경우, ⅲ) 위원이 해당 사건의 당사자인 법인 또는 단체(계열회사등을 포함)에 속하거나 조정신청일 전 최근 5년 이내에 속하였던 경우, ⅳ) 위원 또는 위원이 속한 법인 또는 단체, 사무소가 해당 사건에 관하여 증언·법률자문 또는 손해사정 등을 한 경우, ⅴ) 위원 또는 위원이 속한 법인 또는 단체, 사무소가 해당 사건에 관하여 당사자의 대리인으로서 관여하거나 관여하였던 경우에는 그 분쟁조정신청사건("사건")의 심의·의결에서 제척된다(법38①).

### 2. 기피

당사자는 위원에게 공정한 심의·의결을 기대하기 어려운 사정이 있는 경우에는 조정위원회 위원장에게 기피신청을 할 수 있으며, 조정위원회 위원장은 기피신청이 타당하다고 인정할 때에는 기피의 결정을 한다(법38②).

### 3. 회피

위원이 제척 사유에 해당하는 경우에는 스스로 그 사건의 심의·의결에서 회피하여야 한다(법38③).

# 제3절 분쟁의 조정

## I. 분쟁조정의 신청 등

### 1. 분쟁조정신청

#### (1) 조정신청서 제출

조정대상기관, 금융소비자 및 그 밖의 이해관계인은 금융과 관련하여 분쟁이 있는 때에는 원장에게 분쟁의 조정을 신청("조정신청")할 수 있으며(법36①) 원장에게 조정신청을 하고자 하는 자는 ⅰ) 조정신청의 원인 및 사실을 증명하는 서류, ⅱ) 대리인이 조정신청서를 제출하는 경우에는 그 위임장, ⅲ) 기타 분쟁조정에 필요한 증거서류 또는 자료를 첨부한 분쟁조정신청서("조정신청서")를 원장에게 제출하여야 한다(금융분쟁조정세칙11①).

#### (2) 조정신청서 기재사항

조정신청서에는 ⅰ) 신청인과 상대방의 성명 및 주소(당사자가 법인인 경우에는 법인의 명칭 및 주된 사무소의 소재지와 그 대표자의 성명 및 주소), ⅱ) 대리인이 있는 경우에는 그 성명 및 주소, ⅲ) 신청의 취지, ⅳ) 신청의 이유를 기재하여야 한다(금융분쟁조정세칙11②).

#### (3) 진정서 등 민원서류의 조정신청 처리

원장은 감독원에 접수된 진정서, 탄원서 기타 민원서류 중 그 내용이 금융분쟁조정세칙에 의한 조정절차에 의하여 처리함이 타당하다고 인정되는 민원서류는 그 명칭 및 형식의 여하에 불구하고 이를 조정신청이 있는 것으로 처리할 수 있다(금융분쟁조정세칙11③).

#### (4) 조정신청 접수사실의 통지

분쟁처리 담당자는 분쟁조정신청을 접수하는 즉시, 처리부서, 담당자 직성명, 전화번호 등을 유선, 전자우편, 문서 등 연락 가능한 방법으로 접수사실을 통지하여야 한다(금융분쟁조정세칙11④).

## 2. 자율조정절차 등

### (1) 신청인과 조정대상기관의 자율조정

원장은 신청인이 분쟁조정을 신청한 경우 그 사건의 처리에 앞서 신청인과 조정대상기관이 자율적인 조정절차를 거치도록 할 수 있다(금융분쟁조정세칙11의2 ①).

### (2) 별도 기관의 자율조정 검토

원장은 분쟁조정사건의 내용·성격 등이 금융·보험거래와 무관하거나 금융 감독원이 직접처리하기 어렵다고 판단되는 경우 원장이 별도로 정하는 기관 등 에서 자율조정에 대한 검토를 거치도록 할 수 있다(금융분쟁조정세칙11의2②).

## 3. 대표자의 선정

### (1) 공동 분쟁조정 신청

다수의 신청인이 공동으로 분쟁조정을 신청하는 경우에는 신청인 중 3명 이 내의 대표자를 선정할 수 있다(영33①, 금융분쟁조정세칙12①).

### (2) 대표자 선정 권고

신청인이 대표자를 선정하지 아니한 경우에 원장은 필요하다고 인정되는 때 에는 신청인에게 대표자를 선정할 것을 권고할 수 있다(금융분쟁조정세칙12②).

### (3) 대표자 변경의 통지

신청인은 대표자를 변경한 때에는 그 사실을 지체 없이 원장에게 통지하여 야 한다(금융분쟁조정세칙12③).

### (4) 대표자 선임사실의 증명

다수인이 공동으로 신청한 분쟁조정에 있어 대표자를 선정한 경우에는 그 선임사실을 서면으로 증명하여야 한다(금융분쟁조정세칙12④).

### (5) 선정 대표자의 권한

선정된 대표자는 이를 선임한 신청인들을 위하여 사건에 관한 모든 행위를 할 수 있다(금융분쟁조정세칙12⑤ 본문). 다만, 조정신청의 취하, 피신청인과 합의 또는 조정결정서의 수락은 다른 신청인의 동의를 얻어야 하며, 이 경우 동의를 얻은 사실을 서면으로 증명하여야 한다(금융분쟁조정세칙12⑤ 단서).

## 4. 대리인의 선임

당사자는 변호사, 기타 제3자를 대리인으로 선임할 수 있다(금융분쟁조정세칙13 전단). 이 경우 그 선임사실을 서면으로 증명하여야 한다(금융분쟁조정세칙13 후단).

## 5. 조정신청의 중간회신

### (1) 지연사유 등의 통지

감독원에 접수된 조정신청 중 사실조사 또는 조정위원회의 회부 등의 사유로 처리가 지연되는 경우 원장은 지연사유 등을 신청인에게 통지하여야 한다(금융분쟁조정세칙14①).

### (2) 조정기록부에 조정신청의 접수 등 기록

조정신청이 접수된 때에는 소관 부서장은 금융분쟁조정기록부에 조정신청의 접수, 보완, 사실조사 및 처리결과 등에 대한 기록을 유지하여야 한다(금융분쟁조정세칙14②).

## 6. 조정신청의 보완

### (1) 자료의 보완 요구

원장은 조정신청에 대하여 관련 자료 등 보완이 필요하다고 인정될 때에는 상당한 기간을 정하여 구술·전화·문서·우편·전신·모사전송(FAX) 또는 인터넷 등으로 보완을 요구할 수 있다(금융분쟁조정세칙15①).

### (2) 자료의 재보완 요구

원장은 신청인이 상당한 기간 내에 보완을 하지 아니하는 때에는 7일 이내의 기간을 정하여 다시 보완을 요구할 수 있다(금융분쟁조정세칙15②).

## 7. 사실조사 등

### (1) 사실조사 및 자료제출 요구 등

원장은 사건의 조사를 위하여 필요하다고 인정되는 경우에는 감독원 직원으로 하여금 사건에 대한 사실조사 및 조회 또는 관련자의 출석 등의 방법으로 조사를 하게 하거나 당사자에 대하여 사실의 확인 또는 자료의 제출 등을 요구할 수 있다(금융분쟁조정세칙16①).

### (2) 감정, 조회 등 의뢰

원장은 사건의 조사를 위하여 관계기관에 감정, 조회 기타 필요한 검사 등을 의뢰할 수 있다(금융분쟁조정세칙16②).

### (3) 사실조사의 관할

조정대상기관에 대한 금융분쟁에 관련된 사실조사는 분쟁조정업무를 담당하는 소관 부서장이 관할한다(금융분쟁조정세칙16③ 본문). 다만, 소관부서장은 필요하다고 인정되는 경우 소관 검사국장에게 검사를 의뢰할 수 있다(금융분쟁조정세칙16③ 단서).

### (4) 법령 등 준용

검사 및 그 처리 등에 관한 사항은 관련법령 및 감독원의 규정을 준용한다(금융분쟁조정세칙16④).

### (5) 사실조사의 내용 및 기간 등의 사전통지

원장은 사실조사가 필요한 경우 조사목적, 조사내용, 조사기간 등을 조사출장 3일 전까지 유선, 전자우편, 문서 등 연락 가능한 방법으로 사전통지하여야 한다(금융분쟁조정세칙16⑥ 본문). 다만 긴급을 요하거나 증거인멸 등이 우려되는 경우 이를 생략할 수 있다(금융분쟁조정세칙16⑥ 단서).

### (6) 위법·위규사항이 발견 등의 관련 부서 통보

분쟁조정업무 담당부서는 분쟁조정절차 진행 중 금융기관의 위법·위규사항이 발견되거나 제도개선이 필요한 경우 관련 부서에 이를 통보하여야 한다(금융분쟁조정세칙16⑦ 전단). 이 경우 통보를 받은 관련 부서에서는 이에 대한 적절한 조치를 취하여야 한다(금융분쟁조정세칙16⑦ 후단).

### (7) 피신청인에 대한 조정신청서사본을 송달 등

원장은 분쟁조정을 위해 필요한 경우 피신청인에게 조정신청서사본을 송달하거나 상당한 기일을 정하여 조정신청에 대한 의견서 또는 답변서와 관련 자료의 제출을 요구할 수 있다(금융분쟁조정세칙16⑧).

## II. 분쟁조정의 절차

### 1. 신청내용 통지와 합의권고

#### (1) 합의권고

금융감독원장은 분쟁조정 신청을 받았을 때에는 관계 당사자에게 그 내용을 통지하고 합의를 권고할 수 있다(법36② 본문).

#### (2) 의견진술 또는 자료제출요구

금융감독원장은 합의를 권고하기 위해 필요하다고 인정하는 경우에는 당사자(대리인을 포함)에게 의견의 진술 또는 자료의 제출을 요구할 수 있다(영33②).

### 2. 합의 미권고 및 조정위원회 미회부 사유

분쟁조정의 신청내용이 i) 신청한 내용이 분쟁조정대상으로서 적합하지 아니하다고 금융감독원장이 인정하는 경우, ii) 신청한 내용이 관련 법령 또는 객관적인 증명자료 등에 따라 합의권고절차 또는 조정절차를 진행할 실익이 없는 경우, iii) 조정위원회에 회부되기 전에 소가 제기된 경우, iv) 신청내용의 보완을 2회 이상 요구하였으나 이에 응하지 않은 경우, v) 신청 내용이 신청인과 직접적인 이해관계가 없는 경우에는 합의를 권고하지 아니하거나 조정위원회에의 회부를 하지 아니할 수 있다(법36② 단서, 영33③).

### 3. 합의 미권고 및 조정위원회 미회부의 통지

금융감독원장은 합의권고를 하지 아니하거나 조정위원회에 회부하지 아니할 때에는 그 사실을 관계 당사자에게 서면으로 통지하여야 한다(법36③). 통지하는 경우에는 합의권고를 하지 않거나 조정위원회에 회부하지 않는 사유를 함께 통지해야 한다(영33④).

### 4. 합의 불성립과 조정위원회 회부

금융감독원장은 분쟁조정 신청을 받은 날부터 30일 이내에 합의가 이루어지지 아니할 때에는 지체 없이 조정위원회에 회부하여야 한다(법36④).

### 5. 조정안 작성

조정위원회는 조정을 회부받았을 때에는 이를 심의하여 조정안을 60일 이내에 작성하여야 한다(법36⑤).

### 6. 조정안 수락 권고 및 조정조서 작성

금융감독원장은 조정위원회가 조정안을 작성하였을 때에는 신청인과 관계당사자에게 제시하고 수락을 권고할 수 있다(법36⑥). 조정위원회는 당사자가 수락을 한 경우에는 조정에 참가한 위원과 분쟁당사자가 기명날인하거나 서명한 조정조서를 작성한다(영33⑤).

### 7. 조정안 수락 거부 의제

신청인과 관계 당사자가 조정안을 제시받은 날부터 20일 이내에 조정안을 수락하지 아니한 경우에는 조정안을 수락하지 아니한 것으로 본다(법36⑦).

## Ⅲ. 조정위원회의 회의

### 1. 회의 구성

#### (1) 회의 소집과 위원 지명

조정위원회의 회의는 조정위원회 위원장과 조정위원회 위원장이 회의마다 지명하는 6명 이상 10명 이하의 조정위원회 위원으로 구성하며, 회의는 조정위원회 위원장이 소집한다(법37①).

조정위원회 위원장("위원장")은 조정위원회의 회의를 구성하는 위원 중 ⅰ) 소비자기본법에 따른 한국소비자원 및 소비자기본법에 따라 등록한 소비자단체의 임원, 임원으로 재직하였던 사람 또는 15년 이상 근무한 경력이 있는 사람, ⅱ) 조정대상기관 또는 금융 관계 기관·단체에서 15년 이상 근무한 경력이 있는 사람을 각각 1명 이상의 같은 수로 지명해야 한다(영34①).

#### (2) 지명 위원에 대한 회의의 일시·장소 및 안건 통지

조정위원회는 지명된 위원에게 회의 개최일 1주일 전까지 회의의 일시·장소 및 안건을 문서로 알려야 한다(영34② 본문). 다만, 위원장이 긴급하다고 인정하는 경우에는 회의 개최 전날까지 알릴 수 있다(영34② 단서).

## 2. 의결

조정위원회는 구성원 과반수의 출석과 출석위원 과반수의 찬성으로 의결한다(법37②).

## 3. 당사자 진술기회 부여

조정위원회는 특별한 사유가 없는 한 당사자가 회의에 참석하여 진술을 할 수 있도록 해야 한다(영34③).

# 제4절 조정의 효력 등

## Ⅰ. 조정의 효력

양 당사자가 조정안을 수락한 경우 해당 조정안은 재판상 화해와 동일한 효력을 갖는다(법39).

## Ⅱ. 시효중단

### 1. 시효중단의 효력

분쟁조정의 신청은 시효중단의 효력이 있다(법40① 본문). 다만 합의권고를 하지 아니하거나 조정위원회에 회부하지 아니할 때에는 그러하지 아니하다(법40① 단서). 이 경우에 1개월 이내에 재판상의 청구, 파산절차참가, 압류 또는 가압류, 가처분을 한 때에는 시효는 최초의 분쟁조정의 신청으로 인하여 중단된 것으로 본다(법40②).[2]

---

[2] 부칙 제4조(조정신청의 시효중단 효력 등에 관한 적용례) 제40조부터 제42조까지의 규정은 이 법 시행 이후 분쟁조정을 신청하는 경우부터 적용한다.

## 2. 시효의 진행

중단된 시효는 ⅰ) 양 당사자가 조정안을 수락한 경우, ⅱ) 분쟁조정이 이루어지지 아니하고 조정절차가 종료된 경우에 해당하는 때부터 새로이 진행한다(법40③).

# Ⅲ. 소송과의 관계

## 1. 소송절차 중지

조정이 신청된 사건에 대하여 신청 전 또는 신청 후 소가 제기되어 소송이 진행 중일 때에는 수소법원은 조정이 있을 때까지 소송절차를 중지할 수 있다(법41①).

## 2. 조정절차 중지

조정위원회는 소송절차가 중지되지 아니하는 경우에는 해당 사건의 조정절차를 중지하여야 한다(법41②). 조정위원회는 조정이 신청된 사건과 동일한 원인으로 다수인이 관련되는 동종·유사 사건에 대한 소송이 진행 중인 경우에는 조정위원회의 결정으로 조정절차를 중지할 수 있다(법41③).

# Ⅳ. 소 제기사실의 통지 등

## 1. 소 제기사실의 통지

당사자는 조정위원회에 회부되기 전에 소가 제기된 경우 지체 없이 그 사실을 금융감독원장에게 알려야 한다(영35①).

## 2. 소송절차 중지의 통지

당사자는 수소법원이 소송절차를 중지한 경우 지체 없이 그 사실을 금융감독원장에게 알려야 한다(영35②).

### 3. 조정절차 중지의 통지

금융감독원장은 조정위원회가 조정절차를 중지한 경우 지체 없이 그 사실을 당사자에 알려야 한다(영35③).

## V. 소액분쟁사건에 관한 특례

### 1. 조정대상기관의 조정절차 개시 후 제소금지

일반금융소비자가 조정을 신청한 사건이 조정을 통하여 주장하는 권리나 이익의 가액이 2천만원 이내의 소액분쟁사건의 경우 분쟁조정절차가 완료되기 전까지는 은행, 보험회사 등 조정대상기관이 법원에 소송을 제기할 수 없도록 하여(법42 본문, 영36). 금융소비자의 권리구제 관련 부담을 경감하고 있다

### 2. 제소금지의 예외

합의권고를 하지 아니하거나 조정위원회에 회부하지 아니한다는 사실을 서면으로 통지받거나 60일 내에 조정안을 제시받지 못한 경우에는 소를 제기할 수 있다(법42 단서).

# 제4편

# 감독 및 처분

# 제1장

# 금융상품판매업자등에 대한 감독

## 제1절 감독권 및 감독의무

금융위원회는 금융소비자의 권익을 보호하고 건전한 거래질서를 위하여 금융상품판매업자등이 금융소비자보호법 또는 금융소비자보호법에 따른 명령이나 처분을 적절히 준수하는지를 감독하여야 한다(법48①).

## 제2절 금융상품자문업자의 업무보고서 제출

### I. 분기별 업무보고서 제출의무

등록을 한 금융상품자문업자는 매 사업연도 개시일부터 3개월간·6개월간·9개월간 및 12개월간의 업무보고서를 작성하여 각각의 기간 경과 후 45일 내에 업무보고서를 금융위원회에 제출하여야 한다(법48②, 영39①).[1]

---

1) 부칙 제9조(업무보고서 제출에 관한 적용례) 제48조 제2항은 이 법 시행 이후 시작되는 사업연도부터 적용한다.

## Ⅱ. 업무보고서 기재사항

금융상품자문업자가 제출하는 업무보고서에는 ⅰ) 명칭 및 소재지, ⅱ) 인력 및 재무현황, ⅲ) 자문대상 금융상품의 범위, ⅳ) 자문업무의 제공 절차, ⅴ) 내부통제기준 및 금융소비자보호기준, ⅵ) 보수 및 그 결정기준, ⅶ) 금융상품자문업자의 임원 자격요건(법12④(1)) 해당 여부에 관한 사항, ⅷ) 금융상품판매업자로부터 자문과 관련하여 대가 등 재산상 이익을 제공받은 경우 그 재산상 이익의 종류 및 규모, ⅸ) 업무 위탁·제휴 관계에 있는 금융상품판매업자의 명칭 및 위탁·제휴 내용, ⅹ) 금융회사지배구조법 시행령 제5조에 따른 금융관련법령, 공정거래법 또는 또는 조세범 처벌법을 위반하여 제재 또는 형벌을 받은 경우 그 사실, ⅺ) 자문대상 금융상품 중 대주주·특수관계인이 발행하거나 취급하는 금융상품에 관한 사항, ⅻ) 겸영하는 업무에 관한 사항(다른 업무를 겸영하는 경우에 한정), ⅹⅲ) 영업 관련 계약 및 수수료 수입 내역이 포함되어야 한다(영39②, 감독규정32①).

# 제3절 금융상품판매업자등의 변동사항 보고의무

등록한 금융상품판매업자등은 ⅰ) 금융상품직접판매업자 또는 금융상품자문업자의 등록요건(법12②), ⅱ) 금융상품판매대리·중개업자로 등록요건(법12③), ⅲ) 금융상품직접판매업자, 금융상품자문업자 또는 법인인 금융상품판매대리·중개업자의 임원 자격요건(법12④)이 변동된 경우 1개월 이내에 그 변동사항을 금융위원회에 보고하여야 한다(법48③, 영39③). 변경보고를 하는 금융상품판매업자등은 보고서에 그 변경사항을 증명하는 서류를 첨부하여 금융위원회에 제출해야 한다(영39④).

# 제4절 업무보고서 및 변경보고 서식

업무보고서 및 변경보고의 서식, 작성방법 및 첨부서류 등에 관하여 필요한 사항은 다음의 구분에 따른 자가 정한다(감독규정32②). 즉 ⅰ) 업무보고서는 금융감독원장이 정하고, ⅱ) 변경보고의 경우 등록한 금융상품자문업자는 금융감독원장이 정하고, 등록한 금융상품판매대리·중개업자는 해당 금융상품판매대리·중개업자에 대한 등록업무를 위탁받은 자가 정한다.

# 제5절 위반시 제재

변동사항 보고의무(법48③) 규정을 위반하여 등록요건에 대한 변동사항을 보고하지 아니한 자에게는 1천만원 이하의 과태료를 부과한다(법69③).

# 제2장

# 금융위원회의 명령권

## 제1절 금융상품판매업자등에 대한 시정 · 중지 명령

금융위원회는 금융소비자의 권익 보호 및 건전한 거래질서를 위하여 필요하다고 인정하는 경우에는 금융상품판매업자등에게 ⅰ) 금융상품판매업자등의 경영 및 업무개선에 관한 사항, ⅱ) 영업의 질서유지에 관한 사항, ⅲ) 영업방법에 관한 사항, ⅳ) 금융상품에 대하여 투자금 등 금융소비자가 부담하는 급부의 최소 또는 최대 한도 설정에 관한 사항, ⅴ) 내부통제기준 및 금융소비자보호기준, ⅵ) 수수료 및 보수에 관하여 시정·중지 등 필요한 조치를 명할 수 있다(법49①, 영40①).

## 제2절 금융상품판매업자에 대한 판매제한 · 금지명령

### Ⅰ. 판매제한 · 금지명령 조치

금융소비자보호법은 금융상품으로 인해 금융소비자의 재산상 현저한 피해가 발생할 우려가 있음이 명백히 인정되는 경우 판매과정에서 소비자 피해가 확

대되는 것을 방지하여 피해를 최소화하기 위하여 "판매제한·금지명령 제도"를
규정하고 있다.

금융위원회는 금융상품으로 인하여 금융소비자의 재산상 현저한 피해가 발
생할 우려가 있다고 명백히 인정되는 경우로서 투자성 상품, 보장성 상품 또는
대출성 상품에 관한 계약체결 및 그 이행으로 인해 금융소비자의 재산상 현저한
피해가 발생할 우려가 있다고 명백히 인정되는 경우에는 그 금융상품을 판매하
는 금융상품판매업자에 대하여 해당 금융상품 계약체결의 권유 금지 또는 계약
체결의 제한·금지를 명("판매제한·금지명령")할 수 있다(법49②, 영40②).

## Ⅱ. 판매제한·금지명령 조치 전 준수사항

### 1. 준수의무

금융위원회는 금융상품판매업자에 대한 계약체결의 권유 금지 또는 제한·
금지 명령인 판매제한·금지명령을 하기 전에 다음의 사항을 포함한 절차를 지켜
야 한다(감독규정33① 본문). 즉 ⅰ) 판매제한·금지명령 대상자에 판매제한·금지
명령의 필요성 및 판단근거, 판매제한·금지명령 절차 및 예상시기, 의견제출 방
법을 알려야 하고(제1호), ⅱ) 판매제한·금지명령 대상자가 해당 조치에 대한 의
견(근거자료를 포함)을 제출할 수 있는 충분한 기간을 보장하여야 한다. 이 경우
판매제한·금지명령의 시급성, 판매제한·금지명령 대상자가 해당 조치로 입는
경영상 불이익, 그 밖에 판매제한·금지명령 대상자가 의견제출과 관련하여 자료
수집·분석 등을 하는데 불가피하게 소요되는 기간을 고려해야 한다(제2호).

### 2. 준수사항의 생략 또는 기간 단축

금융소비자 피해 확산 방지를 위해 긴급하게 조치를 해야 하는 경우로서 위
의 준수의무에 따른 절차를 이행할 여유가 없을 때에는 필요한 범위 내에서 위
의 제1호 또는 제2호에 따른 사항을 생략하거나 그 기간을 단축할 수 있다(감독
규정33① 단서).

## Ⅲ. 판매제한·금지명령 시 게시사항

금융위원회는 판매제한·금지명령을 한 경우에 지체 없이 ⅰ) 해당 금융상품 및 그 금융상품의 과거 판매기간(제1호), ⅱ) 관련 금융상품판매업자의 명칭(제2호), ⅲ) 판매제한·금지명령의 내용·유효기간 및 사유(제3호 전단). 이 경우 그 명령이 해당 금융상품판매업자의 금융 관련 법령 위반과 관계 없는 경우에는 그 사실을 알려야 한다(제3호 후단). ⅳ) 판매제한·금지명령이 그 발동시점 이전에 체결된 해당 금융상품에 관한 계약의 효력에 영향을 미치지 않는다는 사실(제4호), ⅴ) 판매제한·금지명령 이후 그 조치의 이행현황을 주기적으로 확인한다는 사실(제5호), ⅵ) 금융소비자 보호 및 공시로 인해 판매제한·금지명령 대상자가 입을 수 있는 불이익(금융소비자 보호와 관계 없는 경우에 한정)을 고려하여 공시가 필요하다고 금융위원회가 인정한 사항(제6호)을 홈페이지에 게시해야 한다(감독규정33②).

## Ⅳ. 판매제한·금지명령의 중단

### 1. 중단 사유

금융위원회는 ⅰ) 판매제한·금지명령을 받은 자가 판매제한·금지명령 대상인 금융상품과 관련하여 금융소비자의 재산상 현저한 피해가 발생할 우려를 없애거나 그 금융상품에 관한 계약체결을 중단한 경우, ⅱ) 판매제한·금지명령의 필요성 및 판단근거와 판매제한·금지명령 대상자가 해당 조치로 입는 경영상 불이익을 고려하여 판매제한·금지명령을 중단해야 할 필요성을 금융위원회가 인정한 경우에 판매제한·금지명령을 중단할 수 있다(감독규정33③ 전단).

### 2. 중단 사실의 통지와 게시

판매제한·금지명령의 중단 사실을 지체 없이 판매제한·금지명령 대상자에 알리고 그 사실을 홈페이지에 게시해야 한다(감독규정33③ 후단).

# 제3장

# 금융상품판매업자등에 대한 검사, 처분 및 조치

## 제1절 금융상품판매업자등에 대한 검사

### Ⅰ. 업무와 재산상황 검사

금융상품판매업자등은 그 업무와 재산상황에 관하여 금융감독원장의 검사를 받아야 한다(법50①).

### Ⅱ. 업무 또는 재산에 관한 보고 등

금융감독원장은 검사를 할 때 필요하다고 인정하는 경우에는 금융상품판매업자등에게 업무 또는 재산에 관한 보고, 자료의 제출, 관계인의 출석 및 의견진술을 요구하거나 금융감독원 소속 직원으로 하여금 금융상품판매업자등의 사무소나 사업장에 출입하여 업무상황이나 장부·서류·시설 또는 그 밖에 필요한 물건을 검사하게 할 수 있다(법50②).

## Ⅲ. 증표 제시

검사를 하는 사람은 그 권한을 표시하는 증표를 지니고 관계인에게 보여주어야 한다(법50③).

## Ⅳ. 보고 및 의견서 첨부

금융감독원장은 검사를 한 경우에는 그 결과를 금융위원회에 보고하여야 한다(법50④ 전단). 이 경우 금융소비자보호법 또는 금융소비자보호법에 따른 명령이나 처분을 위반한 사실이 있을 때에는 그 처리에 관한 의견서를 첨부하여야 한다(법50④ 후단).

## Ⅴ. 외부감사인에 대한 자료제출요구

금융감독원장은 외부감사법에 따라 금융상품판매업자등이 선임한 외부감사인에게 해당 금융상품판매업자등을 감사한 결과 알게 된 정보, 그 밖에 영업행위와 관련되는 자료의 제출을 사용목적에 필요한 최소한의 범위에서 서면으로 요구할 수 있다(법50⑤).

## Ⅵ. 위반시 제재

검사를 정당한 사유 없이 거부·방해 또는 기피한 자에게는 1억원 이하의 과태료를 부과한다(법69①(13)).

# 제2절 금융상품판매업자등에 대한 처분 등

## Ⅰ. 등록취소

금융위원회는 금융상품판매업자등 중 등록을 한 금융상품판매업자등이 다음의 어느 하나에 해당하는 경우에는 금융상품판매업등의 등록을 취소할 수 있다(법51① 본문).

### 1. 거짓이나 부정한 방법의 등록

금융위원회는 금융상품판매업자등 중 등록을 한 금융상품판매업자등이 거짓이나 그 밖의 부정한 방법으로 등록(법12)을 한 경우에는 그 등록을 취소하여야 한다(법51①(1) 및 법51① 단서). 이 경우 등록취소는 강행규정이며, 아래서 살펴보는 등록취소는 재량적 규정이다.

### 2. 등록유지 요건 위반

#### (1) 등록취소

금융위원회는 금융상품판매업자등 중 등록을 한 금융상품판매업자등이 금융상품직접판매업자 또는 금융상품자문업자의 등록요건(법12②) 또는 금융상품판매대리·중개업자의 등록요건(법12③)을 유지하지 아니하는 경우에는 금융상품판매업등의 등록을 취소할 수 있다(법51①(2) 본문).

#### (2) 등록취소 제외

일시적으로 등록요건을 유지하지 못한 경우로서 ⅰ) 임원의 퇴임 또는 직원의 퇴직으로 금융상품직접판매업자 또는 금융상품자문업자의 등록요건 중 인력요건(법12②(1)), 또는 금융상품판매대리·중개업자로 등록요건 중 인력 요건(법12③(3))을 갖추지 못하게 된 경우로서 그 요건을 갖추지 못하게 된 날부터 60일 이내에 해당 인력 요건을 다시 갖춘 경우, ⅱ) 임원이 ㉠ 금융상품직접판매업자 또는 금융상품자문업자의 임원 자격요건(법12②(4), 법12④(1) 각목)을 갖추지 못하거나, 또는 ㉡ 금융상품판매대리·중개업자로 등록하려는 자가 개인의 경우에는 그 개인이 임원 자격요건(법12④(2)) 또는 금융상품판매대리·중개업자로 등록하려는 법인의 경우에는 임원이 임원 자격요건(법12③(2), 법12④(2) 각목)을 갖추지 못하게 된 경우로서 그 요건을 갖추지 못하게 된 날부터 6개월 이내에 해당 임원을 개임(改任)한 경우, iii) 금융상품판매업자등이 본인의 귀책사유 없이 전산설비 요건과 그 밖의 물적설비 요건(법12②(1)) 또는 자기자본 요건(법12②(2))을 갖추지 못하게 된 경우로서 그 요건을 갖추지 못하게 된 날부터 6개월 이내(감독규정34①)에 해당 요건을 다시 갖춘 경우에는 제외한다(법51①(2) 단서, 영41①).

### 3. 업무정지 기간 중 업무수행

금융위원회는 금융상품판매업자등 중 등록을 한 금융상품판매업자등이 업무의 정지기간 중에 업무를 한 경우에는 금융상품판매업등의 등록을 취소할 수 있다(법51①(3)).

### 4. 시정명령 또는 중지명령 불이행

금융위원회는 금융상품판매업자등 중 등록을 한 금융상품판매업자등이 금융위원회의 시정명령 또는 중지명령을 받고 금융위원회가 정한 기간 내에 시정하거나 중지하지 아니한 경우에는 금융상품판매업등의 등록을 취소할 수 있다(법51①(4)).

### 5. 금융소비자의 이익을 현저히 해칠 우려가 있는 경우 등

금융위원회는 금융상품판매업자등 중 등록을 한 금융상품판매업자등이 i) 판매제한·금지명령(법49②)에 따르지 않은 경우, ii) 1년 이상 계속하여 정당한 사유 없이 영업을 하지 않는 경우, iii) 업무와 관련하여 제3자로부터 부정한 방법으로 금전등을 받거나 금융소비자에게 지급해야 할 금전등을 받는 경우, iv) 6개월 이내의 업무의 전부 또는 일부의 정지, 위법행위에 대한 시정명령, 위법행위에 대한 중지명령, 위법행위로 인하여 조치를 받았다는 사실의 공표명령 또는 게시명령, 기관경고, 기관주의, 영업소의 전부 또는 일부 폐쇄, 수사기관에의 통보, 다른 행정기관에의 행정처분 요구, 경영이나 업무에 대한 개선요구의 조치를 받은 날부터 3년 이내에 3회(감독규정34②) 이상 동일한 위반행위를 반복한 경우에는 금융상품판매업등의 등록을 취소할 수 있다(법51①(5), 영41②).

## Ⅱ. 금융상품판매업자등에 대한 조치

### 1. 조치 유형

금융위원회는 금융상품판매업자등이 위의 등록취소 사유 중 등록유지 요건 위반, 업무정지 기간 중 업무수행, 시정명령 또는 중지명령 불이행, 금융소비자의 이익을 현저히 해칠 우려가 있는 경우 등의 사유에 해당하거나 금융소비자보호법 또는 금융소비자보호법에 따른 명령을 위반하여 건전한 금융상품판매업등을 영위하지 못할 우려가 있다고 인정되는 경우로서 시행령 [별표 1]에 해당하는 경우(영41③)에는 ⅰ) 6개월 이내의 업무의 전부 또는 일부의 정지, ⅱ) 위법행위에 대한 시정명령, ⅲ) 위법행위에 대한 중지명령, ⅳ) 위법행위로 인하여 조치를 받았다는 사실의 공표명령 또는 게시명령, ⅴ) 기관경고, ⅵ) 기관주의, ⅶ) 영업소의 전부 또는 일부 폐쇄, ⅷ) 수사기관에의 통보, ⅸ) 다른 행정기관에의 행정처분 요구, ⅹ) 경영이나 업무에 대한 개선요구의 조치를 할 수 있다(법51② 본문, 영41④). 다만, 위 사유 중 ⅰ)의 6개월 이내의 업무의 전부 또는 일부의 정지 조치는 금융상품판매업자등 중 등록을 한 금융상품판매업자등에 한정한다(법51② 단서).

### 2. 금융상품판매업자등 및 그 임직원에 대한 조치 또는 조치요구 기준

시행령 제41조 제3항 및 제42조 제1항 관련 [별표 1]의 금융상품판매업자등 및 그 임직원에 대한 조치 또는 조치요구 기준은 다음과 같다(영 별표 1).

1. 금융상품판매업자등의 내부통제기준 마련의무(법16②)를 위반하여 내부통제 기준을 마련하지 않은 경우
2. 적합성원칙상 소비자 분류 확인의무(법17①)를 위반하여 상대방인 금융소비자를 확인하지 않는 경우
3. 적합성원칙상 소비자 정보 파악·확인의무(법17②)를 위반한 경우로서 다음의 어느 하나에 해당하는 경우
   가. 일반금융소비자의 정보를 파악하지 않은 경우
   나. 일반금융소비자로부터 확인을 받지 않은 경우
   다. 금융소비자로부터 확인을 받고 이를 유지·관리하지 않은 경우
   라. 금융소비자에게 확인받은 내용을 지체 없이 제공하지 않은 경우

4. 적합성 원칙상 부적합 계약체결 권유 금지의무(법17③)를 위반하여 계약체
   결을 권유한 경우

5. 적정성원칙상 소비자 정보 파악의무(법18①)를 위반하여 정보를 파악하지
   않은 경우

6. 적정성원칙상 부적정 판단 사실 통지·확인의무(법18②)를 위반하여 해당 금
   융상품이 적정하지 않다는 사실을 알리지 않거나 확인을 받지 않은 경우

7. 중요사항 설명의무(법19①)를 위반하여 중요한 사항을 설명하지 않은 경우

8. 설명서 제공·확인의무(법19②)를 위반하여 설명서를 제공하지 않거나 확인
   을 받지 않은 경우

9. 중요사항의 거짓·왜곡 설명 및 누락 금지의무(법19③)를 위반하여 거짓 또
   는 왜곡하여 설명하거나 중요한 사항을 빠뜨린 경우

10. 불공정영업행위의 금지규정(법20① 각 호)의 어느 하나에 해당하는 행위를
    한 경우

11. 부당권유행위 금지규정(법21 각 호)의 어느 하나에 해당하는 행위를 한 경우

12. 광고의 주체에 관한 규정(법22①), 광고 포함사항 규정(법22③), 또는 광고
    시 금지행위 규정(법22④)을 위반하여 금융상품등에 관한 광고를 한 경우

13. 금융상품 유형별 계약서류 제공의무(법23①)를 위반하여 계약서류를 제공
    하지 않은 경우

14. 미등록자를 통한 금융상품판매 대리·중개 금지의무(법24)를 위반하여 금융
    상품판매대리·중개업자가 아닌 자에게 금융상품에 관한 계약의 체결 또는
    계약체결의 권유를 하거나 청약을 받는 것("금융상품계약체결등")을 대리하
    거나 중개하게 한 경우

15. 금융상품판매대리·중개업자의 금지행위인 금융소비자로부터 투자금, 보험
    료 등 계약의 이행으로서 급부를 받는 행위 등(법25① 각 호)의 어느 하나에
    해당하는 행위를 한 경우

16. 금융상품판매대리·중개업자는 금융상품판매 대리·중개 업무를 수행할 때
    금융상품직접판매업자로부터 정해진 수수료 외의 금품, 그 밖의 재산상 이익
    을 요구하거나 받아서는 아니 되는데(법25②), 이에 위반하여 수수료 외의
    금품, 그 밖의 재산상 이익을 요구하거나 받은 경우

17. 금융상품판매대리·중개업자는 금융상품판매 대리·중개 업무를 수행할 때
    금융소비자에게 고지사항 모두를 미리 알려야 하는데(법26①), 이에 위반하
    여 고지사항을 미리 금융소비자에게 알리지 않은 경우

18. 금융상품판매대리·중개업자는 금융상품판매 대리·중개 업무를 수행할 때

자신이 금융상품판매대리·중개업자라는 사실을 나타내는 표지를 게시하거나 증표를 금융소비자에게 보여 주어야 하는데(법26②), 이에 위반하여 표지를 게시하지 않거나 증표를 보여주지 않은 경우

19. 금융상품자문업자는 자문업무를 수행하는 과정에서 고지사항을 금융소비자에게 알려야 하며, 자신이 금융상품자문업자라는 사실을 나타내는 표지를 게시하거나 증표를 금융소비자에게 내보여야 하는데(법27③), 이에 위반하여 고지사항을 금융소비자에게 알리지 않은 경우 또는 표지를 게시하지 않거나 증표를 내보이지 않은 경우

20. 독립금융상품자문업자가 아닌 자는 "독립"이라는 문자 또는 이와 같은 의미를 가지고 있는 외국어 문자로서 "독립문자"를 명칭이나 광고에 사용할 수 없는데(법27④), 이에 위반하여 독립문자를 명칭에 사용하거나 광고에 사용한 경우

21. 독립금융상품자문업자의 금지행위(법27⑤)에 해당하는 행위를 한 경우

22. 금융상품판매업자등은 금융상품판매업등의 업무와 관련한 자료로서 기록자료를 기록하여야 하며, 자료의 종류별로 유지·관리 기간 동안 유지·관리하여야 하는데(법28①), 이에 위반하여 자료를 기록하지 않거나 자료의 종류별로 유지·관리하지 않은 경우

23. 자료의 유지·관리 대책 수립·시행의무(법28②)를 위반하여 대책을 수립·시행하지 않은 경우

24. 자료 열람 제공의무(법28④)를 위반하여 열람하도록 하지 않은 경우

25. 청약이 철회된 경우 금전·재화등의 반환방법(법46③)으로 반환하지 않은 경우

26. 청약이 철회된 경우 손해배상 또는 위약금 청구금지의무(법46④)를 위반하여 금전의 지급을 청구한 경우

27. 금융소비자가 위법계약의 해지를 요구한 경우 금융상품판매업자등은 해지를 요구받은 날부터 10일 이내에 금융소비자에게 수락여부를 통지하여야 하며, 거절할 때에는 거절사유를 함께 통지하여야 하는데(법47① 후단), 이에 위반하여 수락 여부를 통지하지 않거나 거절사유를 함께 통지하지 않은 경우

28. 위법계약이 해지된 경우 금융상품판매업자등은 수수료, 위약금 등 계약의 해지와 관련된 비용을 요구할 수 없는데(법47③), 이에 위반하여 계약의 해지에 관련된 비용을 요구한 경우

29. 등록을 한 금융상품자문업자는 매 사업연도 개시일부터 3개월간·6개월간·

9개월간 및 12개월간의 업무보고서를 작성하여 각각의 기간 경과 후 45일 이내에 업무보고서를 제출해야 하는데(법48②), 이에 위반하여 업무보고서를 제출하지 않은 경우

30. 등록한 금융상품판매업자등은 등록요건 중 일부가 변동된 경우 1개월 이내에 그 변동사항을 금융위원회에 보고하여야 하는데(법48③), 이에 위반하여 등록요건에 대한 변동사항을 보고하지 않은 경우

31. 금융위원회의 금융상품판매업자등에 대한 시정·중지 명령(법49①) 및 금융상품판매업자에 대한 판매제한·금지명령(법49②)에 따르지 않은 경우

## Ⅲ. 은행, 보험회사, 여신전문금융회사 등의 금융상품판매업자에 대한 조치

은행(중소기업은행, 한국산업은행, 신용협동조합중앙회의 신용사업 부문, 농협은행, 수협은행 및 상호저축은행중앙회를 포함), 보험회사(농협생명보험 및 농협손해보험 포함), 여신전문금융회사, 보험대리점, 보험중개사, 겸영여신업자에 해당하는 금융상품판매업자에 대해서는 다음에서 정하는 바에 따른다(법51③).

### 1. 은행과 특수은행 등의 금융상품판매업자등에 대한 조치

금융위원회는 은행(중소기업은행, 한국산업은행, 신용협동조합중앙회의 신용사업 부문, 농협은행, 수협은행 및 상호저축은행중앙회를 포함)에 해당하는 금융상품판매업자등에 대해서는 금융감독원장의 건의에 따라 ⅰ) 위법행위에 대한 시정명령, ⅱ) 위법행위로 인하여 조치를 받았다는 사실의 공표명령 또는 게시명령, ⅲ) 영업소의 전부 또는 일부 폐쇄, ⅳ) 수사기관에의 통보, ⅴ) 다른 행정기관에의 행정처분 요구, ⅵ) 경영이나 업무에 대한 개선요구 조치를 하거나 금융감독원장으로 하여금 위법행위에 대한 중지명령, 기관경고 또는 기관주의 조치를 하게 할 수 있다(법51③(1)).

### 2. 보험회사, 여신전문금융회사 등의 금융상품판매업자등에 대한 조치

금융위원회는 보험회사(농협생명보험 및 농협손해보험 포함), 여신전문금융회사, 보험대리점, 보험중개사, 겸영여신업자에 해당하는 금융상품판매업자등에 대

해서는 금융감독원장의 건의에 따라 ⅰ) 위법행위에 대한 시정명령, ⅱ) 위법행위에 대한 중지명령, ⅲ) 위법행위로 인하여 조치를 받았다는 사실의 공표명령 또는 게시명령, ⅳ) 기관경고, ⅴ) 기관주의, ⅵ) 영업소의 전부 또는 일부 폐쇄, ⅶ) 수사기관에의 통보, ⅷ) 다른 행정기관에의 행정처분 요구, ⅸ) 경영이나 업무에 대한 개선요구 조치를 하거나 금융감독원장으로 하여금 기관경고 또는 기관주의 조치를 하게 할 수 있다(법51③(2)).

## Ⅳ. 등록취소 또는 조치 사실 및 사유의 통지

금융위원회 또는 금융감독원장은 금융상품판매업자등에 대해 등록의 취소를 하거나 조치를 하는 경우 그 사실 및 사유를 서면으로 알려야 한다(영41⑤).

# 제3절 금융상품판매업자등의 임직원에 대한 조치 등

## Ⅰ. 금융상품판매업자등의 임직원에 대한 조치

### 1. 금융상품판매업자등의 임원에 대한 조치

금융위원회는 법인인 금융상품판매업자등의 임원이 금융소비자보호법 또는 금융소비자보호법에 따른 명령을 위반하여 건전한 금융상품판매업등을 영위하지 못할 우려가 있다고 인정되는 경우로서 시행령 [별표 1]에 해당하는 경우(영42①)에는 ⅰ) 해임요구, ⅱ) 6개월 이내의 직무정지, ⅲ) 문책경고, ⅳ) 주의적 경고, ⅴ) 주의 조치 중 어느 하나에 해당하는 조치를 할 수 있다(법52①). 시행령 [별표 1]은 앞에서 살펴보았다.

### 2. 금융상품판매업자등의 직원에 대한 조치요구

금융위원회는 금융상품판매업자등의 직원이 금융소비자보호법 또는 금융소비자보호법에 따른 명령을 위반하여 건전한 금융상품판매업등을 영위하지 못할 우려가 있다고 인정되는 경우로서 시행령 [별표 1]에 해당하는 경우(영42①)에는 ⅰ) 면직, ⅱ) 6개월 이내의 정직, ⅲ) 감봉, ⅳ) 견책, ⅴ) 주의 조치 중 어느 하나에 해당하는 조치를 할 것을 그 금융상품판매업자등에게 요구할 수 있다(법52②).

## 3. 은행, 보험회사, 여신전문금융회사 등의 임원에 대한 조치

은행(중소기업은행, 한국산업은행, 신용협동조합중앙회의 신용사업 부문, 농협은행, 수협은행 및 상호저축은행중앙회를 포함), 보험회사(농협생명보험 및 농협손해보험을 포함), 여신전문금융회사, 보험대리점, 보험중개사, 겸영여신업자에 해당하는 금융상품판매업자등의 임원에 대해서는 다음에 정하는 바에 따른다(법52③).

### (1) 은행에 해당하는 금융상품판매업자등의 임원에 대한 조치

금융위원회는 은행(중소기업은행, 한국산업은행, 신용협동조합중앙회의 신용사업 부문, 농협은행, 수협은행 및 상호저축은행중앙회를 포함)에 해당하는 금융상품판매업자등의 임원에 대해서는 금융감독원장의 건의에 따라 해임요구 또는 6개월 이내의 직무정지의 조치를 할 수 있으며, 금융감독원장으로 하여금 문책경고, 주의적 경고, 주의 조치 중 어느 하나에 해당하는 조치를 하게 할 수 있다(법52③(1)).

### (2) 보험회사 등에 해당하는 금융상품판매업자등의 임원에 대한 조치

금융위원회는 보험회사(농협생명보험 및 농협손해보험을 포함), 여신전문금융회사, 보험대리점, 보험중개사, 겸영여신업자에 해당하는 금융상품판매업자등의 임원에 대해서는 금융감독원장의 건의에 따라 해임요구, 6개월 이내의 직무정지, 문책경고, 주의적 경고, 주의 조치 중 어느 하나에 해당하는 조치를 하거나, 금융감독원장으로 하여금 문책경고, 주의적 경고, 주의 조치 중 어느 하나에 해당하는 조치를 하게 할 수 있다(법52③(2)).

## 4. 은행, 보험회사, 여신전문금융회사 등의 직원에 대한 조치요구

은행(중소기업은행, 한국산업은행, 신용협동조합중앙회의 신용사업 부문, 농협은행, 수협은행 및 상호저축은행중앙회를 포함), 보험회사(농협생명보험 및 농협손해보험을 포함), 여신전문금융회사, 보험대리점, 보험중개사, 겸영여신업자에 해당하는 금융상품판매업자등의 직원에 대해서는 다음에서 정하는 바에 따른다(법52④).

### (1) 은행에 해당하는 금융상품판매업자등의 직원에 대한 조치요구

금융감독원장은 은행(중소기업은행, 한국산업은행, 신용협동조합중앙회의 신용사업 부문, 농협은행, 수협은행 및 상호저축은행중앙회를 포함)에 해당하는 금융상품판매업자등의 직원에 대해서는 면직, 6개월 이내의 정직, 감봉, 견책, 주의 중 어느 하나에 해당하는 조치를 그 금융상품판매업자에게 요구할 수 있다(법52④(1)).

### (2) 보험회사 등에 해당하는 금융상품판매업자등의 직원에 대한 조치요구

금융위원회는 보험회사(농협생명보험 및 농협손해보험을 포함), 여신전문금융회사, 보험대리점, 보험중개사, 겸영여신업자에 해당하는 금융상품판매업자등의 직원에 대해서는 면직, 6개월 이내의 정직, 감봉, 견책, 주의 중 어느 하나에 해당하는 조치를 할 것을 금융감독원장의 건의에 따라 그 금융상품판매업자에게 요구하거나 금융감독원장으로 하여금 요구하게 할 수 있다(법52④(2)).

## 5. 관리 · 감독 책임자의 공동책임

금융위원회 또는 금융감독원장은 금융상품판매업자등의 임직원에 대하여 조치를 하거나 금융상품판매업자등에게 조치를 요구하는 경우 그 임직원에 대해서 관리 · 감독의 책임이 있는 임직원에 대한 조치를 함께 하거나 이를 요구할 수 있다(법52⑤ 본문). 다만, 관리 · 감독의 책임이 있는 사람이 그 임직원의 관리 · 감독에 적절한 주의를 다한 경우에는 조치를 감경하거나 면제할 수 있다(법52⑤ 단서).

## 6. 조치 사실 및 사유의 통지

금융위원회 또는 금융감독원장은 금융상품판매업자등의 임원 또는 직원에 대해 조치를 하거나 금융상품판매업자등에게 조치를 요구하는 경우 그 사실 및 사유를 서면으로 알려야 한다(영42②).

# Ⅱ. 퇴임한 임원 또는 퇴직한 직원에 대한 조치내용 통보

금융위원회(금융상품판매업자등의 임직원에 대한 조치를 하거나 조치를 할 것을 요구할 수 있는 금융감독원장을 포함)는 금융상품판매업자등의 퇴임한 임원 또는 퇴직한 직원이 재임 또는 재직 중이었더라면 조치를 받았을 것으로 인정되는 경우에는 그 받았을 것으로 인정되는 조치의 내용을 해당 금융상품판매업자등의 장에게 통보할 수 있다(법53 전단). 이 경우 통보를 받은 금융상품판매업자등은 그 내용을 해당 임원 또는 직원에게 통보하여야 한다(법53 후단).

# 제4장

# 청문과 이의신청 등

## 제1절 청문과 이의신청

### Ⅰ. 청문

금융위원회는 ⅰ) 금융상품판매업자등에 대한 등록의 취소 처분, ⅱ) 임원의 해임요구 또는 직원의 면직요구 조치 중 어느 하나에 해당하는 처분 또는 조치를 하려면 청문을 하여야 한다(법54).

### Ⅱ. 이의신청

#### 1. 이의신청 기간

금융상품판매업자등에 대한 처분 등(법51) 및 금융상품판매업자등의 임직원에 대한 조치(법52)(등록의 취소, 해임요구 또는 면직요구는 제외)에 불복하는 자는 처분 또는 조치를 고지받은 날부터 30일 이내에 불복 사유를 갖추어 이의를 신청할 수 있다(법55①).

## 2. 이의신청에 대한 결정 기간

금융위원회는 이의신청에 대하여 60일 이내에 결정을 하여야 한다(법55② 본문). 다만, 부득이한 사정으로 그 기간 내에 결정을 할 수 없을 경우에는 30일의 범위에서 그 기간을 연장할 수 있다(법55② 단서).

# 제2절 처분 등의 기록 등

## Ⅰ. 처분 등의 기록 유지·관리의무

금융위원회 및 금융감독원장은 금융위원회의 명령권(법49), 금융상품판매업자등에 대한 처분 등(법51) 또는 금융상품판매업자등의 임직원에 대한 조치(법52)에 따라 처분 또는 조치를 한 경우에는 그 내용을 기록하고 유지·관리하여야 한다(법56①).

## Ⅱ. 임직원 조치내용의 기록 유지·관리의무

금융상품판매업자등은 금융위원회 또는 금융감독원장의 요구에 따라 해당 임직원을 조치한 경우와 퇴임(퇴직)한 임직원에 대한 조치의 내용을 통보받은 경우에는 그 내용을 기록하고 유지·관리하여야 한다(법56②).

## Ⅲ. 금융상품판매업자등 또는 그 임직원의 처분 등 내용 조회요청

금융상품판매업자등 또는 그 임직원(임직원이었던 사람을 포함)은 금융위원회, 금융감독원 또는 금융상품판매업자등에게 자기에 대한 처분 또는 조치 여부 및 그 내용의 조회를 요청할 수 있다(법56③).

## Ⅳ. 금융위원회 등의 조회요청에 대한 통보의무

금융위원회, 금융감독원 또는 금융상품판매업자등은 조회를 요청받은 경우에는 정당한 사유가 없으면 처분 또는 조치 여부 및 그 내용을 그 조회요청자에게 통보하여야 한다(법56④).

제5편

# 금융소비자보호법 위반에 대한 제재

# 제1장

# 손해배상책임 등

## 제1절 금융상품판매업자등의 손해배상책임

### Ⅰ. 설명의무 외의 금융소비자보호법 위반

#### 1. 손해배상책임

금융상품판매업자등이 고의 또는 과실로 금융소비자보호법을 위반하여 금융소비자에게 손해를 발생시킨 경우에는 그 손해를 배상할 책임이 있다(법44①).

#### 2. 입증책임

금융소비자가 금융상품판매업자등의 손해배상책임의 성립요건을 입증해야 한다.

### Ⅱ. 설명의무위반과 입증책임의 전환

#### 1. 입법취지

금융소비자보호법은 금융상품판매업자등이 설명의무를 위반하여 금융소비자에게 손해를 발생시킨 경우 고의 또는 과실 여부에 대한 입증책임을 부담하도록 하여 금융소비자의 입증부담을 완화하고 있다. 이는 금융상품의 복잡성 등으로 금융소비자가 금융상품판매업자등을 상대로 위반 사실을 입증하는 것이 쉽지 않은 현실을 고려한 것이다.

### 2. 손해배상책임

금융상품판매업자등이 설명의무(법19)를 위반하여 금융소비자에게 손해를 발생시킨 경우에는 그 손해를 배상할 책임을 진다(법44② 본문).

### 3. 입증책임의 전환

금융상품판매업자등이 고의 및 과실이 없음을 입증한 경우에는 손해를 배상할 책임을 부담하지 아니 한다(법44② 단서).[1]

# 제2절 금융상품직접판매업자의 손해배상책임

## Ⅰ. 금융상품판매대리·중개업자등의 대리·중개 업무에 대한 책임

### 1. 입법 취지

금융소비자보호법은 금융상품판매대리·중개업자가 대리·중개업무 중 위법행위로 금융소비자에게 손해를 발생시킨 경우 상대적으로 배상능력이 충분한 금융상품직접판매업자가 손해배상책임을 부담하도록 하고 있다. 예를 들어 대출모집인, 투자권유대행인, 보험설계사, 보험대리점 등의 위법행위로 금융소비자에게 손해가 발생한 경우 위탁한 금융회사는 사용자 책임을 질 수 있다.

### 2. 손해배상책임

이 규정은 금융상품직접판매업자가 업무를 위탁한 경우에만 적용되므로 금

---

1) 부칙 제5조(금융상품판매업자등의 손해배상책임에 관한 적용례) 제44조 제2항은 이 법 시행 이후 금융상품판매업자등이 설명의무(법19를 위반하여 금융소비자에게 손해를 발생시킨 경우부터 적용한다.

융상품자문업자와 위탁 없이 독립적인 지위에서 업무를 영위하는 금융상품판매대리·중개업자의 경우에는 적용되지 않는다.

금융상품직접판매업자는 금융상품계약체결등의 업무를 대리·중개한 금융상품판매대리·중개업자 또는 보험회사의 임원(대표이사·사외이사·감사 및 감사위원은 제외)(보험업법83①(4)) 또는 직원("금융상품판매대리·중개업자등")이 대리·중개 업무를 할 때 금융소비자에게 손해를 발생시킨 경우에는 그 손해를 배상할 책임이 있다(법45① 본문).

금융상품계약체결등의 업무를 대리·중개한 금융상품판매대리·중개업자에는 법 제25조 제1항 제2호 단서에서 정하는 바에 따라 대리·중개하는 제3자를 포함하고, 보험중개사는 제외한다(법45① 본문). 따라서 ⅰ) 보험설계사가 같은 보험회사·보험대리점 또는 보험중개사에 소속된 다른 보험설계사와 위탁계약을 체결한 경우(영23②(1) 가목), ⅱ) 보험대리점이 소속 보험설계사 또는 같은 보험회사의 다른 보험대리점과 위탁계약을 체결한 경우(다만, 같은 보험회사의 다른 보험대리점과 위탁계약을 체결하는 경우에는 금융상품직접판매업자로부터 그 계약의 내용에 대해 사전동의를 받아야 한다)(영23②(1) 나목), ⅲ) 법인인 금융상품판매대리·중개업자가 개인인 금융상품판매대리·중개업자에게 예금성 상품 또는 대출성 상품에 관한 계약의 체결을 대리·중개하는 업무를 하는 경우(영23②(2)) 보험설계사, 보험대리점, 법인인 금융상품판매대리·중개업자가 대리·중개 업무를 할 때 금융소비자에게 손해를 발생시킨 경우에는 그 손해를 배상할 책임이 있다(법45① 본문, 법25①(2) 단서, 영23②).

보험중개사는 독립적으로 보험계약의 체결을 중개하는 자(보험업법2(11))로 독립적인 지위를 인정하고 있기 때문에 제외하고 있다.

## 3. 면책

금융상품직접판매업자가 금융상품판매대리·중개업자등의 선임과 그 업무 감독에 대하여 적절한 주의를 하였고 손해를 방지하기 위하여 노력한 경우에는 손해를 배상할 책임을 부담하지 아니 한다(법45① 단서).[2]

---

2) 부칙 제6조(금융상품직접판매업자의 손해배상책임에 관한 적용례) 제45조는 이 법 시행 이후 금융상품판매대리·중개업자가 대리·중개 업무를 하는 경우부터 적용한다.

## Ⅱ. 구상권

금융상품직접판매업자의 손해배상책임은 금융상품판매대리 · 중개업자등에 대한 금융상품직접판매업자의 구상권 행사를 방해하지 아니한다(법45②).

# 제3절 청약철회권

## Ⅰ. 청약철회 대상과 기간

### 1. 청약철회의 의의

일반금융소비자가 금융상품 등 계약의 청약을 한 후 일정기간 내에 청약 과정 등에 하자가 없음에도 일방적으로 청약을 철회할 수 있는 권리이다. 즉 금융상품판매업자등과 "대통령령으로 각각 정하는 보장성 상품, 투자성 상품, 대출성 상품" 또는 금융상품자문에 관한 계약의 청약을 한 일반금융소비자는 일정기간 (거래 당사자 사이에 다음의 기간보다 긴 기간으로 약정한 경우에는 그 기간) 내에 청약을 철회할 수 있다(법46①).[3]

### 2. 청약철회 대상

청약철회 대상은 다음의 금융상품 또는 금융상품자문에 관한 계약이다(영37①).

### (1) 보장성 상품

보장성 상품에 관한 계약의 청약을 한 일반금융소비자는 철회기간 내에 청약을 철회할 수 있다. 다만, 다음에 해당하는 금융상품은 제외한다(영37①(1)). 즉 ⅰ) 보험업법에 따른 보증보험[4] 중 청약의 철회를 위해 제3자의 동의가 필요한

---

3) 부칙 제7조(청약의 철회에 관한 적용례) 제46조는 이 법 시행 이후 계약의 청약을 한 경우부터 적용한다(소비자가 청약철회권을 행사할 수 있는 일반금융소비자인지 여부는 금융소비자보호법 제46조 제1항에서 청약철회권의 행사주체를 "~ 청약을 한 일반금융소비자는 ~ 청약을 철회할 수 있다"고 규정하므로 소비자가 청약을 한 시점을 기준으로 판단한다(금융위원회 · 금융감독원(2021, 7쪽)).

보증보험, ⅱ) 자동차손해배상 보장법에 따른 책임보험(다만, 일반금융소비자가 동종의 다른 책임보험에 가입한 경우는 제외), ⅲ) 해당 금융상품에 대한 보장기간이 90일(감독규정30①) 이내인 금융상품, ⅳ) 법률에 따라 가입의무가 부과되고 그 해제·해지도 해당 법률에 따라 가능한 보장성 상품(다만, 일반금융소비자가 동종의 다른 보험에 가입한 경우는 제외), ⅴ) 금융상품판매업자가 계약을 체결하기 전에 일반금융소비자의 건강상태 진단을 지원하는 보장성 상품은 제외한다(영37①(1), 감독규정30②).

### (2) 투자성 상품

투자성 상품에 관한 계약의 청약을 한 일반금융소비자는 철회기간 내에 청약을 철회할 수 있다. 투자성 상품은 ⅰ) 자본시장법 시행령에 따른 고난도금융투자상품(일정 기간에만 금융소비자를 모집하고 그 기간이 종료된 후에 금융소비자가 지급한 금전등으로 자본시장법에 따른 집합투자를 실시하는 것만 해당), ⅱ) 자본시장법 시행령에 따른 고난도투자일임계약, ⅲ) 신탁계약(자본시장법에 따른 금전신탁은 제외), ⅳ) 자본시장법 시행령에 따른 고난도금전신탁계약이다(영37①(2) 본문).

다만, 일반금융소비자가 ⅰ) 계약서류를 제공받은 날(법23① 본문), 또는 ⅱ) 계약서류를 제공할 필요가 없어 제공받지 않는 경우에는 계약체결일(법23① 단서)로부터 7일 이내(법46①(2))의 청약 철회의 기간 이내에 예탁한 금전등을 운용하는 데 동의한 경우는 제외한다(영37①(2) 단서).

### (3) 대출성 상품

대출성 상품에 관한 계약의 청약을 한 일반금융소비자는 철회기간 내에 청약을 철회할 수 있다. 다만, 다음에 해당하는 금융상품은 제외한다(영37①(3)). 즉 ⅰ) 여신전문금융업법에 따른 시설대여·할부금융·연불판매[계약서류를 제공받은 날, 또는 계약서류를 제공할 필요가 없어 제공받지 않는 경우에는 계약체결일로부터 14일 이내(법46①(3))의 청약 철회의 기간 이내에 해당 계약에 따른 재화를 제공받은 경우만 해당], ⅱ) 온라인투자연계금융업법에 따른 연계대출, ⅲ) 자본시장법 제72조 제1항5)에 따른 신용의 공여[계약서류를 제공받은 날, 또는 계약서류를 제공할 필요가 없

---

4) 보증보험은 계약에 따른 채무의 불이행 또는 법령에 따른 의무의 불이행으로 발생하는 손해에 관하여 금전 및 그 밖의 급여를 지급할 것을 약속하고 대가를 수수하는 보험이다(보험업법 시행령1의2③(4), 보험업감독규정 별표 1).

5) 자본시장법 제72조(신용공여) ① 투자매매업자 또는 투자중개업자는 증권과 관련하여 금전의 융자 또는 증권의 대여의 방법으로 투자자에게 신용을 공여할 수 있다. 다만, 투자매

어 제공받지 않는 경우에는 계약체결일로부터 14일 이내(법46①(3))의 청약 철회의 기간 이내에 담보로 제공된 증권을 처분한 경우만 해당], ⅳ) 지급보증(청약의 철회에 대해 제3자의 동의를 받은 경우는 제외), ⅴ) 신용카드는 제외한다(영37①(3), 감독규정30 ③).

#### (4) 금융상품 자문계약

금융상품자문업자와 자문계약을 체결한 일반금융소비자는 철회기간 내에 청약을 철회할 수 있다.

### 3. 청약철회 기간

일반금융소비자는 다음의 구분에 따른 기간(거래 당사자 사이에 다음의 기간보다 긴 기간으로 약정한 경우에는 그 기간) 내에 청약을 철회할 수 있다(법46①).

#### (1) 보장성 상품

보장성 상품은 일반금융소비자가 보험증권(상법640)을 받은 날부터 15일과 청약을 한 날부터 30일 중 먼저 도래하는 기간 내에 청약을 철회할 수 있다(법46①(1)).

#### (2) 투자성 상품과 금융상품자문

투자성 상품과 금융상품자문은 ⅰ) 계약서류를 제공받은 날(법23① 본문), 또는 ⅱ) 계약서류를 제공할 필요가 없어 제공받지 않는 경우에는 계약체결일(법23① 단서)로부터 7일 이내에 청약을 철회할 수 있다(법46①(2)).[6]

#### (3) 대출성 상품

대출성 상품은 계약서류를 제공받은 날(법23① 본문), 또는 계약서류를 제공할 필요가 없어 제공받지 않는 경우에는 계약체결일(법23① 단서)로부터 14일 이내에 청약을 철회할 수 있다(법46①(3)).

대출성 상품이 계약서류를 제공받은 날(법23① 본문), 또는 계약서류를 제공할 필요가 없어 제공받지 않는 경우에는 계약체결일(법23① 단서)보다 계약에 따

---

매업자는 증권의 인수일부터 3개월 이내에 투자자에게 그 증권을 매수하게 하기 위하여 그 투자자에게 금전의 융자, 그 밖의 신용공여를 하여서는 아니 된다.

6) 청약철회권과 자본시장법상 "투자자숙려제도"가 모두 적용되는 경우(예: 고령자에 고난도 금융투자상품을 권유)에 소비자는 청약 후 최대 9일까지 청약철회권 행사가 가능하다. 계약체결 전에는 자본시장법에 따라 청약일 다음 날부터 최대 2일까지 청약 여부를 확정할 수 있는 숙려기간이 보장되며, 계약체결 후에는 금융소비자보호법에 따라 최대 7일까지 계약을 철회할 수 있다(금융위원회·금융감독원(2021b), 7쪽).

른 금전·재화·용역("금전·재화등")의 지급이 늦게 이루어진 경우에는 그 지급일부터 14일 이내에 청약을 철회할 수 있다(법46①(3)).

## Ⅱ. 청약의 효력발생시기

청약의 철회는 다음에서 정한 시기에 효력이 발생한다(법46②).

### 1. 보장성 상품, 투자성 상품, 금융상품자문: 서면등 발송

보장성 상품, 투자성 상품, 금융상품자문의 경우 일반금융소비자가 청약의 철회의사를 표시하기 위하여 서면, 전자우편, 휴대전화 문자메시지 또는 이에 준하는 전자적 의사표시("서면등")를 발송한 때에 효력이 발생한다(법46②(1), 영37②).

### 2. 대출성 상품: 서면등 발송과 금전·재화등의 반환

대출성 상품의 경우 일반금융소비자가 청약의 철회의사를 표시하기 위하여 서면등을 발송하고, 다음의 금전·재화등(이미 제공된 용역은 제외하며, 일정한 시설을 이용하거나 용역을 제공받을 수 있는 권리를 포함), 즉 ⅰ) 이미 공급받은 금전·재화등, ⅱ) 이미 공급받은 금전과 관련하여 일반금융소비자가 금융상품판매업자등으로부터 금전을 지급받은 날부터 금전을 돌려준 날까지의 기간에 대해 해당 금융상품의 계약에서 정해진 이자율을 적용하여 산출한 이자(영37④), ⅲ) 해당 금융상품 계약을 위해 금융상품판매업자등이 제3자에게 이미 지급한 인지세 등 제세공과금과 저당권 설정 등에 따른 등기 비용(영37⑤)을 반환한 때에 효력이 발생한다(법46②(2)).

### 3. 서면등 발송 사실의 통지

일반금융소비자가 서면등을 발송한 때에는 금융상품직접판매업자에게 지체 없이 그 발송 사실을 알려야 한다(영37③).

## Ⅲ. 청약철회의 효과: 금전·재화등의 반환방법

청약이 철회된 경우 금융상품판매업자등이 일반금융소비자로부터 받은 금전·재화등의 반환은 다음의 어느 하나에 해당하는 방법으로 한다(법46③).

### 1. 보장성 상품

보장성 상품의 경우 금융상품판매업자등은 청약의 철회를 접수한 날부터 3영업일 이내에 이미 받은 금전·재화등을 반환하고, 금전·재화등의 반환이 늦어진 기간에 대하여는 해당 금융상품의 계약에서 정해진 연체이자율을 금전·재화·용역의 대금에 곱한 금액을 일 단위로 계산하여 지급하여야 한다(법46③(1), 영37⑦).

### 2. 투자성 상품과 금융상품자문

투자성 상품과 금융상품자문의 경우 금융상품판매업자등은 청약의 철회를 접수한 날부터 3영업일 이내에 이미 받은 금전·재화등을 반환하고, 금전·재화등의 반환이 늦어진 기간에 대해서는 해당 금융상품의 계약에서 정해진 연체이자율을 금전·재화·용역의 대금에 곱한 금액을 일 단위로 계산하여 지급하여야 한다(법46③(2), 영37⑦).

### 3. 대출성 상품

대출성 상품의 경우 금융상품판매업자등은 일반금융소비자로부터 금전·재화등, 이자 및 수수료를 반환받은 날부터 3영업일 이내에 일반금융소비자에게 해당 대출과 관련하여 일반금융소비자로부터 받은 수수료를 포함하여 이미 받은 금전·재화등을 반환하고, 금전·재화등의 반환이 늦어진 기간에 대해서는 해당 금융상품의 계약에서 정해진 연체이자율을 금전·재화·용역의 대금에 곱한 금액을 일 단위로 계산하여 지급하여야 한다(법46③(3), 영37⑦).

### 4. 보장성 상품과 금전·재화등 반환 의제

보장성 상품에 관한 계약에 따라 보험료를 신용카드로 납부해왔던 일반금융소비자가 청약의 철회의사를 표시한 경우에 금융상품판매업자는 철회의사를 접수한 날부터 3영업일 이내에 해당 신용카드를 일반금융소비자에 발급한 금융상품직접판매업자로 하여금 보험료 납입 관련 대금 청구를 하지 않도록 해야 하며, 이 경우 금전·재화등을 반환한 것으로 본다(감독규정30④).

### 5. 반환 계좌

금융상품판매업자등이 일반금융소비자에게 금전(이자 및 수수료를 포함)을 반환하는 경우에는 해당 일반금융소비자가 지정하는 계좌로 입금해야 한다(영37⑥).

## Ⅳ. 청약철회의 불이익 금지

청약이 철회된 경우 금융상품판매업자등은 일반금융소비자에 대하여 청약의 철회에 따른 손해배상 또는 위약금 등 금전의 지급을 청구할 수 없다(법46④).

## Ⅴ. 보장성 상품 철회의 특례

보장성 상품의 경우 청약이 철회된 당시 이미 보험금의 지급사유가 발생한 경우에는 청약 철회의 효력은 발생하지 아니한다(법46⑤ 본문). 다만, 일반금융소비자가 보험금의 지급사유가 발생했음을 알면서 청약을 철회한 경우에는 그러하지 아니하다(법46⑤ 단서).

## Ⅵ. 일반금융소비자에 불리한 특약의 무효

청약철회 기간(법46①), 청약의 효력발생시기(법46②), 금전·재화등의 반환방법(법46③), 손해배상 또는 위약금 청구금지(법46④), 보장성 상품의 경우 철회의 효력발생(법46⑤) 규정에 반하는 특약으로서 일반금융소비자에게 불리한 것은 무효로 한다(법46⑥).

# 제4절 위법계약의 해지권

## Ⅰ. 금융소비자의 해지요구권

### 1. 의의 및 제도적 취지

#### (1) 의의

금융소비자는 금융상품판매업자등이 부적합 계약체결 권유 금지 의무(법17
③), 부적정 판단 사실 통지·확인의무(법18②), 중요한 사항 설명의무(법19①) 및
중요한 사항의 거짓·왜곡 설명 및 누락 금지 의무(법19③), 불공정영업행위의 금
지 의무(법20①), 부당권유행위 금지 의무(법21) 규정을 위반하여 "대통령령으로
정하는 금융상품"(대상 금융상품)에 관한 계약을 체결한 경우 5년 이내의 "대통령
령으로 정하는 기간"(해지요구 기간) 내에 서면등으로 해당 계약의 해지를 요구할
수 있다(법47① 전단).[7]

#### (2) 제도적 취지

위법계약해지권 도입 취지는 위법한 계약에 대해서는 소비자가 계약해지에
따른 재산상 불이익을 입지 않도록 하는데 있다. 위법한 계약에 따른 손해배상을
요구하는 손해배상청구권과는 성격이 다르다.[8]

#### (3) 해지의 효과

계약체결 과정에서 위법성이 존재한 경우 금융소비자의 해지요구에 대하여
금융상품판매업자 등이 정당한 사유를 제시하지 못하는 경우에 금융소비자가 일
방적으로 계약해지를 할 수 있다. 위법계약 해지의 효과는 장래를 향해 발생하기
때문에 해당 계약은 해지 시점부터 무효가 된다. 따라서 계약체결 후 해지시점까
지 계약에 따른 서비스 제공 과정에서 발생한 비용 등(예: 대출 이자, 카드 연회비,
펀드 수수료·보수, 투자손실, 위험보험료 등)은 원칙적으로 계약해지 후 소비자에 지
급해야 할 금전의 범위에 포함되지 않는다.[9]

---

7) 부칙 제8조(위법한 계약의 해지에 관한 적용례) 제47조는 이 법 시행 이후 계약을 체결하
  는 경우부터 적용한다.
8) 금융위원회·금융감독원(2021a), 8쪽.
9) 금융위원회·금융감독원(2021a), 8쪽.

## 2. 대상 금융상품

위법계약 해지요구 대상 금융상품은 금융소비자와 금융상품직접판매업자 또는 금융상품자문업자 간 계속적 거래(계약의 체결로 집합투자규약10)이 적용되는 경우에는 그 적용기간을 포함)가 이루어지고 금융소비자가 해지 시 재산상 불이익이 발생하는 금융상품을 말한다(영38①, 감독규정31①).11)

다만, i) 온라인투자연계금융업법에 따른 온라인투자연계금융업자와 체결하는 계약, ii) 자본시장법에 따른 원화로 표시된 양도성 예금증서, iii) 자본시장법 시행령에 따른 표지어음, iv) 그 밖에 앞의 3가지 상품과 유사한 금융상품은 제외한다(영38①, 감독규정31①).

## 3. 해지요구 기간

해지요구 기간이란 금융소비자가 계약체결에 대한 위반사항을 안 날부터 1년 이내의 기간을 말한다(영38② 전단). 이 경우 해당 기간은 계약체결일부터 5년 이내의 범위에 있어야 한다(영38② 후단).

## 4. 해지요구서 제출

금융소비자는 계약의 해지를 요구하려는 경우 금융상품의 명칭과 법 위반사실을 기재한 해지요구서(감독규정31②)에 위반사항을 증명하는 서류를 첨부하여 금융상품직접판매업자 또는 금융상품자문업자에게 제출해야 한다(영38③ 전단). 이 경우 자동차손해배상 보장법에 따른 책임보험에 대해 해지요구를 할 때에는 동종의 다른 책임보험에 가입해 있어야 한다(영38③ 후단).

---

10) "집합투자규약"이란 집합투자기구의 조직, 운영 및 투자자의 권리·의무를 정한 것으로서 투자신탁의 신탁계약, 투자회사·투자유한회사·투자합자회사·투자유한책임회사의 정관 및 투자합자조합·투자익명조합의 조합계약을 말한다(자본시장법9㉒).

11) 폐쇄형 사모펀드의 경우 중도 환매가 불가능한데 위법계약 해지권 행사가 가능한지 문제된다. 폐쇄형 사모펀드의 경우 소비자가 위법계약 해지권을 행사하면 금융상품직접판매업자가 고유재산으로 해당 집합투자증권을 매입해야 한다. 이는 소비자보호 조치인 만큼 자본시장법상 손실보전행위(제55조 제2호 제4호) 및 불건전영업행위(제68조 제5항 제10호)에 해당되지 않는다(금융위원회·금융감독원(2021b), 8쪽).

### 5. 의무 보장성 상품에 대한 해지요구의 조건

금융소비자가 법률에 따라 가입의무가 부과되고 그 해제·해지도 해당 법률에 따라 가능한 보장성 상품에 대해 계약의 해지를 요구하려는 경우에는 동종의 다른 보험에 가입되어 있어야 한다(감독규정31③).

### 6. 해지요구권 행사 효과

금융상품판매업자등은 해지를 요구받은 날부터 10일 이내에 금융소비자에게 수락 여부를 통지하여야 하며, 거절할 때에는 거절사유를 함께 통지하여야 한다(법47① 후단).

## Ⅱ. 계약해지권의 행사

### 1. 해지권의 행사

금융소비자는 금융상품판매업자등이 "정당한 사유" 없이 해지 요구를 따르지 않는 경우 해당 계약을 해지할 수 있다(법47②).

### 2. 해지권 행사의 제한

금융상품판매업자등에게 다음의 정당한 사유가 있는 경우 금융소비자는 계약을 해지할 수 없다. 정당한 사유의 범위는 다음과 같다(영38④).

#### (1) 위반사실의 근거 거짓 제시

금융소비자가 위반사실에 대한 근거를 제시하지 않거나 거짓으로 제시한 경우 계약을 해지할 수 없다(영38④(1)).

#### (2) 계약체결 이후의 사정변경에 따른 위반사항 주장

계약체결 당시에는 위반사항이 없었으나 금융소비자가 계약체결 이후의 사정변경에 따라 위반사항을 주장하는 경우 금융소비자는 계약을 해지할 수 없다(영38④(2)).

#### (3) 동의에 의한 위반사항 시정

금융상품판매업자등이 금융소비자의 동의를 받아 위반사항을 시정한 경우 금융소비자는 계약을 해지할 수 없다(영38④(3)).

### (4) 금융상품판매업자등의 위반사실 없음 근거자료 제시

금융상품판매업자등이 계약의 해지 요구를 받은 날부터 10일 이내에 법 위반사실이 없음을 확인하는데 필요한 객관적·합리적인 근거자료를 금융소비자에 제시한 경우 금융소비자는 계약을 해지할 수 없다(영38④(4), 감독규정31④(1)).

다만, 10일 이내에 금융소비자에 제시하기 어려운 경우에는 ⅰ) 계약의 해지를 요구한 금융소비자의 연락처나 소재지를 확인할 수 없거나 이와 유사한 사유로 해지 요구를 받은 날로부터 10일 이내(법47① 후단)의 통지기간 내 연락이 곤란한 경우 해당 사유가 해소된 후 지체 없이 알려야 하고(가목), ⅱ) 법 위반사실 관련 자료 확인을 이유로 금융소비자의 동의를 받아 해지 요구를 받은 날로부터 10일 이내(법47① 후단)의 통지기한을 연장한 경우 연장된 기한까지 알려야(나목) 한다(감독규정31④(1)).

### (5) 금융상품판매업자등의 위반사실 사전인지

금융소비자가 금융상품판매업자등의 행위에 법 위반사실이 있다는 사실을 계약을 체결하기 전에 알았다고 볼 수 있는 명백한 사유가 있는 경우 금융소비자는 계약을 해지할 수 없다(영38④(4), 감독규정31④(2)).

## Ⅲ. 해지에 따른 비용 요구 금지

계약이 해지된 경우 금융상품판매업자등은 수수료, 위약금 등 계약의 해지와 관련된 비용을 요구할 수 없다(법47③).

# 제2장

# 행정제재

## 제1절 과징금

### Ⅰ. 과징금 부과대상

#### 1. 금융상품직접판매업자 또는 금융상품자문업자의 위반행위

##### (1) 수입등의 50% 이내의 과징금

##### (가) 징벌적 과징금

금융소비자보호법은 징벌적 과징금 제도를 도입하였다. 금융상품직접판매업자 또는 금융상품자문업자가 설명의무 등 영업행위 준수사항을 위반한 경우 제재의 실효성을 제고하기 위하여 해당 위반행위와 관련된 계약으로 인한 수입 또는 이에 준하는 금액의 50% 이내에서 과징금을 부과할 수 있도록 하고 있다.

금융위원회는 금융상품직접판매업자 또는 금융상품자문업자가 ⅰ) 설명의무(법19①)를 위반하여 중요한 사항을 설명하지 아니하거나 설명서 제공 및 확인의무(법19②)를 위반한 경우(제1호), ⅱ) 불공정영업행위의 금지(법20① 각호) 규정을 위반한 경우(제2호), ⅲ) 부당권유행위 금지(법21 각호) 규정을 위반한 경우(제3호), ⅳ) 금융상품등에 관한 광고 관련 준수사항(법22③④)을 위반하여 금융상품등에 관한 광고를 한 경우(제4호) 그 위반행위와 관련된 계약으로 얻은 수입 또

는 이에 준하는 금액("수입등")의 50% 이내에서 과징금을 부과할 수 있다(법57①
본문).[1] 6대 판매행위 원칙 중 적합성원칙과 적정성원칙은 제외하고 있다.

### (나) 수입등의 산정기준

위반행위와 관련된 계약으로 얻은 수입등의 산정에 관한 사항은 금융시장
환경변화로 인한 변동요인, 금융상품 유형별 특성, 금융상품계약체결등의 방식
및 금융상품판매업자등의 사업규모 등을 고려하여 대통령령으로 정한다(법57④).

이에 따라 수입등("수입등")을 산정할 때에는 그 명칭 여하를 불문하고 계약
체결 및 그 이행으로 인해 금융소비자로부터 얻는 모든 형태의 금전등을 그 대
상으로 한다(영43① 본문). 다만, ⅰ) 인지세 등 제세공과금과, ⅱ) 저당권 설정 등
에 따른 등기 비용은 제외한다(영43① 단서)

### (2) 10억원 이하의 과징금

위반행위를 한 자가 그 위반행위와 관련된 계약으로 얻은 수입등이 없거나
수입등의 산정이 곤란한 경우로서 ⅰ) 영업실적이 없는 등의 사유로 위반행위와
관련된 계약에 따른 수입등이 없는 경우, ⅱ) 재해로 인해 수입등을 산정하는데
필요한 자료가 소멸되거나 훼손되는 등의 이유로 수입등을 산정하기가 곤란한
경우에는 10억원을 초과하지 아니하는 범위에서 과징금을 부과할 수 있다(법57①
단서, 영43②).

## 2. 금융상품판매대리 · 중개업자 또는 금융상품직접판매업자의 소속 임직원의 위반행위

### (1) 수입등의 50% 이내의 과징금

금융상품판매대리 · 중개업자 또는 금융상품직접판매업자의 소속 임직원이
설명의무 등 영업행위 준수사항을 위반한 경우 제재의 실효성을 제고하기 위하
여 해당 위반행위와 관련된 계약으로 인한 수입 또는 이에 준하는 금액의 50%
이내에서 과징금을 부과할 수 있도록 하고 있다.

금융위원회는 금융상품직접판매업자가 금융상품계약체결등을 대리하거나

---

1) 부칙 제11조(과징금 등에 관한 경과조치) 이 법 시행 전에 부칙 제13조에 따라 개정되기
전의 법률("종전 법률")의 위반행위로서 이 법 시행 전에 종료되거나 이 법 시행 이후에
도 그 상태가 지속되는 위반행위에 대하여 제49조에 따른 명령, 제51조에 따른 금융상품
판매업자등에 대한 처분, 제52조에 따른 임직원에 대한 조치, 제57조에 따른 과징금의 부
과 등 행정처분을 할 때에는 그 위반한 행위에 대한 종전 법률의 규정에 따른다.

중개하게 한 금융상품판매대리·중개업자(금융소비자법 또는 다른 금융 관련 법령에 따라 하나의 금융상품직접판매업자만을 대리하는 금융상품판매대리·중개업자로 한정) 또는 금융상품직접판매업자의 소속 임직원이 ⅰ) 설명의무(법19①)를 위반하여 중요한 사항을 설명하지 아니하거나 설명서 교부 및 확인의무(법19②)를 위반한 경우(제1호), ⅱ) 불공정영업행위의 금지(법20① 각호)규정을 위반한 경우(제2호), ⅲ) 부당권유행위 금지(법21 각호)규정을 위반한 경우(제3호), ⅳ) 금융상품등에 관한 광고 관련 준수사항(법22③④)을 위반하여 금융상품등에 관한 광고를 한 경우(제4호)에는 그 금융상품직접판매업자에 대하여 그 위반행위와 관련된 계약으로 얻은 수입등의 50% 이내에서 과징금을 부과할 수 있다(법57② 본문). 6대 판매행위 원칙 중 적합성원칙과 적정성원칙은 제외하고 있다.

### (2) 임의적 감면

금융상품직접판매업자가 그 위반행위를 방지하기 위하여 해당 업무에 관하여 적절한 주의와 감독을 게을리하지 아니한 경우에는 그 금액을 감경하거나 면제할 수 있다(법57② 단서).

## 3. 업무정지처분 대체 과징금

### (1) 6개월 이내의 업무 전부 또는 일부 정지와 과징금

금융위원회는 금융상품판매업자등에 대하여 6개월 이내의 업무의 전부 또는 일부의 정지(법51②(1))를 명할 수 있는 경우로서 업무정지가 금융소비자 등 이해관계인에게 중대한 영향을 미치거나 공익을 침해할 우려가 있는 경우에는 업무정지처분을 갈음하여 업무정지기간 동안 얻을 이익의 범위에서 과징금을 부과할 수 있다(법57③).

### (2) 과징금의 부과기준

업무정지처분을 갈음하여 업무정지기간 동안 얻을 이익의 범위에서 부과하는 과징금의 부과기준은 [별표 2]와 같다(영43③). 시행령 [별표 2]의 과징금의 부과기준은 다음과 같다.

1. 법 제51조 제2항 제1호에 따른 업무정지 1개월은 30일로 계산한다.
2. 업무정지 1일에 해당하는 과징금의 금액은 업무정지 대상 업무의 직전 사업연도 영업수익을 해당 사업연도 영업일수로 나눈 금액으로 한다.

3. 제2호에서 "직전 사업연도"란 업무정지처분을 받은 날이 속하는 사업연도의 직전 사업연도를 말한다. 다만, 직전 사업연도가 없는 경우에는 업무정지처분을 받은 날이 속하는 사업연도를 직전 사업연도로 한다.

4. 법 제57조 제3항에 따라 업무정지처분에 갈음하여 부과하는 과징금의 금액은 업무정지 기간과 제2호에 따른 1일에 해당하는 과징금의 금액을 곱하여 산정한다.

5. 금융위원회는 위반행위의 내용 및 정도, 위반행위의 동기와 그 결과, 위반상태의 해소나 위반행위의 예방을 위한 노력, 그 밖에 금융위원회가 정하여 고시하는 사유를 고려하여 제4호에 따른 과징금 금액을 2분의 1 범위에서 늘리거나 줄일 수 있다. 다만, 늘리는 경우에도 6개월(180일)에 제2호에 따른 1일에 해당하는 과징금의 금액을 곱한 금액을 초과할 수 없다.

## Ⅱ. 과징금 부과요건과 절차

### 1. 필요적 고려사항과 과징금 부과기준

#### (1) 필요적 고려사항

금융위원회는 과징금을 부과하는 경우에는 "대통령령으로 정하는 기준"에 따라 ⅰ) 위반행위의 내용 및 정도, ⅱ) 위반행위의 기간 및 위반횟수, ⅲ) 위반행위로 인하여 취득한 이익의 규모, ⅳ) 업무정지기간(업무정지처분 대체 과징금을 부과하는 경우만 해당)을 고려하여야 한다(법58①).

#### (2) 과징금의 부과기준

위에서 "대통령령으로 정하는 기준"이란 다음의 구분에 따른 과징금의 부과기준을 말한다(영44④)

#### (가) 금융상품직접판매업자 또는 금융상품자문업자에 대한 과징금

금융상품직접판매업자 또는 금융상품자문업자에 대한 과징금(법57①)은 [별표 3]에 따른 과징금의 부과기준을 말한다. 시행령 [별표 3]의 과징금의 부과기준은 다음과 같다.

1. 기본과징금의 산정
   가. 기본과징금은 법 제57조 제1항 및 제2항에서 규정한 과징금 금액의 상한에 나목에 따른 부과기준율을 곱한 금액으로 한다.

나. 부과기준율은 다음 각 호의 사항을 고려하여 위반행위의 중대성을 "중대성이 약한 위반행위", "중대한 위반행위", "매우 중대한 위반행위"로 구분하여 금융위원회가 정하여 고시한다.

  1) 위반행위의 내용: 경영진의 위반행위 지시 여부 등 위반행위의 방법, 위반행위의 동기 등
  2) 위반행위의 정도: 금융소비자 피해규모, 시장에 미치는 영향 등
  3) 위반행위의 기간 및 위반 횟수
  4) 위반행위로 취득한 이익의 규모

2. 기본과징금의 조정

금융위원회는 위반행위의 중대성, 위반상태의 해소나 위반행위의 예방을 위한 노력, 내부 통제기준·금융소비자보호기준 준수 및 그 밖에 금융위원회가 정하여 고시하는 사유를 고려하여 가목에 따라 산정한 기본과징금 금액을 늘리거나 줄일 수 있다. 다만, 조정한 경우에도 기본과징금 금액은 법 제57조에서 정한 과징금 금액의 상한을 초과할 수 없다.

3. 부과과징금의 결정

금융위원회는 위반행위자의 객관적인 과징금 납부능력, 금융시장 또는 경제 여건, 위반행위로 발생한 피해의 배상 정도, 위반행위로 취득한 이익의 규모, 그 밖에 금융위원회가 정하여 고시하는 사유를 고려할 때 제2호에 따라 조정한 과징금 금액이 과중하다고 인정되는 경우에는 그 금액을 줄여 부과과징금으로 정할 수 있다.

4. 부과기준율 등 기본과징금의 산정, 기본과징금의 조정, 부과과징금의 결정, 그 밖에 과징금의 부과 등에 필요한 세부 사항은 금융위원회가 정하여 고시한다.

## (나) 금융상품판매업자등에 대한 업무정지처분 대체 과징금

금융상품판매업자등에 대한 업무정지처분 대체 과징금(법57③)은 [별표 2]에 따른 과징금의 부과기준을 말한다. 시행령 [별표 2]의 과징금의 부과기준은 다음과 같다.

1. 법 제51조 제2항 제1호에 따른 업무정지 1개월은 30일로 계산한다.
2. 업무정지 1일에 해당하는 과징금의 금액은 업무정지 대상 업무의 직전 사업연도 영업수익을 해당 사업연도 영업일수로 나눈 금액으로 한다.
3. 제2호에서 "직전 사업연도"란 업무정지처분을 받은 날이 속하는 사업연도의

직전 사업연도를 말한다. 다만, 직전 사업연도가 없는 경우에는 업무정지처분을 받은 날이 속하는 사업연도를 직전 사업연도로 한다.

4. 법 제57조 제3항에 따라 업무정지처분에 갈음하여 부과하는 과징금의 금액은 업무정지 기간과 제2호에 따른 1일에 해당하는 과징금의 금액을 곱하여 산정한다.

5. 금융위원회는 위반행위의 내용 및 정도, 위반행위의 동기와 그 결과, 위반상태의 해소나 위반행위의 예방을 위한 노력, 그 밖에 금융위원회가 정하여 고시하는 사유를 고려하여 제4호에 따른 과징금 금액을 2분의 1 범위에서 늘리거나 줄일 수 있다. 다만, 늘리는 경우에도 6개월(180일)에 제2호에 따른 1일에 해당하는 과징금의 금액을 곱한 금액을 초과할 수 없다.

## 2. 합병의 경우

금융위원회는 금융소비자보호법을 위반한 법인이 합병을 하는 경우 그 법인이 한 위반행위는 합병 후 존속하거나 합병으로 신설된 법인이 행한 행위로 보아 과징금을 부과·징수할 수 있다(법58②).

## 3. 과징금 부과 통지

금융위원회는 과징금을 부과하는 경우 그 위반행위의 종류, 해당 과징금의 금액 및 이의신청 방법 등을 명시하여 서면으로 알려야 한다(영44①).

## 4. 과징금 납부기한

과징금 부과 통지를 받은 자는 그 통지를 받은 날부터 60일 이내에 금융위원회가 정하여 고시하는 수납기관에 과징금을 납부해야 한다(영44② 본문). 다만, 천재지변 및 그 밖에 부득이한 사유로 해당 기간에 납부할 수 없는 때에는 그 사유가 없어진 날부터 30일 이내에 납부해야 한다(영44② 단서).

과징금의 납부를 받은 수납기관은 그 납부자에게 영수증을 교부하고, 지체 없이 수납한 사실을 금융위원회에 알려야 한다(영44③).

## Ⅲ. 이의신청과 결정

### 1. 이의신청

과징금 부과처분에 불복하는 자는 처분을 고지받은 날부터 30일 이내에 불복 사유를 갖추어 금융위원회에 이의를 신청할 수 있다(법59①).

### 2. 결정

금융위원회는 이의신청에 대하여 60일 이내에 결정을 하여야 한다(법59② 본문). 다만, 부득이한 사정으로 그 기간 내에 결정을 할 수 없을 경우에는 30일의 범위에서 그 기간을 연장할 수 있다(법59② 단서).

## Ⅳ. 납부기한의 연장 및 분할납부

### 1. 분할납부 사유

금융위원회는 과징금납부의무자가 ⅰ) 재해 또는 도난 등으로 재산에 현저한 손실을 입은 경우, ⅱ) 사업여건의 악화로 사업이 중대한 위기에 처한 경우, ⅲ) 과징금의 일시납부에 따라 자금사정에 현저한 어려움이 예상되는 경우, ⅳ) 그 밖에 앞의 3가지의 사유에 준하는 사유가 있는 경우 과징금 전액을 일시에 납부하기가 어렵다고 인정되는 경우에는 그 납부기간을 연장하거나 분할납부하게 할 수 있다(법60① 전단). 이 경우 필요하다고 인정될 때에는 담보를 제공하게 할 수 있다(법60① 후단).

### 2. 연장 기간과 분할납부 횟수

금융위원회가 과징금의 납부기간을 연장하거나 분할납부하게 하는 경우 납부기간의 연장은 그 납부기한의 다음 날부터 1년 이내로 하고, 분할된 납부기간의 간격은 4개월 이내로 하며, 분할납부의 횟수는 3회 이내로 한다(영45).

### 3. 신청

과징금납부의무자가 과징금 납부기간을 연장받거나 분할납부를 하려는 경우에는 그 납부기한의 10일 전까지 금융위원회에 신청하여야 한다(법60②).

### 4. 취소

금융위원회는 납부기간이 연장되거나 분할납부가 허용된 과징금납부의무자가 ⅰ) 분할납부 결정된 과징금을 그 납부기간 내에 납부하지 아니한 경우, ⅱ) 담보의 변경, 그 밖에 담보 보전에 필요한 금융위원회의 명령을 이행하지 아니한 경우, ⅲ) 강제집행, 경매의 개시, 파산선고, 법인의 해산, 국세 또는 지방세의 체납처분을 받는 등 과징금의 전부 또는 나머지를 징수할 수 없다고 인정되는 경우), ⅳ) 그 밖에 앞의 3가지의 사유에 준하는 사유가 있는 경우에는 그 납부기간의 연장 또는 분할납부 결정을 취소하고 과징금을 일시에 징수할 수 있다(법60③).

## Ⅴ. 과징금 징수 및 체납처분

### 1. 징수 및 체납처분 절차

#### (1) 가산금

금융위원회는 과징금납부의무자가 납부기한까지 과징금을 납부하지 아니한 경우에는 납부기한의 다음 날부터 납부한 날의 전일까지의 기간에 대하여 체납된 금액에 연 6%의 이율을 적용하여 계산한 금액(영46①)의 가산금을 징수할 수 있다(법61① 전단). 이 경우 가산금을 징수하는 기간은 60개월을 초과할 수 없다(법61① 후단).

#### (2) 독촉과 체납처분

금융위원회는 과징금납부의무자가 납부기한까지 과징금을 납부하지 아니한 경우에는 기간을 정하여 독촉을 하고, 그 지정된 기간 내에 과징금과 가산금을 납부하지 아니한 경우에는 국세체납처분의 예에 따라 징수한다(법61②).

### 2. 징수 또는 체납처분의 위탁 및 국세청장의 통지

#### (1) 징수 또는 체납처분의 위탁

금융위원회는 과징금 및 가산금의 징수 또는 체납처분에 관한 업무를 국세청장에게 위탁할 수 있다(법61③).

### (2) 국세청장의 통지

국세청장은 과징금 및 가산금의 징수 또는 체납처분에 관한 업무를 금융위원회로부터 위탁받은 경우 그 업무처리 결과 또는 진행상황 등을 금융위원회에 알려야 한다(영46②).

## Ⅵ. 과오납금의 환급과 환급가산금

### 1. 과징금의 환급

금융위원회는 과징금납부의무자가 이의신청의 재결 또는 법원의 판결 등을 근거로 과징금 과오납금의 환급을 청구하는 경우에는 지체 없이 환급하여야 하며, 과징금납부의무자의 청구가 없는 경우에도 금융위원회가 확인한 과오납금은 환급하여야 한다(법62①).

### 2. 환급금의 과징금 충당

금융위원회는 과오납금을 환급하는 경우 환급받을 자가 금융위원회에 납부하여야 하는 다른 과징금이 있으면 환급하는 금액을 그 과징금에 충당할 수 있다(법62②).

### 3. 환급가산금

금융위원회는 과징금을 환급하는 경우에는 과징금을 납부한 날부터 환급한 날까지의 기간에 대하여 시중은행의 1년 만기 정기예금의 평균 수신이자율을 고려하여 금융위원회가 정하여 고시하는 이자율(영47)을 적용하여 환급가산금을 환급받을 자에게 지급하여야 한다(법63).

## Ⅶ. 결손처분

금융위원회는 과징금납부의무자에게 ⅰ) 체납처분이 끝나고 체납액에 충당된 배분금액이 체납액에 미치지 못하는 경우, ⅱ) 과징금 등의 징수권에 대한 소멸시효가 완성된 경우, iii) 체납자의 행방이 분명하지 아니하거나 재산이 없다는 것이 판명된 경우, iv) 체납처분의 목적물인 총재산의 추산가액이 체납처분 비용에 충당하면 남을 여지가 없음이 확인된 경우, v) 체납처분의 목적물인 총재산이 과징금 등보다 우선하는 국세, 지방세, 전세권·질권·저당권 및 동산채권담보법에 따른 담보권으로 담보된 채권 등의 변제에 충당하면 남을 여지가 없음이 확인된 경우, vi) 채무자회생법 제251조[2])에 따라 면책된 경우에는 결손처분을 할 수 있다(법64, 영48).

# 제2절  과태료

## Ⅰ. 개요

금융소비자보호법 제69조는 일정한 위반행위에 대하여 1억원 이하의 과태료를 부과하는 경우(제1항), 3천만원 이하의 과태료를 부과하는 경우(제2항), 1천만원 이하의 과태료를 부과하는 경우(제3항)를 규정한다(법69①②③). 과태료는 대통령령으로 정하는 바에 따라 금융위원회가 부과·징수한다(법69④). 과태료를 부과하는 기준은 시행령 [별표 4]와 같다(영53).[3]) 시행령 [별표 4]는 과태료의 부과기준(제53조 관련)을 규정하고 있다.

## Ⅱ. 1억원 이하의 과태료

다음의 어느 하나에 해당하는 자에게는 1억원 이하의 과태료를 부과한다(법69①).

1. 금융상품판매업자등의 내부통제기준 마련의무(법16②)를 위반하여 내부통제

---

2) 채무자회생법 제251조(회생채권 등의 면책 등) 회생계획인가의 결정이 있는 때에는 회생계획이나 이 법의 규정에 의하여 인정된 권리를 제외하고는 채무자는 모든 회생채권과 회생담보권에 관하여 그 책임을 면하며, 주주·지분권자의 권리와 채무자의 재산상에 있던 모든 담보권은 소멸한다. 다만, 제140조 제1항의 청구권은 그러하지 아니하다.

3) 부칙 제12조(벌칙 등에 관한 경과조치) 이 법 시행 전에 행한 종전 법률의 위반행위에 대하여 벌칙 및 과태료를 적용할 때에는 그 위반한 행위에 대한 종전 법률의 규정에 따른다.

기준을 마련하지 아니한 자

2. 금융상품판매업자등의 중요사항 설명의무(법19①)를 위반하여 중요한 사항을 설명하지 아니하거나 설명서 제공·확인의무(법19②)를 위반하여 설명서를 제공하지 아니하거나 확인을 받지 아니한 자

3. 불공정영업행위의 금지규정(법20① 각 호)의 어느 하나에 해당하는 행위를 한 자

4. 부당권유행위 금지규정(법21 각 호)의 어느 하나에 해당하는 행위를 한 자

5. 광고의 주체에 관한 규정(법22①), 광고 포함사항 규정(법22③), 또는 광고시 금지행위 규정(법22④)을 위반하여 금융상품등에 관한 광고를 한 자

6. 금융상품판매대리·중개업자가 금융상품계약체결등의 업무를 대리하거나 중개하게 한 금융 상품판매대리·중개업자가 다음의 어느 하나에 해당하는 행위를 한 경우에 그 업무를 대리하거나 중개하게 한 금융상품판매대리·중개업자. 다만, 업무를 대리하거나 중개하게 한 금융상품판매대리·중개업자로서 그 위반행위를 방지하기 위하여 해당 업무에 관하여 적절한 주의와 감독을 게을리하지 아니한 자는 제외한다.

　　가. 중요사항 설명의무(법19①)를 위반하여 중요한 사항을 설명하지 아니하거나 설명서 제공·확인의무(법19②)를 위반하여 설명서를 제공하지 아니하거나 확인을 받지 아니한 경우

　　나. 불공정영업행위의 금지규정(법20① 각 호)의 어느 하나에 해당하는 행위를 한 경우

　　다. 부당권유행위 금지규정(법21 각 호)의 어느 하나에 해당하는 행위를 한 경우

　　라. 광고 포함사항 규정(법22③), 또는 광고시 금지행위 규정(법22④)을 위반하여 금융상품등에 관한 광고를 한 경우

7. 금융상품 유형별 계약서류 제공의무(법23①)를 위반하여 금융소비자에게 계약서류를 제공하지 아니한 자

8. 금융상품직접판매업자가 금융상품계약체결등의 업무를 대리하거나 중개하게 한 금융상품 판매대리·중개업자가 대리·중개하는 업무를 제3자에게 하게 하거나 그러한 행위에 관하여 수수료·보수나 그 밖의 대가를 지급하는 행위(법25①(2))를 한 경우에 그 업무를 대리하거나 중개하게 한 금융상품직접판매업자. 다만, 업무를 대리하거나 중개하게 한 금융상품직접판매업자로서 그 위반행위를 방지하기 위하여 해당 업무에 관하여 적절한 주의와 감독을 게을리하지 아니한 자는 제외한다.

9. 금융상품자문업자는 자문업무를 수행하는 과정에서 고지사항을 금융소비자에게 알려야 하며, 자신이 금융상품자문업자라는 사실을 나타내는 표지를 게시하거나 증표를 금융소비자에게 내보여야 하는데(법27③), 이에 위반하여 고지사항을 금융소비자에게 알리지 아니한 자 또는 표지를 게시하지 아니하거나 증표를 내보이지 아니한 자

10. 독립금융상품자문업자가 아닌 자는 "독립"이라는 문자 또는 이와 같은 의미를 가지고 있는 외국어 문자로서 "독립문자"를 명칭이나 광고에 사용할 수 없는데(법27④), 이에 위반하여 독립문자를 명칭에 사용하거나 광고에 사용한 자

11. 독립금융상품자문업자의 금지행위(법27⑤)에 해당하는 행위를 한 자

12. 금융상품판매업자등은 금융상품판매업등의 업무와 관련한 자료로서 기록자료를 기록하여야 하며, 자료의 종류별로 유지·관리 기간 동안 유지·관리하여야 하는데(법28①), 이에 위반하여 자료를 기록하지 아니하거나 자료의 종류별로 유지·관리하지 아니한 자

13. 금융상품판매업자등은 그 업무와 재산상황에 관하여 금융감독원장의 검사를 받아야 하는데(법50①), 이에 따른 검사를 정당한 사유 없이 거부·방해 또는 기피한 자

## Ⅲ. 3천만원 이하의 과태료

다음의 어느 하나에 해당하는 자에게는 3천만원 이하의 과태료를 부과한다(법69②).

1. 적합성원칙상 소비자 정보 파악·확인의무(법17②)를 위반하여 정보를 파악하지 아니하거나 확인을 받지 아니하거나 이를 유지·관리하지 아니하거나 확인받은 내용을 지체 없이 제공하지 아니한 자

2. 적합성 원칙상 부적합 계약체결 권유 금지의무(법17③)을 위반하여 계약체결을 권유한 자

3. 적정성원칙상 소비자 정보 파악의무(법18①)를 위반하여 정보를 파악하지 아니한 자

4. 적정성원칙상 부적정 판단 사실 통지·확인의무(법18②)를 해당 금융상품이 적정하지 아니하다는 사실을 알리지 아니하거나 확인을 받지 아니한 자

5. 금융상품판매대리·중개업자의 금지행위인 금융소비자로부터 투자금, 보험료

등 계약의 이행으로서 급부를 받는 행위 등(법25① 각 호)에 해당하는 행위를 한 자

6. 금융상품판매대리 · 중개업자는 금융상품판매 대리 · 중개 업무를 수행할 때 금융상품직접판매업자로부터 정해진 수수료 외의 금품, 그 밖의 재산상 이익을 요구하거나 받아서는 아니 되는데(법25②), 이에 위반하여 수수료 외의 금품, 그 밖의 재산상 이익을 요구하거나 받은 자

7. 금융상품판매대리 · 중개업자는 금융상품판매 대리 · 중개 업무를 수행할 때 금융소비자에게 고지사항 모두를 미리 알려야 하는데(법26①), 이에 위반하여 고지사항을 미리 금융소비자에게 알리지 아니한 자 또는 금융상품판매대리 · 중개업자는 금융상품판매대리 · 중개 업무를 수행할 때 자신이 금융상품판매대리 · 중개업자라는 사실을 나타내는 표지를 게시하거나 증표를 금융소비자에게 보여 주어야 하는데(법26②), 이에 위반하여 표지를 게시하지 아니하거나 증표를 보여 주지 아니한 자

## Ⅳ. 1천만원 이하의 과태료

등록한 금융상품판매업자등은 등록요건 중 일부가 변동된 경우 1개월 이내에 그 변동사항을 금융위원회에 보고하여야 하는데(법48③), 이에 위반하여 등록요건에 대한 변동사항을 보고하지 아니한 자에게는 1천만원 이하의 과태료를 부과한다(법69③).

## Ⅴ. 과태료의 부과기준

과태료는 금융위원회가 부과 · 징수한다(법69④). 과태료의 부과기준은 [별표 4]와 같다(영51).

■ 금융소비자 보호에 관한 법률 시행령 [별표 4] [시행일 : 2021. 9. 25.] 금융
상품자문업자에 관한 부분

<u>과태료의 부과기준</u>(제51조 관련)

　1. 일반기준

　가. 금융위원회는 위반행위의 정도, 위반횟수, 위반행위의 동기와 그 결과
등을 고려하여 과태료를 줄일 필요가 있다고 인정되는 경우에는 제2호의 개별기
준에 따른 과태료 금액의 2분의 1 범위에서 그 금액을 줄이거나 면제할 수 있다.
다만, 과태료를 체납하고 있는 위반행위자의 경우에는 그렇지 않다.

　나. 금융위원회는 위반행위의 정도, 위반행위의 동기와 그 결과 등을 고려
하여 과태료를 늘릴 필요가 있다고 인정한 경우에는 제2호의 개별기준에 따른
과태료 금액의 2분의 1 범위에서 그 금액을 늘릴 수 있다. 다만, 늘리는 경우에
도 법 제69조제1항부터 제3항까지의 규정에 따른 과태료 금액의 상한을 넘을
수 없다.

　2. 개별기준

(단위: 만원)

| 위반행위 | 근거<br>법조문 | 과태료 금액 | |
|---|---|---|---|
| | | 법인 | 법인이<br>아닌 자 |
| 가. 법 제16조제2항을 위반하여 내부통제기준을<br>　마련하지 않은 경우 | 법 제69조<br>제1항제1호 | 10,000 | |
| 나. 법 제17조제2항을 위반하여 정보를 파악하<br>　지 않거나 확인을 받지 않거나 이를 유지·<br>　관리하지 않거나 확인받은 내용을 지체 없<br>　이 제공하지 않은 경우 | 법 제69조<br>제2항제1호 | 2,000 | 1,000 |
| 다. 법 제17조제3항을 위반하여 계약체결을 권<br>　유한 경우 | 법 제69조<br>제2항제2호 | 2,000 | 1,000 |
| 라. 법 제18조제1항을 위반하여 정보를 파악하<br>　지 않은 경우 | 법 제69조<br>제2항제3호 | 2,000 | 1,000 |
| 마. 법 제18조제2항을 위반하여 해당 금융상품<br>　이 적정하지 않다는 사실을 알리지 않거나<br>　확인을 받지 않은 경우 | 법 제69조<br>제2항제4호 | 2,000 | 1,000 |

| | | | |
|---|---|---|---|
| 바. 법 제19조제1항을 위반하여 중요한 사항을 설명하지 않거나 같은 조 제2항을 위반하여 설명서를 제공하지 않거나 확인을 받지 않은 경우 | 법 제69조 제1항제2호 | 7,000 | 3,500 |
| 사. 법 제20조제1항 각 호의 어느 하나에 해당 하는 행위를 한 경우 | 법 제69조 제1항제3호 | 7,000 | 3,500 |
| 아. 법 제21조 각 호의 어느 하나에 해당하는 행 위를 한 경우 | 법 제69조 제1항제4호 | 7,000 | 3,500 |
| 자. 법 제22조제1항·제3항 또는 제4항을 위반하 여 금융상품등에 관한 광고를 한 경우 | 법 제69조 제1항제5호 | 10,000 | 5,000 |
| 차. 금융상품계약체결등의 업무를 대리하거나 중개하게 한 금융상품판매대리·중개업자가 다음의 어느 하나에 해당하는 행위를 한 경 우. 다만, 업무를 대리하거나 중개하게 한 금융상품판매대리·중개업자가 그 위반행위 를 방지하기 위해 해당 업무에 관하여 적절 한 주의와 감독을 게을리하지 않은 경우는 제외한다.<br>1) 법 제19조제1항을 위반하여 중요한 사항을 설명하지 않거나 같은 조 제2항을 위반하여 설명서를 제공하지 않거나 확인을 받지 않은 경우<br>2) 법 제20조제1항 각 호의 어느 하나에 해당하 는 행위를 한 경우<br>3) 법 제21조 각 호의 어느 하나에 해당하는 행 위를 한 경우<br>4) 법 제22조제3항 또는 제4항을 위반하여 금융 상품등에 관한 광고를 한 경우 | 법 제69조 제1항제6호 | 7,000<br>(4)에 해당하는 경우에는 10,000) | 3,500<br>(4)에 해당하는 경우에는 5,000) |
| 카. 법 제23조제1항을 위반하여 금융소비자에게 계약서류를 제공하지 않은 경우 | 법 제69조 제1항제7호 | 5,000 | 2,500 |
| 타. 법 제2조제8호에 따른 금융상품계약체결등 의 업무를 대리하거나 중개하게 한 금융상 품판매대리·중개업자가 법 제25조제1항제2 호에 해당하는 행위를 한 경우. 다만, 업무 를 대리하거나 중개하게 한 금융상품직접판 매업자가 그 위반행위를 방지하기 위해 해 당 업무에 관하여 적절한 주의와 감독을 게 을리하지 않은 경우는 제외한다. | 법 제69조 제1항제8호 | 7,000 | 3,500 |
| 파. 법 제25조제1항 각 호의 어느 하나에 해당 하는 행위를 한 경우 | 법 제69조 제2항제5호 | 3,000 | 1,500 |

| | | | |
|---|---|---|---|
| 하. 법 제25조제2항을 위반하여 수수료 외의 금품, 그 밖의 재산상 이익을 요구하거나 받은 경우 | 법 제69조 제2항제6호 | 3,000 | 1,500 |
| 거. 법 제26조제1항을 위반하여 같은 항 각 호의 어느 하나에 해당하는 사항을 미리 금융소비자에게 알리지 않은 경우 또는 같은 조 제2항을 위반하여 표지를 게시하지 않거나 증표를 보여 주지 않은 경우 | 법 제69조 제2항제7호 | 2,000 | 1,000 |
| 너. 법 제27조제3항을 위반하여 같은 항 각 호의 어느 하나에 해당하는 사항을 금융소비자에게 알리지 않은 경우 또는 표지를 게시하지 않거나 증표를 내보이지 않은 경우 | 법 제69조 제1항제9호 | 7,000 | |
| 더. 법 제27조제4항을 위반하여 독립문자를 명칭에 사용하거나 광고에 사용한 경우 | 법 제69조 제1항제10호 | 7,000 | 3,500 |
| 러. 법 제27조제5항 각 호의 어느 하나에 해당하는 행위를 한 경우 | 법 제69조 제1항제11호 | 7,000 | |
| 머. 법 제28조제1항을 위반하여 자료를 기록하지 않거나 자료의 종류별로 유지·관리하지 않은 경우 | 법 제69조 제1항제12호 | 10,000 | 5,000 |
| 버. 법 제48조제3항을 위반하여 등록요건에 대한 변동사항을 보고하지 않은 경우 | 법 제69조 제3항 | 1,000 | 500 |
| 서. 법 제50조제1항에 따른 검사를 정당한 사유 없이 거부·방해 또는 기피한 경우 | 법 제69조 제1항제13호 | 10,000 | 5,000 (법인·조합·단체의 임직원인 경우에는 2,000) |

# 제3장

# 형사제재

## 제1절 벌칙

다음의 어느 하나에 해당하는 자, 즉 ⅰ) 제12조(금융상품판매업자등의 등록)를 위반하여 금융상품판매업등의 등록을 하지 아니하고 금융상품판매업등을 영위한 자(제1호), ⅱ) 거짓이나 그 밖의 부정한 방법으로 제12조에 따른 등록을 한 자(제2호), 또는 ⅲ) 제24조(미등록자를 통한 금융상품판매 대리·중개 금지)를 위반하여 금융상품판매대리·중개업자가 아닌 자에게 금융상품계약체결등을 대리하거나 중개하게 한 자(제3호)는 5년 이하의 징역 또는 2억원 이하의 벌금에 처한다(법67).

## 제2절 양벌규정

### Ⅰ. 의의

법인(단체를 포함)의 대표자나 법인 또는 개인의 대리인, 사용인, 그 밖의 종업원이 그 법인 또는 개인의 업무에 관하여 제67조의 위반행위를 하면 그 행위

자를 벌하는 외에 그 법인 또는 개인에게도 해당 조문의 벌금형을 과한다(법68 본문).

여기서 법인이란 대표자, 대리인, 사용인, 그 밖의 종업원의 사업주인 법인 이고, 대표자란 당해 법인의 대표권한을 가지는 자를 말하며, 개인이란 대리인, 사용인, 그 밖의 종업원의 사업주인 개인을 말하며, 대리인, 사용인, 그 밖의 종 업원은 법 제68조에는 임원이 그 행위자로서 명기되어 있지 않은 관계상 사용인 그 밖의 종업원에 법인의 임원이 포함된다고 해석하여야 한다. 왜냐하면 법인의 임원이 법 제67조의 위반행위를 한 경우 제외할 이유가 없고, 제외한다면 사용인 그 밖의 종업원과 균형이 맞지 않기 때문이다.

## Ⅱ. 업무관련성

양벌규정에서 "그 법인 또는 개인의 업무에 관하여"라는 의미는 법인의 대 표자, 법인 또는 개인의 대리인, 사용인, 그 밖의 종업원이 개인적으로 한 내부자 거래규제 위반행위를 제외하는 취지이다. 즉 내부자거래 행위가 그 법인 또는 개 인의 업무에 관하여 이루어진 경우이다.

## Ⅲ. 이익의 판단기준

법인에게 부과되는 벌금형은 법인이 대표자의 위반행위로 인하여 얻은 이익 또는 회피한 손실액을 기준으로 그 상한을 정하여야 한다.

## Ⅳ. 면책

법인 또는 개인이 그 위반행위를 방지하기 위하여 해당 업무에 관하여 적절 한 주의와 감독을 게을리하지 아니한 경우에는 그러하지 아니하다(법68 단서).

# 참고문헌

금융위원회·금융감독원(2021a), "금융소비자보호법 FAQ 답변(1차)"(2021. 2. 18).
금융위원회·금융감독원(2021b), "금융소비자보호법 FAQ 답변(1차)"(2021. 3. 17).
맹수석·이형욱(2020), "사후적 피해구제제도 개선을 통한 금융소비자보호법 실효성
　　　제고 방안", 금융소비자연구 제10권 제1호(2020. 4).
이상복(2020), 「금융법강의 2: 금융상품」, 박영사(2020. 10).

# 찾아보기

## 저자소개

### 이상복

서강대학교 법학전문대학원 교수. 연세대학교 경제학과를 졸업하고, 고려대학교에서 법학 석사와 박사학위를 받았다. 사법연수원 28기로 변호사 일을 하기도 했다. 미국 스탠퍼드 로스쿨 방문학자, 숭실대학교 법과대학 교수를 거쳐 서강대학교에 자리 잡았다. 서강대학교 금융법센터장, 서강대학교 법학부 학장 및 법학전문대학원 원장을 역임하고, 재정경제부 금융발전심의회 위원, 기획재정부 국유재산정책 심의위원, 관세청 정부업무 자체평가위원, 한국공항공사 비상임이사, 금융감독원 분쟁조정위원, 한국거래소 시장감시위원회 비상임위원, 한국증권법학회 부회장, 한국법학교수회 부회장으로 활동했다. 현재 금융위원회 증권선물위원회 비상임위원으로 활동하고 있다.

저서로는 〈외국환관리법〉(2021), 〈상호저축은행법〉(2021), 〈자본시장법〉(2021), 〈여신전문금융업법〉(2021), 〈금융법강의 1: 금융행정〉(2020), 〈금융법강의 2: 금융상품〉(2020), 〈금융법강의 3: 금융기관〉(2020), 〈금융법강의 4: 금융시장〉(2020), 〈경제민주주의, 책임자본주의〉(2019), 〈기업공시〉(2012), 〈내부자거래〉(2010), 〈헤지펀드와 프라임 브로커: 역서〉(2009), 〈기업범죄와 내부통제〉(2005), 〈증권범죄와 집단소송〉(2004), 〈증권집단소송론〉(2004) 등 법학 관련 저술과 철학에 관심을 갖고 쓴 〈행복을 지키는 法〉(2017), 〈자유·평등·정의〉(2013)가 있다. 연구 논문으로는 '기업의 컴플라이언스와 책임에 관한 미국의 논의와 법적 시사점'(2017), '외국의 공매도규제와 법적시사점'(2009), '기업지배구조와 기관투자자의 역할'(2008) 등이 있다. 문학에도 관심이 많아 장편소설 〈모래무지와 두우쟁이〉(2005)와 에세이 〈방황도 힘이 된다〉(2014)를 쓰기도 했다.

## 금융소비자보호법

| | |
|---|---|
| 초판발행 | 2021년 5월 10일 |
| 지은이 | 이상복 |
| 펴낸이 | 안종만·안상준 |
| 편 집 | 심성보 |
| 기획/마케팅 | 장규식 |
| 표지디자인 | 조아라 |
| 제 작 | 우인도·고철민·조영환 |
| 펴낸곳 | (주) **박영사** |
| | 서울특별시 금천구 가산디지털2로 53, 210호(가산동, 한라시그마밸리) |
| | 등록 1959. 3. 11. 제300-1959-1호(倫) |
| 전 화 | 02)733-6771 |
| f a x | 02)736-4818 |
| e-mail | pys@pybook.co.kr |
| homepage | www.pybook.co.kr |
| ISBN | 979-11-303-3934-4  93360 |

copyright©이상복, 2021, Printed in Korea

정 가    20,000원